예수를 바라보자

설교를 위한 히브리서 연구

장흥길 지음

한국성서학연구소
KOREA INSTITUTE OF BIBLICAL STUDIES

예수를 바라보자—설교를 위한 히브리서 연구 / 장흥길 지음

Let us keep our eyes fixed on Jesus

Publishing House Korea Institute of Biblical Studies

Seoul, Korea

ISBN 978-89-86015-13-3 93230

이 도서의 국립중앙도서관 출판예정도서목록(CIP)은 서지정보유통지원시스템 홈페이지(http://seoji.nl.go.kr)와 국가자료공동목록시스템(http://www.nl.go.kr/kolisnet)에서 이용하실 수 있습니다.

목차

머리말

필자는 2006년 2월에, 1991년 9월에 설립된 '한국성서학연구소' 세 번째 소장으로 부임하였다. 필자가 섬기고 있는 '한국성서학연구소'는 지난 28년 동안 성경과 성서학 연구로써 한국과 세계 교회를 섬기려는 취지 아래, 개혁신학 전통에 입각하여, 복음적이고 교회적인 성경 해석과 성서학 정립을 위하여 애써왔다. 그동안 연구소는 설립 이념과 목적에 부합되게, 한국성서학정론지로 자임하며 『성서마당』을 발간해왔고, 목회자들의 성경 연구를 위하여 학기별로 「성서신학마당」과 「원어성경읽기마당」을 개설하였으며, 도서출판사를 운영하여 백여 종의 성경과 성서학 연구도서들을 출판하였다. 그 외에도 연구소는 교회를 위한 성경 해석의 원리와 방법을 연구하고 발표하는 「성서학 학술마당」, 성경의 지리적 배경과 관련된 「성지연구마당」, 성경본문이 지닌 원래의 뜻을 밝히는 「원전읽기마당」과, 성서학을 공부하는 후학(後學)들을 재정적으로 지원하는 장학 사업 등을 실시하고 운영해왔다. 본서는 필자가 2019년 봄 학기에 개설된 제53회 「성서신학마당」에서 2019년 3월 4일~5월 20일에 "본향(本鄕)을 향해 순례하는 하나님의 백성"이란 주제로, 매주 월요일에 강의한, 설교를 위한 히브리서 본문 연구를 정리하고 보완한 히브리서 연구에 대한 결과물이다.

먼저, 본서에서 필자는 히브리서 원전(原典) 연구를 통한 올바른 본문 이해와 해석을 위하여, 히브리서 연구를 위한 개론적인 문제를 다루었다. 그리고 나서, 저자는 히브리서에서 열 개의 본문 단락을 선정(選定)하여, 헬라어 원전의 히브리서 본문이 지니고 있는 올바른 의미를 밝히고자 하였다. 이를 위하여, 각 본문 단락에 대하여, 먼저 해당 단락을 자리 매김하고 세부 단락을 구분한 다음, 본문을 석의(釋義)하였다. 본문을 올바르게 해석하는 본문 석의를 위해서, 필자는 헬라어 원전 본문을 사역(私譯)하고, 각 절 본문을 풀이하였다. 그런 다음, 해당 단락 해석에서 필요한 특별주제에 대해서는 별도로 해설하였다. 마지막으로, 해당 본문 단락을 본문으로 삼아 설교하려는 설교자를 위하여 신학적 메시지를 모색(摸索)하고자 하였다.

끝으로, 본서의 출판을 위해 수고한 '한국성서학연구소' 전임연구원인 장성민 박사님과 라병원 목사님께 감사드린다. 특히, 선임연구원인 장성민 박사님은 처음부터 본서가 출판되는 마지막 순간까지 출판을 위해 애써주셨다. 그에 대한 고마운 마음은 글로 표현하기에는 너무 부족하다. 무엇보다도, 본서가 세상에서 빛을 볼 수 있게 해주신 분은 하나님이시다. 하나님께 감사드리며, 모든 영광을 하나님께 돌리고 싶다. 필자가 바라기는, 본서가 한국교회 지도자들로 하여금 하나님의 말씀인 히브리서를 올바르게 이해하고 해석하며 전하는 일에 일익(一翼)을 담당하게 되기기를 바란다. 아울러, 이 책을 읽는 모든 분들이 히브리서 저자가 하나님의 안식에 참여하도록 히브리서 수신 공동체에게 권면한 것처럼, 본향을 향하여 믿음의 증인으로서 순례의 길을 신실하게 걸어가는 그리스도의 제자가 되기를 바란다.

2019년 한 여름

서울 연지골에서

책을 쓴 이, 장흥길

약어표

AB	Anchor Bible
ABD	*Anchor Bible Dictionary*
ATR	*Anglican Theological Review*
AYB	Anchor Yale Bible
BBR	*Bulletin for Biblical Research*
BECNT	Baker Exegetical Commentary on the New Testament
BS	*Bibliotheca sacra*
CBQ	*Catholic Biblical Quarterly*
EDNT	*Exegetical Dictionary of the New Testament*
GTJ	*Grace Theological Journal*
ICC	International Critical Commentary
JBL	*Journal of Biblical Literature*
JETS	*Journal of the Evangelical Theological Society*
JSNT	*Journal for the Study of the New Testament*
JSNTSup	Journal for the Study of the New Testament Supplement Series
JTS	*The Journal of Theological Studies*
LCL	Loeb Classical Library
NICNT	The New International Commentary on the New Testament
NIGTC	The New International Greek Testament Commentary
NovT	*Novum Testamentum*
SBL	Society of Biblical Literature
TB	*Tyndale Bulletin*

TDNT *Theological Dictionary of the New Testament*

WBC Word Biblical Commentary

WUNT Wissenschaftliche Untersuchungen zum Neuen Testament

ZNW *Zeitschrift für die neutestamentliche Wissenschaft*

제1장

히브리서 개괄적으로 살펴보기

1.
히브리서 개괄적으로 살펴보기

I. 들어가는 말

히브리서는 초기 교부시대에서 시작하여 중세교회와 종교개혁을 거쳐 현대에 이르기까지 정경사(正經史)적으로, 본문사(本文史)적으로, 교회사적으로, 신학적으로 논쟁거리가 되어 왔다. 이 서신이 실제로 보낸 서신인지 아닌지, '교리서신'인지 아니면 '권면서신'인지, 또 누가, 언제, 어디서, 누구에게, 무슨 목적으로 이 글을 썼는지, 분류를 한다면, 이 책이 '바울서신'과 '공동서신' 중 어디에 속하는지, 그리고 이 책의 신학이 신약신학의 주류(主流)에 속하는지 아니면 변두리에 놓인 비주류(非主流)에 속하는지 오래 동안 논란을 거듭해왔다.

이런 질문들에 대하여 답하기 위해서만이 아니라, 히브리서가 교회 안에서 발생하여 만연한 신앙적 나태로 무기력한 신앙공동체에게 주는 저자의 권면이라면, 히브리서 수신자의 교회 상황이 오늘날 한국교회가 처한 상황과 흡사한 점이 많기 때문에, 히브리서에 대해 연구하는 일과 이 서신이 전해주는 메시지를 다시 되새김하는 것은 작금의 한국교회 상황에 시의적절(時宜適切)하다. 이런 점에서 히브리서를 올바르게 해석한 주석이 절실하게 요구된다. 이에 필자는 2109년 봄 한국성서학연구소 쉰 두 번째 「성서신학마당」에서, "본향을 향해 순례하는 하나님의 백성"을 주제로 삼아, 설교자를 위한 히브리서 강의를 개설하였다. 본 히브리서 해설서는, 먼저, 히브리서 개관을 다루고(제1강), 그러고 나서, 히브리서의 중심이 되는 본문 단락을 아홉 단락으로 추려 선정하고, 그에 대한 해설로 구성되어 있다. 그 본문 단락과 주제는 다음과 같다. 곧, "하나님의 우편(右便)에 앉아계신 아들, 예수 그리스도"(1:1-3, 4-9; 3:1-6), "모세보다 뛰어나신 그리스도"(3:1-6), "약속된 하나님의 안식"(4:1-11), "큰 대제사장 예수 그리스도"(4:14-5:10), "멜기세덱의 반차(班次)를 따른 대제사장 그리스도"(7장), "더 좋은 언약의 중보자 그리스도"(8:1-13), "영혼을 구원함에 이르는 믿음을 가진 자"(10:32-11:7), "믿음의 시종(始終)이신 예수를 바라보자"(12:1-11), "권면의 말씀들"(13:1-16)이 그것이다. 히브리서의 신학과 그 신학의 기반 위에서 요구하는 윤리적 권면을 요약적으로 표현하면, 히브리서의 신학은 영원한 '하나님의 안식'이 기다리는 본향을 찾아 믿음의 길을 걸어가며 "유랑하는 하나님의 백성"(das wandernde Gottesvolk)[1]을 지탱하게 하는 '나그네 신학(theologia viatorum)이며, 그에게 요구된 삶은 '나그네 윤리' (theologia ethica)다. "권면의 말씀"(히 13:22)으로서 히브리서는 모든 권면이 "믿음의 주(원문에서는 '창시자')요 또 온전하게 하시는 이인 예수를 바라보자"(히 12:2)로 향하고 있어, 본서(本書)의 서명(書名)을 『예수를 바라보자』로 정하였다.

---

1) Ernst Käsemann, *Das wandernde Gottesvolk: Eine Untersuchung zum Hebräerbrief* (Göttingen: V. & R., [1957] [4]1961).

그 첫 장은 "히브리서, 개괄적으로 살펴보기"를 다루는데, 필자는 일반적으로 신약 각권의 개관에서 살펴보는 것처럼, 히브리서의 역사적 양상인 '저자', '저작시기와 장소', '수신자'(II), 또 히브리서의 문학적 양상인 '문학적 구조와 개관 및 특징'(III), 그리고 이 서신을 살펴보는 신학적 측면의 '신학적 특징'(IV)으로 구분하여 다루기로 한다.

II. 역사적 개관

1. 히브리서의 저자

히브리서의 저자 문제는 히브리서 연구에서 큰 논쟁거리 중 하나이다. 히브리서의 내증(內證)에 의하면, 히브리서의 저자가 누구인지 밝히지 않는다. 다만, 결미(結尾) 단락(13:22-25, 특히 23f)이 저자를 바울로 연상케 하는 언급들, 곧 '권면의 말'(13:22), '방면(放免)된 디모데와 함께 저자의 방문 희망'(13:23), '이달리야에서 온 자들과 함께 보내는 문안인사'(13:24), '축복기원'(13:25)을 보여줄 뿐이다. 그렇기는 하지만, 결미 단락을 제외한 서신 대부분의 신학을 바울서신의 신학과 비교해보면, 히브리서는 바울과는 용어나 사상에 있어서 차이를 보여준다. 또 고대에는 오늘날처럼 「히브리서」라는 책 제목(titulus)이 이 서신 안에 없었다. 그 서명(書名)은 고대 교회의 필사자들이 이 서신의 마지막에 써넣어, 이 서신이 '히브리서'로 전해져왔다. 그들은 이 서신을 바울의 저작으로 여겼고, 히폴리투스(Hypolitus)나 이레네우스(Irenaeus), 알렉산드리아의 클레멘트(Clement of Alexandria), 오리게네스(Origenes) 같은 동방교회의 교부들도 바울

의 저작성에 대해 의심하지 않았다.[2)]

이런 이유로, 히브리서의 저작성에 대하여는, 그 저자를 바울과 관련짓는 학자들의 주장과 바울이 아닌 다른 저자들과 관련 짓는 학자들의 주장으로 나누어진다. 전자(前者)의 입장은 신약정경(正經)이 확정되기 전인 주후 3세기 이전에 나타난다. 사본의 전승과 관련된 본문사(本文史)적으로, 가장 오래된 히브리서 본문을 담고 있는, 주후 200년경 파피루스 사본($\mathfrak{P}^{46}$)의 바울서신 모음집[3)]에 의하면, 히브리서는 바울의 저작물로 간주되어 로마서 다음에 배치되어 있었다. 또 주후 367년 기독교계에서 구약성서와 함께 현재의 신약성서가 '정경'으로 확정되게 한, 아타나시우스(Athanasius, 주후 295-373년)의 39번째 부활절 목회서신에 의하면, 히브리서는 바울의 열세 서신과 함께 그의 열네 번째 서신으로 분류되었다. 중세에 이르러 가톨릭교회에서 히브리서의 정경성에 대한 논란이 제기되었다. 그러나 고대 교회로부터 전해 받은 신약 정경은 확고한 권위를 가지고 있었으며, 그 정경성은 스콜라주의자 토마스 아퀴나스(Thomas Aquinas, 1225-1274년)에 의해 변호되었다. 아타나시우스 정경은 1442

---

2) 이에 대하여는 카러의 히브리서 개관을 참조하라. 마르틴 카러(Martin Karrer), "히브리서," 『신약성경개론』, 마르틴 에브너(Martin Ebner), 슈테판 슈라이버(Stefan Schreiber) 편 (왜관: 분도출판사, 2013), 729-62, 특히 736 참조.

3) 이 사본은 체스터 베티(Chester Beatty)가 발견한 다른 파피루스($\mathfrak{P}^{45}$, $\mathfrak{P}^{47}$)와 함께 더블린(Dublin)에 소재하고 있는 체스터 베티 도서관에 소장되어 있는데, $\mathfrak{P}^{45}$은 공관복음의 본문들을 부분적으로 담고 있으며, $\mathfrak{P}^{47}$은 사도행전의 세 곳 본문을 수록하고 있고, 바울서신은 $\mathfrak{P}^{46}$에서 찾을 수 있는데, 이 사본은 로마서, 고린도전후서, 갈라디아서, 에베소서, 빌립보서, 골로새서, 데살로니가전서, 히브리서 본문을 부분적으로 담고 있다. Nestle-Aland, *Novum Testamentum Graece* (Stuttgart: Deutsche Bibelgesellschaft, ^{28}2012), 794f 참조.

년에 열렸던 '플로렌스 회의'(Council of Florence)에서 다시 공인되었고, 불가타(Vulgata)에 수록된 성경 전체의 정경성이 1546년 '트렌트 회의'(Council of Trent)에서 확인되었다. 이 회의에서 히브리서는 열네 번째 바울서신으로 여겨졌고, 로마 가톨릭계에서 성경의 모든 책들은 동일한 권위를 가지고 있는 것으로 공포되었다. 이처럼, 로마 가톨릭의 경우, 오늘날도 히브리서는 서신 말미의 내증(內證)과 고대교회의 전통을 따라, 바울서신으로 여겨지고 있다.[4]

한편, 유럽에서 종교개혁의 대표적 주자인 루터(M. Luther) 역시 고대 교회와 동일한 범위의 신약정경을 승인하였다. 그러나 루터는 1522년 자신이 번역한 『독일어 성경』의 「서문」[5]에서 정경 판단의 결정기준으로 여긴 '사도성'과 '그리스도 중심성', 그리고 '신학적 내용비판과 '역사적 저작' 문제를 함께 고려하여, 인문주의자들이 신약정경성에서 문제 삼았던 일곱 권 중 네 권(히브리서, 야고보서, 유다서, 요한계시록)을 신약성서목록의 끝에 두었으며, 다른 스물세 권의 책들처럼 일련번호(i-xxiii)를 매기지 않고 들여쓰기를 하여 구별하였다.[6] 한편, 종교개혁의 신앙고백서에서 히브리서는 로마

---

4) 바티칸에서 출판된 신(新) 불가타 신약성서의 목차에 의하면, 히브리서(Epistula ad Hebraeos)는 바울서신(Epistulae Sancti Pauli Apostoli)으로 분류되어 있다. *Nova Vulgata Bibliorum Sacrororum* (Vatican: Liberia Editrice Vaticana, 1986), XXX-XXXI.

5) Heinrich Bornkamm (ed.), *Luther's Vorreden zur Bibel* Hamburg: Furche Verlag, 1967), 135-39 참조.

6) 1534년 출판된 루터 역(譯) 신구약전서(Luther-Bibel)를 참조하라. 루터는 히브리서 서문에서 이 서신에 나타나는 '두 번째 회개 불가(不可)' 주제가 복음서와 바울이 가르치는 복음성에 모순된다고 여겨 야고보서, 유다서, 요한계시록과 함께 신약성서목록의 제일 마지막에 두고 나머지 23권과 구분되게 마치 부록처럼 여기고 일련번호를 붙이지 않았다. 이는 후에 루터교 신학자들로 하여금 이것이 정경과 외경 구분의

가톨릭과 다르게 분류되었다. 곧, 1561년 개혁교회의 '벨기에 신앙고백'(Confessio Belgica)의 경우, 히브리서는 '열네 번째 바울서신'으로 여겨졌던 반면에, 1559년 발표된 '갈리카나 신앙고백'(Confessio Gallicana)과 1647년 공포된 '웨스트민스터 신앙고백'에서는 히브리서가 '공동서신'으로 분류되었다.

바울의 저작성을 부인하는 후자(後者)의 경우, 다시 둘로 세분할 수 있는데, 그 하나는 바울이 저자는 아니지만 결미 단락을 여전히 본래의 히브리서 본문의 마지막 단락으로 여기고 저자를 바울과 관련된 인물로 보는 바울주의(Paulinism)를 지지하는 입장이며, 다른 하나는 결미 단락을 이차적으로 첨가된 본문으로 여겨, 바울과 관련되지 않은 익명(匿名)의 사람을 저자로 보는 입장이다. 먼저, 히브리서의 저자를 바울과 관련된 저자로 여기는 자들의 입장으로, 이들은 저자를 예수의 모친 '마리아'[7]나 '바나바'[8], '누가'나 '로마의 클레멘트'(Clement of Rome, 약 95년), '아볼로'[9]나 '브리스길라'로 여긴다[10]. 후자의 입장에서 보면, 히브리서는 익명의 저자가 기록하였다.

문제인지, 아니면 '원(原)정경'(Protokanon)과 '제2정경'(Deuterokanon)의 문제인지를 진지하게 논의하게 하였다. 이에 대하여는 W.G. Kümmel, *Einleitung in das Neue Testament* (Heidelberg: Quelle & Meyer, [21]1983), 444-51 참조.

7) 이에 대하여는 Erich Grässer, *An die Hebräer (Hebr 1-6)* (EKK XVII/1; Neukirchen-Vluyn: Neukirchener Verlag, 1990), 19-21 참조.

8) 이는 서방교회의 터룰리안(Tertullian, 약 155-220년)의 주장이다.

9) August Strobel, *Der Brief an die Hebräer* (NTD 9/2; Göttingen: V. & R., [4]1991), 12.

10) 이에 대하여는 R.C. Sproul (ed.) *The Reformation Study Bible* (Orlando: Ligonier Ministries, 2005), 1774 참조.

11:32의 "말하려면"(διηγούμενον)[11]에 의하면, 신앙의 본보기로 믿음의 선조를 열거하는 저자는 남성이다. 라웁(F. Laub)은 저자의 익명성을 지지하면서, 동방교회 교부 오리게네스(185-254년)을 인용하여, "이 서신의 저자가 누구인지는 사실 하나님만이 아신다."[12]고 주장한다. 확실한 것은, 히브리서의 저자가 높은 수준의 교육을 받아 학식이 뛰어난, 한 유대인 그리스도인으로 추정된다는 점이다. 왜냐하면, 외형적인 면으로 그는 신약에서 가장 많은 구약인용문과 '유일회 사용어들'(hapaxlegomena)을 사용할 뿐 아니라 다른 신약의 저자들에 비해 고급 헬라어와 독특한 문체를 사용하는 한편, 내용적인 면으로는 히브리서 수신인들에게 권면의 말씀을 전하기 위해 독특하게 멜기세덱의 반차를 따른 '대제사장 기독론'과, 생생한 '하나님 말씀의 신학'을 바울신학과는 현저하게 상이하게 전개하기 때문이다[13]. 그는 히브리서 수신인들이 처한 종교사적인 상황에서 목전(目前)에 위기를 두고도 나태해져 있는 그리스도인에게 자신의 신학으로써 다시 일깨우고 권면하면서 유대교와의 관계에서 기독교의 신학적 정체성을 유지하려한 해박한 유대인 기독교인이었다. 그로 말미암아 종교사(宗教史)적으로 기독교는 구약성경과 연속성을 굳게 붙잡고 나아가 유대교와 차별화된 종교로서 자리 매김할 수 있었다.

---

11) 이는 διηγέομαι(tell, relate) 동사의 남성 단수 대격 현재 중간태 분사형이다.

12) 유세비우스의 『교회사』 VI.xxx.14. 이에 대하여 Franz Laub, *Hebräerbrief* (Stuttgarter Kleiner Kommentar NT 14; Stuttgart: Katholisches Bibelwerk, 1988), 182 참조.

13) 이에 대하여는 아래의 "III. 문학적 특징"과 "IV. 신학적 특징" 부분을 참조하라.

2. 저작 시기와 장소

먼저, 히브리서가 기록된 시기를 조사해보면, 정확하게 특정(特定)하기는 어렵다. 그 저작 시기가 예루살렘에서 최초의 기독교 공동체가 생겨난 이후라는 것은 분명하다. 히브리서 내증에 의하면, 히브리서를 수신하는 신앙공동체는 이전에 고난의 큰 싸움을 견뎌낸 적이 있으며(10:32-34), 사회적 억압이 점점 심해져 죄에 맞서 싸워 나가고 있지만, 아직 피 흘리기까지는 대항하지 않았다(12:4). 이런 상황을 고려하여 유추해보면, 히브리서의 저작 시기를 60년대 이전으로 보기는 어렵다. 주후 1세기에 기독교 공동체가 어려움을 겪었을 때를 고려해보면, 그것은 세 가지이다. 첫째는 네로 황제(주후 54-68년 재위) 당시 대화재가 일어난 로마에서 황제에 의해 자행된 기독교인의 박해이다. 둘째는 로마 제국에 항거하여 유대인들이 독립을 위해 로마에 대항하여 벌인 '유대전쟁'(주후 66-70년)이다. 셋째는 도미티아누스 황제(주후 81-96년 재위) 때의 기독교인 박해이다. 히브리서의 저작 연대로는 60-70년으로 추정하는 '조기(早期) 연대' 입장과, 1세기 말엽으로 추정하는 '후기(後期) 연대' 입장으로 구분되는데, 어떤 경우이든 기독교인들은 60년대 일어난 네로(Nero, 54-68년 황제 재위)의 기독인 박해를 경험하거나 알고 있었고, 황제 숭배와 관련하여 도미티아누스 박해를 눈앞에 두고 있었다. 문제는 히브리서가 네로 박해 직후에 쓰였는지, 아니면 어느 정도 일정기간이 지난 후에 쓰였는가는 점이다. 저작 시기로 이른 시기를 지지하는 학자들[14]은 히브리서의 몇 구절들(8:4; 9:8, "서 있을 동안에

14) 레인은 10:32-34에 묘사된, 이미 감내한 그리스도인들의 고난을 주후 49년 글라우디오가 칙령을 내려 로마에서 유대인을 추방한 사건으로

는"; 13:11)에서 여전히 예루살렘 성전이 존재해 있음을 근거로 주후 70년 예루살렘 성전이 파괴되기 이전 시기, 곧 '조기(早期) 연대설'을 주장한다. 그러나 히브리서의 성전 언급은 헤롯의 개축한 성전에 대해 진술하는 것이 아니라, 오경(五經)의 성막과 지성소에 관련된다. 또 "우리는 … 제물을 바칩니다"(facimus …sacrificia)라는 제의(祭儀)공식문은 성전이 파괴된 70년 이후에 사용된 양식문으로, 주후 1세기 말 속사도 교부 문헌 클레멘스 1서의 진술(40:4f; 41:2)[15] 이나 요세푸스의 글(『아피온반박문』, II.77)에서 비로소 발견된다.[16] 게다가, 히브리서와 클레멘스1서에서 많은 평행절이 나타나며, 그것도 히브리서에 사용된 22개의 유일회 사용어가 클레멘스 1서와 일치하고, 박해받는 예언자에 대한 묘사(클레멘스1서 17:1 // 히 11:37)도 아주 유사하다. 또 히브리서에서 유추할 수 있는 신앙공동체는 주후 1세기 말엽 상황에 잘 어울린다. 이로 보건대, '후기 저작 시기'[17]가 적절하다. 아마도 저작 시기는 80-90년으로 추정되며, 클레

보고 히브리서의 저작 시기를 로마 대화재가 일어난 64년과 네로가 자살한 68년 사이로 추정한다. William L. Lane, 『히브리서(상)』(*Hebrews 1-8*) 채천석 역, (WBC 47; 서울: 솔로몬, 2006), 91-96. 또 드실바는 히 10:2f을 근거로 저작 시기를 주후 70년 성전파괴 이전으로 여긴다. David A. deSilva, 『신약개론』(*An Introduction to the New Testament*, 김경식 외 6인 역, 서울: 기독교문서선교회, 2013), 1056. 스트로벨도 히브리서에 성진 파괴에 대한 흔적을 남기지 않았음을 이유로 들어 주후 70년 이전 저작을 지지한다. Strobel, *Hebräer*, 82f.

15) 유세비우스의 『교회사』(VI.xiv.2-4).

16) M. Karrer, "Der Hebräerbrief," *Einleitung in das Neue Testament*, ed. by M. Ebner & S. Schreiber (Kohlhammer Studienbücher Theologie VI; Stuttgart: Kohlhammer, 2008), 485.

17) 필하우어(Ph. Vielhauer, 70-80년), 큄멜(W.G. Kümmel, 70-80년), 라웁(F. Laub, 80-90년), 헤거만(H. Hegermann, 80년경), 그래서(E. Grässer, 80년대나 90년대), 바이스(H.F. Weiss, 80-90년) 등의 학자들은 히브리서 저

멘스 1서와 히브리서의 근접성을 고려한다면, 주후 1세기 말엽으로 추정할 수 있을 것이다[18]. 클레멘스 1서가 히브리서를 인용한다면, 히브리서의 저작 시기는 아무리 늦게 잡아도 상한연대(terminus ante quem)인 주후 95년을 넘지 않을 것이다.

그러면, 히브리서는 어디서 기록되었는가? 히브리서의 저작 장소를 추정하는 출발점은 13:24이다. 24절 상반절에서 저자는 히브리서를 받는 신앙공동체의 모든 인도하는 자들과 모든 성도들에게 문안한다. 그리고 24절 하반절에서 저자와 함께 그들에게 문안하는 동반 문안자로서 "이달리야에서 온 자들"(οἱ ἀπὸ τῆς Ἰταλίας)을 언급한다. 이 어구(語句)에 대한 해석 가능성은 두 가지다. 그에 따라 저작 장소는 다르게 결정될 수 있다. 스트로벨(A. Strobel)은 이를 '이달리야에서 기록한 자들'로 이해하고, 저작 장소를 '로마'로 여긴다.[19] 반면에, 헤거만(H. Hegermann)은 이를 '이달리야 출신이지만 이달리야 밖에 있는 자들'로 해석하고 이 서신은 이달리야에 있는 자들에게 보내진 것으로 여긴다.[20]

전자(前者)의 경우, 로마를 저작 장소로 추정하게 한다. 그에 대하여 카러(M. Karrer)는 네 가지를 논증의 근거로 삼는다.[21] 첫째, 13:24과 함께 히브리서의 다른 구절은 저작 장소로서 로마와 잘 어

작시기를 성전 파괴 이후 시기인 주후 70년 이후 90년대 사이로 추정하나, 알란트(K. Aland)는 70년으로 여긴다.

18) U. Schnelle, *Einleitung in das Neue Testament* (UTB 1830; Göttingen: V. & R., ^{4}2002), 414.

19) Strobel, *Der Brief an die Hebräer*, 185.

20) Harald Hegermann, *Der Brief an die Hebräer* (Theologischer Handkommentar zum Neuen Testament XVI; Berlin: Evangelische Verlagsanstalt, 1988), 287.

21) Karrer, "Der Hebräerbrief," 484.

울린다. 예컨대, 빛을 받은 후 지난 날 고난의 큰 싸움을 견디어 내며, 비방과 환난을 받아 사람들에게 구경거리가 되고, 그런 형편에 있는 자들과 교제하며, 갇힌 자를 동정하고, 소유를 빼앗기는 것을 기쁘게 여긴 점(10:32-34), 죄와 대항해서 싸우되 아직 피 흘리며 죽기까지는 이르지 않은 점(12:4), 갇힌 자들이 학대 받은 점(13:3)은 네로 황제 치하에 그리스도인들이 심하게 박해 받았던 로마와 잘 어울린다. 둘째, 바울이 로마서 12:19에서 신명기 32:35에서 인용한 "(원수 갚는 것이 내게 있으니) 내가 갚으리라"는 히브리서 10:30에서도 언급된다면, 이 구절 역시 로마와 조화를 이룬다. 셋째, 하나님의 아들 예수 그리스도께서 천사들보다 훨씬 뛰어나신 분임을 구약 시편을 들어 인증하는 히브리서 1장의 관련구절들은 1세기 말 로마의 사도적 교부, 클레멘트에 의해 저술된 클레멘스 1서에서 대제사장 예수 그리스도에 대한 평행절로 찾을 수 있다. "너는 내 아들이라 오늘 내가 너를 낳았다"(시 2:7)는 히브리서 1:5과 클레멘스1서 1:4a에서, "그는 그의 천사들을 바람으로, 그의 사역자들을 불꽃으로 삼으시느니라"(시 104:4)는 히브리서 1:7과 클레멘스1서 1:3에서, 또 "내가 네 원수로 네 발등상이 되게 하기까지 너는 내 우편에 앉아 있으라"(시 110:1)는 히브리서 1:13과 클레멘스1서 1:5에서, 각각 평행절로 나타난다.[22] 마지막으로, 5세기 알렉산드리아(A) 사본은 히브리서 저작 장소를 로마로 지칭한다. 히브리서가 로마에서 기록되었다면, 그 수신자들의 소재지는 바울이 선교한 소아시아나 헬라 지역일 수 있을 것이다. 주후 1044년에 기록된 소문

22) 슈넬레는 히브리서(13:7, 17, 24)와 클레멘스1서(1:3)에 등장하는 '인도하는 자들'(ἡγούμενοι) 명칭도 저작 장소가 로마와 잘 어울린다는 점을 지적한다. Schnelle, *Einleitung*, 413.

자 사본 81의 경우, 히브리서의 수신자 공동체의 소재지를 '예루살렘'으로 여기기도 하였다.

반대로, 후자(後者)의 경우처럼, 히브리서가 로마 출신이지만 로마 밖에 있던 저자가 로마로 히브리서를 보냈다면, 저자는 로마 제국의 동방, 곧 당시 고대 교육의 중심지였던 '알렉산드리아'(Alexandria) 같은 곳에서 저술할 수도 있었을 것이다. 후자의 입장을 지지하는 사람들은 위에 언급된 논거를 반박해야 하는 부담을 안아야 한다. 그런 점에서, 절대적이지 않지만, 히브리서의 저작 장소를 로마나 로마 인근으로 여길 수 있을 것이다.

요약컨대, 히브리서는 유대교뿐 아니라 헬라적 교육을 잘 받아 학식이 높은, 한 유대인 기독교인이 80-90년경 로마나 그 인근에서 저술한 서신이다.

3. 히브리서의 수신인

가. 수신자 공동체

히브리서 저자는 누구에게 이 서신을 보내었는가? 저자가 권면하는 첫 번째 수신자 신앙공동체는 어떤 공동체였는가? 이 질문은 히브리서 이해와 해석에서 중요한 문제로 논란되어왔다. 논의는 주로 이 신앙공동체가 이방인 기독교 공동체였는가 아니면 유대인 기독교 공동체였는가를 밝히고자 하는 공동체 구성원의 출신에 관한 것에 초점이 맞추어졌다. 히브리서 저자가 스스로 히브리서를 "권면의 말"(ὁ λόγος τῆς παρακλήσεως)로 규정한다면(13:22), 이 서신을 최초로 받은 사람들은 누구였을까? 어떤 이들은 히브리서 수신인을

'유대인 기독교인'[23]으로 여기고, 다른 이들은 '이방인 기독교인'[24]으로 여긴다. 또 어떤 주석가는 '유대인 기독교인'과 '이방인 기독교인'들이 함께 섞여 있는 기독교 공동체[25]로 여긴다.

히브리서의 수신인을 '유대인 기독교 공동체'로 여기는 주장하는 근거로 '히브리인에게'(Πρὸς Ἑβραίος)라는 표제어를 댈 수는 없다. 그것은 표제어가 2세기 필사본에서 비로소 덧붙기 때문이다. 그 근거는, 카러에 의하면,[26] 세 가지다. 곧, 첫째, 히브리서는 그 결정적 논거(論據)를 오직 이스라엘의 성경에서 찾는다. 둘째, 저자는 공동체 모임의 명칭을 유대적 명칭을 빌어 '에피쉬나고게'(ἐπισυναγωγή, 10:25)로 부른다. 셋째, '쓴 뿌리'(신 29:17[LXX]=신 29:18[MT]; 히 12:15)의 예를 유대교 내부의 '장자의 명분을 판 에서'에서 찾는다(12:16f). 반면에, 히브리서의 수신인을 '이방인 기독교 공동체'로 여기는 사람들은 다음의 근거를 댄다. 첫째, 히브리서 결미 단락 내 구절(13:23)에서 방면(放免)된 디모데가 수신인들에게 갈 것을 알리는 고지(告知)는 그들이 바울과 관련된 공동체이거나 그 주변에 있는 이방인 그리스도인 공동체라고 추정하게 한다. 둘째, 저자가 듣는 귀가 둔해진 수신인 공동체에게 "그리스도의 도의 초보를 버리고 죽은 행실을 회개함과 하나님께 대한 신앙과 세례들과 안수와

23) 이런 입장을 취하는 학자들은 Lane, *Hebrews 1-8*, LIIIf; D.J. Harrington, *Hebrews* (New Collegeville Bible Commentary 11; (2005), 7 등이 있다.

24) 독일 주석가들은 대부분 이런 입장을 취한다. Windisch, *Hebräerbrief*, 127; H. Braun, *Hebräerbrief*, HNT 14, 1984; Kümmel, *Einleitung*, 352f; Hegermann, *Hebräerbrief*, 10; Grässer, *An die Hebräer*; Weiss, *Hebräerbrief*, 72ff. 등이 있다.

25) Strobel(*Hebräer*, 10), M. Rissi(*Theologie*, 11f, 23f), Schnelle(*Einleitung*, 414f)나 deSilva(*Introduction*, 2004, 6f) 등의 학자들은 이런 입장을 지지한다.

26) M. Karrer, *Hebräerbrief*, 482.

죽은 자의 부활과 영원한 심판에 관한 교훈의 터를 다시 닦지 말고 완전한 데로 나아갈지니라"(6:1f)고 권면하는 것은 바울이 이방인들에게 우상을 버리고 한 분 하나님만 섬길 것을 요구(살전 1:9)하며 선교한 이방인 기독교인 공동체에 어울린다고 추정한다.[27]

히브리서가 '유대인과 이방인이 함께 있는 기독교 공동체'에 보내진 것으로 주장하는 학자들의 논거(論據)는 다음과 같다. 첫째, 히브리서는 유대인들이 중요하게 여기는 할례, 안식일, 절기 준수와 같은 중요한 문제나 이방인과의 혼인에 대한 율법 상의 문제를 전혀 다루지 않고, 둘째, 음식이나 식사에 관한 유대인의 정결법이 대수롭지 않게 여겨진다(9:10; 13:9).[28] 셋째, 히브리서에서 언급된 제사는 헤롯이 개축한 예루살렘 성전에서 드린 제사가 아니라 성막과 지성소에서 드리는 제사에 대하여 언급한다.

요약하면, 히브리서는 수신인을 결정하는 논거로 제시할 수 있는 유대교적 요소와 이방인적 요소가 공존해 있다. 히브리서가 1세기 말엽 로마에 있는 기독교 공동체에게 보내진 서신이라면, 이 서신은 지쳐 있고 나태해져 있는 그리스도인을 격려하고 권면하는 윤리적 편람이 아니라, 세계적 강대국인 로마 제국에 편만해 있는 이방인의 종교들과 그 틈바구니에서 갈등하며 유일신 신앙을 지키려고 하는 유대교 사이에서 자신의 정체성을 지키려 하는 기독교공동체에게 보내는 권면서이다. 이런 종교사적 의미에서, 히브리서는 이교(異敎)들 사이에서 '여호와 신앙'을 고수하려 한 유대교 외에 기독교의 정체성을 확보하는 "세 번째 종류"(tertium genus)[29]의 종교

27) 앞의 책, 같은 곳.

28) Karrer, *Hebräerbrief*, 482f.

29) Karrer, *Hebräerbrief*, 483.

로 자리 매김 되게 하면서, 멜기세덱의 반차를 따른 대제사장 예수 그리스도라는 신학적 교리의 기반 위에 세워진 권면의 말씀이다.

나. 수신자 공동체의 상황

앞에서 다루었던 것처럼, 히브리서 수신인 공동체가 1세기 말엽 로마나 다른 지역에 있던 유대인과 이방인으로 구성된 '혼합공동체'(corpus permixtum)라면, 그들은 어떤 상황에서 믿고 살고 있었을까? 이 질문에 대한 대답은 수신자 공동체 상황을 알려주거나 암시하는 히브리서 구절들을 살펴보면, 찾을 수 있다. 히브리서 내증(內證)에 의한 수신자의 상황은 메르켈(H. Merkel)이 지적한 것처럼[30] 다음과 같다. 첫째, 수신자들은 "도의 초보(初步)"(5:12; 6:1)[31]를 다시 들어야 할 정도로 듣는 것이 둔해졌다(5:11-6:12, 특히 5:11-14). 이로 인해, 그들은 "단단한 음식은 못 먹고 젖이나 먹어야 할 자"가 되었다. 둘째, 그들은 처음에 고백했던 신앙고백의 소망이 흔들리며, 믿음의 열성이 떨어져 성도 간의 사랑과 선행이 식어가고, 심지어 예배 참석도 등한시 하였다(10:23-25). 이들은 예전에 행위와 사랑으로 서로 섬겼으며, 이제도 섬기고 있으나(6:10), 그 열기가 식어가고 있다. 셋째, 이들은 빛을 받은 후에 고난의 큰 싸움을 견디어 내었으며, 비방과 환난으로 인하여 사람들에게 구경거리가 되거나 그런 자들과 교제를 계속하였고, 옥에 갇힌 자를 동정하며, 영원한 소유

30) Helmut Merkel, *Bibelkunde des Neuen Testaments* (Gütersloh: Gerd Mohn, [3]1988), 238.

31) 5:12에서는 "하나님의 말씀의 초보"(ἡ ἀρχὴ τῶν λογίων τοῦ θεοῦ)로, 6:1에서는 "그리스도의 초보"(ἡ ἀρχὴ τῶν λογίων τοῦ Χριστοῦ)로 언급된다.

가 있음을 믿음으로써 자신의 소유를 빼앗기는 것까지도 기쁘게 여겼다(10:32-34). 넷째, 그러나 이들은 이제 죄에 대항하여 피 흘리기까지 싸워야 하는 결정적 시련 앞에 놓여 있다(12:4). 히브리서의 후기 저작연대를 지지하는, 대부분의 주석가들은 이 시련이 도미티아누스 황제(81-96년 재위) 때 황제 및 국가 숭배를 거절하는 기독교인 박해로 여긴다.

이런 이유로, 수신자들의 손은 피곤하며, 그들의 무릎은 꿇렸고, 그들의 다리는 절룩거리며 비틀거린다(12:12f). 심지어 그들은 배교(背敎)의 위험에 처해 있다. 이는 히브리서에 나타난 '두 번째 화개 불가(不可)' 경고에서 읽어낼 수 있다(6:4-8; 10:26-31; 12:15-17). 믿음을 지키기 위해 행한 행실의 결말을 보여준, 그들의 '인도하던 자들'(ἡγούμενοι)[32)]이 그들이 따라야 하는 본보기다(12:7).

III. 문학적 특징

1. 양식

연구사적으로, 히브리서의 양식에 대하여는 다양한 입장들이 주장되어 왔다.[33)] 곧, '서신'(Epistel)[34)], '설교'(Predigt)[35)], '훈계'(Homilie)[36)],

32) 이에 대하여는 E. Grässer, "Die Gemeindevorsteher im Hebräerbrief," M. Evang & O. Merk, *Aufbruch und Verheissung* (BZNT 65; Berlin:Walter de Gruyter, 1992), 213-30 참조.

33) 이에 대하여는 Schnelle, *Einleitung*, 418 참조.

34) A. Deissmann, *Licht vom Osten*(Tübingen: Mohr, [4]1923), 207.

35) O. Michel, A. Wikenhauser-J. Schmid, A. Vanhoye 등이 이렇게 주장한다. 특히, 반호예는 히브리서를 신약성경에 들어있는 유일한 설교로 여긴다.

'비밀강화(講話)'(Myterienrede),[37] '논술'(Traktat),[38] '신학적 명상'(theologische Meditation),[39] '전시(展示)적 연설'(epideictic oratio),[40] '저술'(Buch)[41] 이 그것이다.

히브리서는, 그 말미(末尾)를 보면, 외형상으로는 '서신'의 양식을 띄고 있다. 그렇기는 하지만, 본래적 의미에서 서신의 기능을 가진, 실제로 소식을 주고받은 '의사소통서신'(correspondence)은 아니다. 그것은 이 편지에 '발신자' 언급(superscriptio)이 없고, 특정한 '수신자'의 언급(adscriptio)도 없기 때문이다. 다만, 종결 단락의 '문안인사'(salutatio)와 '축원(祝願)'에서 '서신' 양식의 흔적을 찾을 수 있을 뿐이다.

오히려, 히브리서는 히브리서 스스로 언급하는 것처럼 '권면의 말'(Mahnrede)[42]이다. 그러므로 '서신'이라기보다는 '서신' 양식을 차

---

36) A. Lindemann, *Paulus im ältesten Christentum* (BHTh 58; Tübingen: Mohr, 1979), 234: J. Berger, "Der Brief an die Hebräer: Eine Homilie", GBNTL 3, 449-59.

37) Philipp Vielhauer, *Geschichte der urchristlichen Literatur* (Berlin: Walter de Gruyter, 1975) 241-43. 필하우어는 히브리서의 배경을 종교사적으로 '밀의교'(Kultmysterium)로 여긴다(243).

38) 이에 대하여 Windisch, *Hebräerbrief*, 122 참조.

39) M. Rissi, *Die Theologie des Hebräerbriefes* (WUNT 41; Tübingen: Mohr, 1987), 13.

40) Harold W. Attridge, *Hebrews: A Commentary on the Epistle to the Hebrews* (Hermeneia; Philadelphia: Fortress, 1989), 14.

41) 그래써는, 디벨리우스(M. Dibelius)를 따라, 히브리서를 신약성경에서 '진정한 대제사장 그리스도'라는 하나의 주제만을 다루는 유일한 책으로 여긴다. E. Grässer, "Neue Kommentare zum Hebräerbrief," *ThR* 56 (1991), 113-39, 특히 138.

42) Schnelle, *Einleitung*, 418. 바이스는 자신의 히브리서 주석에서 이 서신을 유대적, 헬라적인 훈계설교 양식을 따른 '권면의 말'로 여긴다. Hans-Friedrich Weiss, *Der Brief an die Hebräer*, (KEK XIII; Göttingen: V. & R., [15]1991), 35-41 참조.

용한 '권면서'이다. 이런 점에서, 히브리서는 단순한 "교리서신"[43]이 아니다. 분명하게, 히브리서는, 이 책의 말미(13:22)가 밝히는 바, "권면의 말"(ὁ λόγος τῆς παρακλήσεως)이다. 물론, 그렇다고 하더라도 히브리서가 단순한 '윤리적 편람'이나 '권면서'는 아니다. 이는 대부분의 신약문헌들이 그러하듯이 신약의 권면은 신학적 교리를 기반을 둔 근거 위에 세워진 '신학적' 내지는 '교리적' 권면[44]이기 때문이다. 그러므로 히브리서는 '교리적 권면서'로 규정할 수 있을 것이다.

2. 히브리서의 구조

히브리서가 '교리'(교훈)와 '권면'이 밀접하게 관련된 '교리/교훈적 권면서'라는 점은 이 서신의 구조에 잘 나타나있다. 히브리서를 '교리'와 '권면'의 교차 구조로 보는 대표적인 견해는 1973년 세상을 떠난 고펠트(L. Goppelt)의 제자 롤로프(J. Roloff)가 1976년에 엮은 『신약신학 II』의 "§ 47. 중도(中途)에 있는 신앙공동체–온전한 대제사장 그리스도(히브리서)"[45]에서 찾아볼 수 있다. 고펠트는 히브리서를 "우리에게 남겨져 있는 … 최초의 온전한 원시기독교의 설교"[46]로 여기는 미헬(O. Michel)의 입장을 지지하며, 히브리서를 받

43) 이에 대하여 『독일성서공회판 관주 · 해설 성경전서』(서울: 대한성서공회, 2004)의 '히브리서 안내'(351-53, 특히 351) 참조.

44) 이에 대하여는 장흥길, 『신약성경윤리』(서울: 장로회신학대학교출판부, ^{2}2009), 56-62 참조.

45) L. Goppelt, *Theologie des Neuen Testaments* II, ed. by J. Roloff (Göttingen: V. & R., ^{3}1980), 569-600.

46) Otto Michel, *Der Brief an die Hebräe*r (KEK XIII; Göttingen: V. & R., ^{11}1960), 24.

는 신앙공동체가 신앙고백을 바르게 이해하고 이를 굳게 붙잡도록 영원하고 온전한 대제사장이 되신 예수 그리스도를 신앙의 '길잡이'(Wegbereiter)로서 묘사하는 '기독론적 교리'와 이에 부합된 '권면'이 반복되는 설교로 보았다. 고펠트는 '교리'를 'L'(Lehre의 약어)자로, '권면'을 'P'(Paränese의 약어)자로 표기하고, 히브리서 전체의 구조[47]를 다음과 같이 구분하였다.

A. 1-6장(L+P): 선구자로서 예수(신앙고백의 이해와 확신으로 인도함)

I. 1-2장: 그리스도를 통하여 전해진 말씀이 천사들을 통하여 전해진 율법보다 훨씬 많은 주의를 끈다.

1. (L) 1:1-14 (천사보다 뛰어난 아들의 우월성)
2. (P) 2:1-4 (선포된 구원 경멸과 그에 대한 결과)
3. (L) 2:5-18 (아들의 대제사장 직의 조건으로서 그의 낮아지심)

II. 3:1-4:13: 그리스도를 통하여 전해진 약속은 광야백성에게 주어진 것보다 더 경청을 요구한다.

1. (L) 3:1-6 (모세보다 뛰어난 아들의 우월성)
2. (P) 3:7-4:13 (예수의 구원 약속에 완고함에 대한 멸망적 결과)

III. 4:14-6:20: 예수는 자신의 낮아지심을 통하여 대제사장이 되었다; 그를 포기하는 것은 구원받을 수 없는 타락을 의미한다.

1. (L) 4:14-5:10 (대제사장적 섬김의 전제로서 예수의 낮아지심)
2. (P) 5:11-6:20 (멸망할 타락에 대한 경고와 약속을 굳게 붙잡음으로써 "온전한 교훈"에 대한 준비)

B. 7:1-10:18(L): 종말론적 대제사장 예수(신앙고백해설)

47) Goppelt, *Theologie II*, 573f, 각주 8.

I. 7:1-28, 예수의 우월한 대제사장적 신분

II. 8:1-10:18, 예수의 대제사장적 활동

1. 8:1-13, 예수의 제사장 직무의 장소

2. 9:1-10:18, 예수의 대제사장적 희생제물

C. 10:19-13:17(P): 종말론적 대제사장의 구원활동으로부터 나온 권고적 결과

I. 10:19-31: 그리스도로 말미암아 열려진 구원의 길에 머물러 있으라!

II. 11:1-12:29: 예수의 대제사장적 활동

1. 11:1-40: 옛 사람들이 걸어갔던 믿음의 길과 공동체가 걸어가야 하는 믿음의 길

2. 12:1-29: 신앙공동체가 걸어가야 하는 길에서 인내함

III. 13:1-17: 기본 권면을 신앙공동체의 상황에 적용하기 위한 개별 지침들

서신적 종결 13:18-25

이처럼 히브리서를 '교훈'과 '권고' 단락의 반복으로 여기는 학자들은 반호예(A. Vanhoye)를 따라 히브리서의 '5분 구도'를 지지한다. 그는 이 서신을 서두(1:1-4)와 말미(13:20-25)를 제외하고 'A-B-C-B′-A′'로 구분되는 '교차대조법'(Chiasm)을 따라 다섯 단락(1:5-2:18; 3:1-5:10; 5:11-10:39; 11:1-12:13; 12:1-13:19)으로 구분하였다.[48] 반면에, '5분 구도'와 달리, 내용을 중시하여 나우크(A. Nauck)에 의해 자리 잡은 '3분 구조'가 히브리서의 문학적 구조로 주장되기도 한다. 이런 구분은, 논란이 되는 서신 결미 단락(13:18-25)을 제외하고, 크게 세 단

---

48) A. Vanhoye, *Structure and Message of the Epistle to the Hebrews* (Subsidia Biblica 12; Rome 1989); Weiss, Hebräerbrief, 44-46 참조.

락(1:1-4:13; 4:14-10:18/31; 10:19/32-13:17)으로 나눈다.[49] 최근에는, 고대 수사학(修辭學)의 도움을 받아, 서두(1:1-4)와 후기(13:22-25)를 제외하고, 히브리서의 문학적 구조를 '3분 구도'로 구분한다. 이는 대부분의 신약서신은 고대 수사학의 서신 양식[50]을 수용하여 저술되었다는 베르거(K. Berger)의 주장을 의미 있게 받아들였기 때문이다. 바크하우스(K. Backhaus)가 제시하는 수사학적 모델을 따라 히브리서를 구분하면, 서두(exordium, 1:1-4)와 후기(postscriptum, 13:22-25)를 제외한 본문 단락은 '해설'(narratio, 1:5-4:13), '논증'(argumentatio, 4:14-10:18), '귀결'(peroratio, 10:19-13:21)로 나누어진다.[51] 스트로벨은 다윗이 장차 나타날 영원한 왕이자 제사장이신 메시아를 노래한 시편의 제왕시(帝王詩)인 110편을 히브리서의 뼈대로 여겨, 13장을 제외한 히브리서를 다섯 단락으로 구분하였다.[52] 곧, 1:1-3 단락을 '주께

---

49) Wolfgang Nauck, "Zum Aufbau des Briefes," *Judentum, Urchristentum, Kirche (Festschrift für J. Jeremias)* (BZNW 26; Berlin, ^{2}1964), 199-206; 『독일성서공회판 관주·해설 성경전서』의 '히브리서 안내'(351-353, 특히 353) 참조. 『독일성서공회판 관주·해설 성경전서』에 의하면, 히브리서는, 서신 결미(13:18-25)를 제외하고, 세 단락으로 구분된다. 곧, 1:1-4:13은 '하나님의 아들 안에 나타난 계시', 4:14-10:18은 '우리의 대제사장이신 그리스도', 10:19-13:17은 '믿음의 도상에 있는 하나님의 백성' 주제 아래 단락 구분된다.

50) 그 요소는 '문안인사'(salutatio, 살전 1:1), '서두'(caputatio, 롬 1:8-13), '해설'(narratio, 롬 1:14-11:36), '간청'(petitio, 롬 12:1-15:32), '결론'(peroratio, 살전 5:23-28)으로, 신약서신의 경우 중심 부분이 이분(二分)구조로 '해설'과 '간청', 즉 예수 그리스도를 믿음으로 말미암은 구원의 '교리'와 그 구원에 참여한 자에게 청원하는 '권면'으로 이루어져 있다. Klaus Berger, *Exegese des Neuen Testaments* (UTB 658; Heidelberg: Quelle & Meyer, ^{3}1991), 69.

51) 이에 대하여는 Karrer, "Hebräerbrief", 475f를 참조하라.

52) Strobel, *Der Brief an die Hebräer*, 10.

서 말씀하시기를'(1절상)과, 1:4-4:13 단락을 '너는 내 오른쪽에 앉아 있으라'(1절하)와, 4:14-6:20 단락을 '너는 제사장이라'(4절)와, 7:1-10:18 단락을 '영원히 멜기세덱의 서열을 따라'(4절)와, 10:29-12:29 단락을 '주께서 시온에서부터 권능의 규를 내보내시어(2절) … 노하시는 날에 그가 심판하실 것이라(5-7절)'와 관련지었다.

히브리서의 구조는 히브리서 저자의 신학적 목표설정 내지는 의도의 담고 있는 뼈대이다. 그 의도는, 다름 아니라 전술(前述)한바, 신앙공동체의 상황에 놓여 있는 그리스도인들에게 처음 받았던 신앙고백(교훈/교리)을 확고하게 붙잡고, 그들이 끝까지 인내(권면)하며 그 신앙을 고수하는 것이다. 이런 점에서, 히브리서는 '교훈'과 '권면'이 서로 맞물려 있으며, 공속(共屬)되어 있다. 그러므로 히브리서의 윤리는 신학에 기반 위에 세워진 '신학적 윤리'이다.

IV. 신학적 특징

히브리서의 신학적 특징으로는 종말론, 기독론, 신앙론, 윤리로 나누어 살펴볼 수 있다.

1. 종말론적 특징

히브리서의 종말에 대한 진술들은, 신약성서의 다른 문헌들처럼, 한편으로는 '그 날의 가까움'(10:25)이나 "잠시 잠깐 후면 오실 이"(10:37)와 같이 예수 그리스도의 '임박한 재림'을 언급하고, 다른 한편으로는 아직 밖에 있는 '부활'(6:2; 11:35)이나 '심판'(6:2; 9:27), 그리고 '세상멸망'(12:26-29)에 대하여 알게 한다. 그러니까, 히브리서의 종말론은 구약의 묵시적 종말론과 달리 예수 그리스도에 의해 시작된, 그렇지만 아직 이르지 않은 '선취(先取)적 종말론'[53]이다. 물론, 히브리서의 종말에 대한 가르침에 이런 '시간적 진술'만 있지 않고 초월적인 '공간적 진술'도 있다. 이러한 초월적 공간성은 다른 신약 문헌에서도 '위의 것'(골 3:1)이나 '위에 있는 예루살렘'(갈 4:26), '새 하늘과 새 땅' 및 '새 예루살렘'(계 21:1f)의 표현으로 나타난다. 히브리서의 경우, 그것은 '하나님의 안식(κατάπαυσις)'(3:11, 18; 4:1-11)이나 '하늘의 도성' 내지는 '하나님의 도성'(πόλις θεοῦ, 11:10, 16; 13:14), 곧 '하늘의 예루살렘'(Ἰερουσαλὴμ ἐπουρανίος, 12:22)으로 표현되거나, '하늘의 본향(πατρίς)'(11:14)이나 '더 나은 본향(本鄕)'(11:16)으로 묘사된다. 이런 점에서, 히브리서의 신학을 '나그네 신학'으로 특정할 때, 세상에서 통용되는 '나그네' 개념과 다르다. 일반적으로, '나그네'란 정처 없이 방랑하는 유랑인을 가리키지만, 히브리서의 경우 그것은 분명한 목적지인 '하늘의 본향'을 향해 순례하는 그리스도인을 의미한다. 그러므로 히브리서 종말론은 세상이나 역사에 대한 묵시적 관점[54]을 넘어, 예수 그리스도의 재림 지연 상황에서 공간 개념으로써 지연된 시간에 대한 해결책을 찾고자 한다. 이를 그래써(E. Grässer)는 "원시기독교로부터 속사도시대로 넘어가는 문턱에 있는 신학"[55]으로 여긴다. 이처럼, 히브리서 저자는 시공(時空)이라는 두 가지 종말론적 요소를 사용하여 예수 그리스도를 믿음으로써 종말을 선취한 그리스도인에게 아직 밖에 있는 최종적 종말에

53) 이에 대하여는 장흥길, "나사렛 예수의 종말에 대한 가르침," 장흥길 편, 『신약성경의 종말론』(서울: 한국성서학연구소, 2016), 13-32 참조.

54) Michel, *Hebräerbrief*, 285f.

55) E. Gräßer, *Der Glaube im Hebräerbrief* (MThSt 2; Marburg 1965), 171ff.

다가가는 그리스도인들에게, 이에 부합된 권면의 말씀을 남기고자 하였다.

2. 기독론적 특징

히브리서의 기독론적 특징을 조사하려면, 방법론적으로, 이 서신에 사용된 '기독론적 칭호'를 살펴보거나, 아니면 '기독론적 주제'를 살펴보아야 한다.

가. 기독론적 칭호

먼저, 히브리서에서 예수에 대해 사용된 칭호를 살펴보면, 크게 네 가지이다. 곧, '아들'(υἱός), '주'(κύριος), '그리스도'(ὁ Χριστός)[56], 그리고 '대제사장'(ἀρχιερεύς)이 그것이다. 그 중 '아들' 칭호는 무엇보다도 히브리서 서두(1:2, 3)의 '그리스도 찬가'(Christushymnus)에서 잘 드러나며, '주'(2:3) 칭호도 '우리 주'(ὁ κύριος ἡμῶν)로 신앙 공동체의 신앙고백으로서 나타나고, 예수의 부활 이후 널리 사용되었던 '그리스도' 역시도 자주(3:14; 5:5; 6:1; 9:14, 24, 28) 등장한다. 앞의 세 칭호는 바울이나 요한처럼 다른 신약의 문헌들에서도 찾아볼 수 있다. 히브리서의 경우 지상에서 공적인 삶을 사신 '나사렛 예수'에 대해서도 언급하는데, 이는 마지막에 언급된 칭호인 '대제사장' 칭호와 밀접하게 관련되어 있다. 곧, 이 서신에서 예수는 모든 사람을 위하여 죽음의 고난을 받으셨고(2:5-18), 시험받는 자의 연약함을

---

56) '그리스도' 칭호에 관하여는, 장흥길, "종교개혁사상의 5대 핵심 개념에 대한 신약성경적 이해," 장흥길 편, 『성경과 종교개혁』 (성서학 학술마당 총서 IV; 서울: 한국성서학연구소, 2018), 140-49 참조.

담당하셨으며(4:14-5:10) 십자가를 참으시고(12:2-3), "성문 밖에서"(ἔξω τῆς πύλης) 고난을 받으셨다(13:12). 이러한 지상적 예수의 삶에 대한 언급은 히브리서에서만 찾아볼 수 있는 독특한 칭호인 '대제사장'과 관련되어 있다. 히브리서 중심 개념인 이 칭호는 땅에서 제사장 직분을 수행하는 레위 계열의 '대제사장'과 달리, 하늘에서 대제사장 직을 수행하는 '멜기세덱의 반차를 따른 영원한 대제사장'(5:10; 7장)을 가리킨다. "하늘에서 지극히 크신 이의 보좌 우편에 앉으신 이"(8:1)이신 예수 그리스도는 "신실한 대제사장(πιστὸς ἀρχιερεύς)"(2:17)이시며, "우리가 믿는 도리의 사도이시며 대제사장(τὸν ἀπόστολον καὶ ἀρχιερέα τῆς ὁμολογίας ἡμῶν)"(3:1)이시고, "큰 대제사장(ἀρχιερεύς μέγας)"(4:14)이시다.

나. 기독론적 주제

'대제사장' 칭호처럼 히브리서에는 독특한 기독론적 주제가 등장하는데, 그것은 '옛 언약'과 대조적인 '새 언약(διαθήκη καινή)'(8:8)을 다루는 8-10장에 나타난다. 예수 그리스도는 하늘의 성소와 참 장막(8:2)에서 섬기는 영원한 대제사장, 곧 레위에게서 난 대제사장보다 탁월하며, 멜기세덱의 반차를 따른 대제사장으로서 "더 좋은 언약의 보증(κρείττονος διαθήκης ἔγγυος)"(7:22)이시며, "더 좋은 언약의 중보자(κρείττονός διαθήκης μεσίτης)"(8:6)이시다. '첫 언약(διαθήκη πρώτη)'(8:8, 13)인 '옛 언약'과 '새 언약'의 대조는 바울의 경우와 비교해보면 차이가 있다. 곧, 바울의 경우 '두 언약'의 대조는 '사라'와 '하갈'의 대조에서 드러나듯이, '하갈'에 빗대어진 '옛 언약'은 '율법'에 종살이하는 유대교를 가리키며, 반면에 '새 언약'은 '약속'에 근거하여 자유 안에 있는 새로운 하나님의 백성을 가리킨다(갈 4:24-28). 그러나 히브리서의 경우 이 두 언약의 대조는 '낡아 없어짐'과 '영원히 존속하는 것'(8:13), '모형'과 '실제'(9:23), '그림자'와 '참 형상'(10:1)의 대조 안에서 다루어진다. 곧 히브리서의 '새 언약'은 온전성과 영속성에서 '옛 언약'을 능가한다(8:7-13). 이런 점에서 예수 그리스도는 '더 좋은 언약의 중보자'(이에 대하여는 제7강을 참조)이시다.

다. 신앙론적 특징

히브리서의 특징으로, 무엇보다도 '믿음'에 대한 진술을 들 수 있다. 흔히, 신약성경에서 '믿음'을 정의하는 유일한 구절로 여겨지기도 하는, "믿음은 바라는 것들의 실상(ὑπόστασις)이요 보이지 않는 것들의 증거(ἔλεγχος)니"(11:1)라는 진술은 믿음이란 무엇인가를 밝히는 '신앙 정의(定義)' 구절이 아니다. 오히려 그것은 '믿음'이란 사람들이 소망하는 것이 현실에 실제로 존재하는 '실재' 내지는 그것의 '현실화'이며, 보이지 않는 것들의 증거라는 점에서, 이 구절은 '믿음'을 '정의'하는 것이 아니라, '믿음의 대상'에 대하여 '확신'하는 것이다(이에 대하여는 제8강 참조). '믿음'은 현실 세계에서는 소망하지만 보이지 않아 감지할 수 없으나, 바로 그 믿음으로써 장차 '하나님의 안식'에 들어갈 것을 안다. 그러므로 현실에서 구원의 약속을 신뢰하며 확고하게 붙잡는 것(3:14)인 믿음은 '바라는 것'의 '실재'로만 존재하고, 또한 '보이지 않는 것'의 '증거'로만 존재할 뿐이다. 둘째로, 히브리서에서 다루는 믿음은 '개인적 믿음'이 아니라 '공동체적 믿음'이다. 곧 '믿음'이란 '교회의 신앙고백을 고수하는 것'(3:1; 4:14; 10:19-25)이며, '새 언약 아래 있는 하나님 백성의 공동체를 떠나지 않는 것'이다[57]. 마지막으로, 히브리서의 '믿음'으로 '하나님을 믿는 믿음'(11:6)이 언급되는데, 믿음이 없이는 하나님을 기쁘시게 하지 못하며, 또한 하나님께 나아가는 자는 반드시 그가 계신 것과 그가 자기를 찾는 자들에게 상을 주시는 이심을 믿어야 한다. 이러한 신앙의 대상으로서 하나님은 히브리서에서 그리스도에게로 확대되는데, 하나님의 아들 예수는 믿음의 '창시자'(ἀρχηγός)이며 또한 '온전케 하시는 이'(τελειωτής)이시다(12:2). 특히, 히브리서에서 믿음은 이 공동체 상황에 부합되게 '담대함(παρρησία)'과 '인내함(ὑπομονή)'(6:12; 12:1-3)이 요구된다(10:35f). 이를 위해서 신앙의 본보기(paradigma)로서 아브라함(6:13-20)을 비롯한 신앙선조, 곧 믿음으로 산 많은 증인들(11장)이 언급되고, 배교하지 않도록 불신앙의 본보기로 하나님의 안식에 들어가지 못한 광야 시대의 이스라엘 사람들(3장)이 진술된다. 무엇보다도, 히브리서에서 난제(難題)로 자주 거론되는 '두 번째 회개(μετάνοια) 불가(不可)함'(6:4-6; 10:26-30; 12:16f)이라는 회개 '엄격주의'(rigorism) 주제가 등장하는데, 이는 루터는 이 주제로 인하여 히브리서를 '비(非) 복음적'으로 여겼으나, 이는 '교리적 진술'이 아니라, 배교(背敎)를 경고하는 '권면적 진술'이다.[58] 저자가 이 진술로써 의도한 것은 어떤 '교리화'나 '제도화'가 아니라, 당시 처한 신앙공동체 상황에서 그리스도인에게 죄에 대하여 피 흘리기까지 싸우라는 '권면'을 함으로써 '소망의 확신(ἡ πληροφορία τῆς ἐλπίδος)'(6:11f)을 가지고 '앞서 가신 이'(πρόδρομος)인 예수를 따르는 추종이었다(6:19f).

---

57) Merkel, *Bibelkunde*, 243 참조.

58) 이에 대하여는 Grässer, *Der Glaube im Hebräerbrief*, 196f 참조.

라. 윤리적 특징

1) 구체적 권면

히브리서가 내증(內證)하는 것처럼, 히브리서는 '권면의 말'(13:22)이다. '권면서'로서 히브리서에 많은 구체적인 개별 권면들이 요구된다. 그것을 열거하면, 다음과 같다.

(1) 모든 들은 것에 더욱 유념하라(2:1).
(2) 믿는 도리의 사도이시며 대제사장이신 예수를 깊이 생각하라(3:1).
(3) 너희 마음을 완고하게 하지 말라(3:8).
(4) 매일 피차 권면하여 누구든지 죄의 유혹으로 완고하게 되지 않도록 하라(3:13).
(5) 믿는 도리를 굳게 잡으라(4:14).
(6) 그리스도의 도의 초보를 버리고 죽은 행실을 회개함과 하나님께 대한 신앙과 세례들과 안수와 죽은 자의 부활과 영원한 심판에 관한 교훈의 터를 다시 닦지 말고 완전한 데로 나아가라(6:1f).
(7) 참 마음과 온전한 믿음으로 하나님께 나아가자(10:22).
(8) 믿는 도리의 소망을 움직이지 말며 굳게 잡고 서로 돌아보아 사랑과 선행을 격려하며 모이기를 폐하는 어떤 사람들의 습관과 같이 하지 말고 오직 권하여 그 날이 가까움을 볼수록 더욱 그리하라(10:23-25).
(9) 피곤하여 낙심하지 않기 위하여 죄인들이 자기에게 거역한 일을 참으신 분, 곧 믿음의 창시자요 온전케 하시는 이인 예수를 바라보자(12:2f).
(10) 모든 사람과 더불어 화평함과 거룩함을 따르라(12:14).

(11) 형제 사랑하기를 계속하고 손님 대접하기를 잊지 말라(13:1f).
(12) 갇힌 자를 생각하고 학대 받는 자를 생각하라(13:3).
(13) 결혼을 귀히 여기고 침소를 더럽히지 않게 하라(13:4).
(14) 돈을 사랑하지 말고 있는 바를 족한 줄로 알라(13:5).
(15) 인도하던 자들을 생각하며 그들의 행실의 결말을 주의하여 보고 그들의 믿음을 본받으라(13:7).
(16) 그의 치욕을 짊어지고 영문 밖으로 그에게 나아가자(13:13).
(17) 예수로 말미암아 항상 찬송의 제사를 하나님께 드리자(13:15).
(18) 오직 선을 행함과 서로 나누어 주기를 잊지 말라(13:16).
(19) 인도하는 자들에게 순종하고 복종하라(13:17).

2. 권면의 특징

히브리서 권면의 윤리적 특징을 요약하면, 다음과 같이 정리할 수 있다. 곧 히브리서의 윤리는 다음과 같은 특징을 가진다(이에 대하여는 제10장의 "IV. 특주: 히브리서의 '권면'(παράκλησις)"을 참조하라). 히브리서의 윤리는,

(1) 신학적 윤리(6:1-2: 10:22)이다.
(2) 기독론적 윤리(3:1; 4:14; 12:2-3)이다.
(3) 종말론적 윤리(10:23-25: 12:1)이다.
(4) 신앙공동체(교회)적 윤리(10:23-25)이다.
(5) 상황적 윤리: 히브리서 수신인 교회 상황에 부합된 윤리이다.
(6) 구체적 윤리: '손님 대접'(φιλοξενία, 13:1-2), '혼인 중시'(13:4), '돈 사랑 경고'(13:5)와 같이 구체적인 윤리이다.
(7) 본(本)의 윤리(6:19f; 11장; 13:7): 히브리서 신앙공동체를 위해 '앞

서 가신 분(πρόδρομος)'(6:20) 예수를 본받는 윤리이다.

V. 나가는 말

위에서 언급한 바, 히브리서의 본문을 올바르게 이해하고 해석하려면, 히브리서의 '역사적인 면'(저자, 저작 시기, 저작 장소, 수신인 상황), '문학적인 면'(용어 조사, 내용구조, 서신의 양식), '신학적인 면'(종말론, 기독론, 신앙론, 윤리 등)을 함께 고려해야 한다. 이런 "히브리서, 개괄적으로 살펴보기"를 바탕으로 하여, 필자는 제2강에서 제10강까지 선별된 히브리서의 주요 본문 단락을 석의(釋義)하고 그 신학적 의미를 밝힐 것이다. 그러고 나서, 히브리서 본문을 심화(深化)해서 연구하고 조사할 수 있도록, '선별된 참고문헌'을 본서의 마지막에 수록하였다.

제2장

하나님의 우편에 앉아계신 아들 예수 그리스도

(1:1-14)

2.
하나님의 우편에 앉아계신 아들 예수 그리스도

(1:1-14)

I. 들어가는 말

"히브리서, 개괄적으로 살펴보기"에서 이미 밝혔던 것처럼, 히브리서는 이전에 박해를 겪었으나 전해 받은 기본적인 그리스도교의 교리조차 다시 세워야 하고, 예배에 모이기조차 등한시 하며 나태해져 있으나, 장차 큰 고난이 예상되는, 유대인과 이방인이 함께 섞여 있는 신앙공동체에게, 임박한 재림기대 사상이 물러난 재림지연의 현실이라는 이러한 시간적 요소 외에 이 땅에서 본향을 향하여 나아가는 나그네의 길이라는 공간적 요소를 지닌 종말론적 상황에서, 지금은 하나님의 우편(右便)에 앉아계신, 그의 아들, 곧 영원한 대제사장 예수 그리스도라는 기독론으로써 믿음의 경주를 완주할 수 있도록 격려하는 "권면의 말"(히 13:22)이다.

두 번째 장의 제목은 이 서신의 1장에서 "본향을 향해 순례하는 하나님의 백성"에게, 먼저, 받은바 교리를 다시 해설하며 깨우치려 하는 "하나님의 우편에 앉아계신, 아들 예수 그리스도"이다. 이로써, 히브리서 저자는 이방 종교들과 유대교의 틈바구니에서 새롭게 기독교의 신학적 자리를 매김으로써 기독교의 정체성을 확보하고, 이런 가르침의 토대 위에서 나태해진 신앙을 다잡고, 장차 예상되는 박해를 이기며, 믿음의 순례자들이 본향에 이르기까지 완주할 수 있도록 격려하는 권면의 교리적 기초를 제시하려 한다. 이 장에서는 먼저, 히브리서의 첫 장을 자리 매김 하고(II), 이을 석의(釋義)한 다음(III), 설교자가 본문에서 올바른 설교의 방향을 찾을 수 있도록, 그 신학적 메시지(IV)로 구분하여 다루기로 한다.

II. 본문 단락의 자리 매김

1. 히브리서의 문학적 성격과 거시적 구분

히브리서는, 튀빙엔 대학교 신약학 은퇴 교수 미헬(O. Michel)에 의하면, "우리에게 남겨져 있는 … 최초의 온전한 원시기독교의 설교"[1]로, 히브리서 공동체가 전에 받은바 신앙고백을 바르게 이해하고 이를 굳게 붙잡도록, '영원하고 온전한 대제사장'이 되신 예수 그리스도를 신앙의 '길잡이'이자 '모범'으로 묘사하는 '기독론적 교리'와, 이에 부합된 '권면'이 반복되는 구조[2]를 가진 설교이다. 구조

1) Otto Michel, *Der Brief an die Hebräer* (KEK XIII; Göttingen: V. & R., [11]1960), 24. 이는 한국신학연구소에 의해 출판된 「국제성서주석」 43권으로 번역되었다. 강원돈 역, 『히브리서』 (서울: 한국신학연구소, 1987).

2) L. Goppelt, *Theologie des Neuen Testaments* II, ed. by J. Roloff (Göttingen: V. & R., [3]1980), 573f, 각주 8) 참조.

적으로는 '교리'와 권면'이 반복되지만, 내용적으로는 교리와 권면이 별개(別個)가 아니라, 교리는 권면의 기초이며, 권면은 교리 위에 세워져 있다. 이런 점에서 히브리서의 문학적 양식은 '설교'의 형태를 지닌 '교리적 권면서'이다.

히브리서가 '교리-권면의 교차·반복' 구조를 보여주지만, 내용적으로는 크게 셋으로 구분될 수 있다. 고펠트(L. Goppelt)는 히브리서를, 종결말미(13:18-25)를 제외하고, '신앙고백의 이해와 확신으로 인도하는 선구자 예수'(1-6장), '신앙고백해설로서 종말론적 대제사장 예수'(7:1-10:18), '종말론적 대제사장 예수의 구원활동에 근거를 둔 권면'(10:19-13:17)으로 구분하였다. 한편, 미헬(O. Michel)은 히브리서를 '아들을 통해 선포된 하나님의 말씀'(1:1-4:13), '의로우신 대제사장 예수' (4:14-10:39), '하나님의 백성이 걸어갔던 신앙의 길과 걸어가야 할 신앙의 길'(11:1-13:25)로 구분하였다.[3] 삼분 구도로 히브리서 단락을 구분할 때 둘째 단락의 종결절을 10:18[4]로 볼 것인지, 10:31[5]로 여길 것인지, 아니면 10:39[6]로 볼 것인지는 주석자마다 차이가 있다. 그것은 "믿는 도리의 소망"(10:23)을 굳게 잡으라고 권면하는 10:19-31 단락을 권면 단락(10:19-13:17)의 첫 머리로 볼 것인지, 아

3) Michel, 『히브리서』, 31-52 참조.

4) Otto Kuss, *Der Brief an die Hebräer* (Regensburger Neues Testament 8; Regensburg: Verlag Friedrich Pustet, 1966), 13; August Strobel, *Der Brief an die Hebräer* (NTD 9/2; Göttingen: V. & R., ^{4}1991), 10; Franz Laub, *Hebräerbrief* (Stuttgarter Kleiner Kommentar NT 14; Stuttgart: Katholisches Bibelwerk, 1988), 7; 『독일성서공회판 관주·해설 성경전서』 (서울: 대한성서공회, 2004)의 '히브리서 안내'(351-353, 특히 353) 참조.

5) Harald Hegermann, *Der Brief an die Hebräer* (Theologischer Handkommentar zum Neuen Testament XVI(Berlin: Evangelische Verlagsanstalt, 1988), 4-6.

6) Michel, 『히브리서』, 491 참조.

니면 이를 영원하고 온전한 대제사장 예수 그리스도를 해설하는 기독론 단락의 마지막을 장식하는 단락으로 볼 것인지에 따라 다르다. 여기서는 10:19-31 단락이 도상(途上)에 있는 하나님 백성에게 '믿음'의 도리를 붙잡는 확신이 믿음의 주제를 다루는 큰 세 번째 단락과 관련되어 있기에, 이 단락을 마지막 큰 단락과 연결하는 것이 적절하다.

2. 히브리서 1장의 자리 매김

전술한 바에 기초하여, 히브리서를, 후기(postscript)인 13:22-25 단락을 제외하고, 크게 셋으로 구분해보면, 다음과 같다.

1:1-4:13	아들 안에 나타난 하나님의 계시 말씀
4:14-10:18	믿는 자에게 영원하고 온전하신, 대제사장 예수 그리스도
10:19-13:21	본향을 찾아 믿음으로 순례하는 하나님의 백성

1장은 위의 구분에서 첫 번째 큰 단락(1:1-4:13)이 다루는 "아들 안에 나타난 하나님의 계시 말씀" 중 첫 머리에 등장하는 단락이다. 믿음의 길을 열어주시고, 그 길로 인도하며, 최종적인 영원한 안식으로 이끄는 예수 그리스도는 하늘의 본향으로 순례하는 그리스도인의 신앙과 삶의 본보기이다. 종교사적으로 보면, '이교(異教)'와 '유대교'라는 고대 그리스-로마 사회의 종교적 환경에서 정체성을 찾아야 하는 '기독교'는 신흥종교가 아니다. 오히려 기독교는 유대교와의 관계에서 연속성과 불연속성을 함께 가지고 있다. 그 연속성은 큰 것만을 들면 두 가지이다. 그 하나는 '유일신 신앙'(monotheism)이다. 하나님은 한 분 밖에 없으시다. 그러므로 유일신 신앙의 관점에서 보면, 이방인이 섬기는 모든 신들은 우상이다. 다른 하나는 만물을 창조하시고 하나님의 백성을 택하여 구원하시고 인도하심을 기록한, 하나님의 말씀인 '성경'은 유대교의 경전이면서, 또한 기독교인의 경전이기도 하다. 한편, 대표적인 불연속성을 찾아보면, 하나는 기독교에서 예수는 유대교에서처럼 단순하게 순교한 선지자가 아니라 유일하신 하나님의 독생(獨生)하신 아들이며 성경에서 예언된 메시아, 곧 그리스도시다. 그러므로 전능하신 하나님이 이 '세상과 역사의 주관자'이신 것처럼 그의 아들 예수 그리스도도 '역사와 세상의 주관자'이시며, 예수는 하나님과 함께 선재(先在)하셨고, 하나님 보좌 우편에 앉아계시는 아들이시다. 다른 하나는 '성경'이 유대교와 기독교의 공통의 경전이지만 유대교는 그 '성경'을 '타나크'(tanak)[7]로 부르며 이를 바탕으로 그들의 구전(口傳)을 성문화(成文化)하고 외경(外經)의 가르침을 받아들이지만, '기독교'는 그 '성경'을 '옛 언약', 곧 '구약(舊約)'을 담고 있는 것으로 여겨 '구약성경'으로 부르고 그것을 예수 그리스도로 말미암은 '새 언약'과 함께 '신구약전서'를 경전으로 삼는다. 그러므로 기독교에게 구약은 기독교의 뿌리이다. 왜냐하면, '새 언약'은 '옛 언약'의 전제 없이는 불가능하기 때문이다.

이런 의미에서 첫 큰 단락(1:1-4:13)은 다음과 세분될 수 있다.

---

7) 이는 히브리어 '율법서'인 '토라'(Torah), '예언서'에 해당하는 히브리어 '느비임'(N^{e}bi'im), 그리고 '성문서(聖文書)'를 가리키는 히브리어 '크투빔'(K^{e}thubi'im)의 첫 글자를 조합하여, '아'(a) 음가(音價)를 가진, 가장 기본적 히브리어 모음 카메츠로 연결한 조합어로, 히브리어 성경을 지칭하는 용어이다.

1:1-14 교리: 천사보다 뛰어나신 하나님의 아들, 예수
2:1-4 권면: 구원을 등한시 여기지 말라
2:5-18 교리: 구원을 창시자이며 고난을 통해 온전케 하신 신실한 대제사장 예수
3:1-6 교리: 모세보다 뛰어나신 믿는 도리의 사도이시며 대제사장이신 예수
3:7-4:13 권면: 약속된 하나님 안식에 들어가기를 힘쓰라

이처럼, 첫 번째 큰 단락, 곧 첫 번째 설교의 메시지는 천사와 모세보다 뛰어나신 하나님의 아들, 예수는 구원을 여시고 온전케 하시는 신실한 대제사장이므로 그로 말마암아 시작된 구원을 경시하지 말고 그를 굳게 믿어 하나님께서 약속하신 안식에 들어가기를 힘쓰라는 권면을 담고 있다.

III. 본문 석의

1. 세부 단락 구분

"천사보다 뛰어나신 하나님의 아들, 예수"라는 가르침을 다루는 교리 단락, 히브리서 1장을 세분하면, 다음과 같이 구분할 수 있다. 천사보다 뛰어나신 하나님의 아들 예수는 지금은 하나님의 우편(右便)에 앉아계신, 그의 아들, 예수 그리스도이시다.

1-4절 하나님 우편에 앉아계신, 천사보다 뛰어나신 하나님의 아들
5-14절 이에 대한 성경(구약) 인증[8]

5-6절 첫 번째 논증: '아들'에 관한 두 인용문과 '천사들'에 관한 한 인용문

7-12절 두 번째 논증: '천사들'에 관한 한 인용문과 '아들'에 관한 두 인용문

13f절 세 번째 논증: '아들'에 관한 한 인용문과 '천사들'에 관한 한 주석적 추론

2. 단락풀이

가. 천사보다 뛰어나신 하나님의 아들(1:1-4)

1 옛적에 선지자들을 통하여 여러 부분과 여러 모양으로 우리 조상들에게 말씀하신 하나님이

2 이 모든 날 마지막에는 아들을 통하여 우리에게 말씀하셨으니 이 아들을 만유의 상속자로 세우시고 또 그로 말미암아 모든 세계를 지으셨느니라

3 이는 하나님의 영광의 광채시요 그 본체의 형상이시라 그의 능력의 말씀으로 만물을 붙드시며 죄를 정결하게 하는 일을 하시고 높은 곳에 계신 지극히 크신 이의 우편에 앉으셨느니라

4 그가 천사보다 훨씬 뛰어남은 그들보다 더욱 아름다운 이름을 기업으로 얻으심이니

[1절] **옛적에(πάλαι) 선지자들을 통하여(ἐν τοῖς προφήταις) 여러 부분과 여러 모양으로(Πολυμερῶς καὶ πολυτρόπως) [우리] 조상들에게(τοῖς πατράσιν) 말씀하신 하나님이(ὁ θεὸς λαλήσας)** (Πολυμερῶς καὶ πολυτρόπως πάλαι ὁ θεὸς λαλήσας τοῖς πατράσιν ἐν τοῖς προφήταις)

---

8) 이에 대하여는 Michel, 『히브리서』, 151 참조.

첫 절은 "태초에 하나님이 천지를 창조하시니라"(창 1:1)는 성경의 서두이자 창세기 서두를 연상하게 한다. 주어는 '하나님'(ὁ θεὸς)이시다. 하나님께서 말씀으로 천지를 창조하신 것("그리고 하나님께서 이르시되"[וַיֹּאמֶר אֱלֹהִים], 창 1:3, 6, 9, 14, 20, 24, 29)처럼, 조상들(πατέρες)에게 말씀하신다(λαλήσας). 이때 한글개역성경에 '우리' 용어는 원문에는 없다.[9] "옛적에(πάλαι)", 곧 구약성경에서 아들에 관하여 "선지자들을 통하여"(ἐν τοῖς προφήταις) 말씀(예언)하셨다. 이때 전치사 ἐν은 '수단'이나 '도구'를 나타내는 여격 지배 전치사이다. 그러므로 전치사구 ἐν τοῖς προφήταις는 "선지자들을 통하여"로 옮기는 것이 적절하다. "여러 부분과 여러 모양으로"(πολυμερῶς καὶ πολυτρόπως)은 π-두운(頭韻)으로 시작하는, 수사학(修辭學)적으로 고려된 관용구로 다른 곳에서도[10] 나타난다. 이처럼, 1절은 다섯 번의 두운법[11]으로 수사학적으로 정교하게 구성된 구절이다. 아들에 관한 예언은 구약성경의 여러 곳에서 또 다양한 방법(천사, 꿈, 환상 등)으로 나타났다.

[2절] 이 [모든] 날 마지막에는(ἐπ' ἐσχάτου τῶν ἡμερῶν τούτων) 아들을 통하여 우리에게 말씀하셨으니(ἐλάλησεν ἡμῖν ἐν υἱῷ,) 이 아들을(ὃν) 만유의 상속자로(κληρονόμον πάντων) 세우시고(ἔθηκεν) 또 그로 말미암아(δι' οὗ καὶ) 모든 세계를(τοὺς αἰῶνας) 지으셨느니라(ἐποίησεν) (ἐπ' ἐσχάτου τῶν ἡμε- ρῶν τούτων ἐλάλησεν ἡμῖν ἐν υἱῷ, ὃν ἔθηκεν κληρονόμον πάντων, δι' οὗ καὶ ἐποίησεν τοὺς αἰῶνας·)

---

9) 이는 히브리서 수신자 신앙공동체가 유대인과 이방인으로 구성된 신앙공동체임을 알게 한다.

10) 고대 그리스 산문시에서 수사학적 효과를 위하여 의도적으로 '두운법'이 사용되는데, 이는 히 2:1, 10; 11:4; 행 24:2-4에서도 나타난다.

11) 곧, πολυμερῶς, πολυτρόπως, πάλαι, πατράσιν, προφήταις를 참조하라.

"이 날들의 마지막에는"(ἐπ' ἐσχάτου τῶν ἡμερῶν τούτων)은 구약성경(창 49:1; 민 24:14; 신 31:29; 사 2:2; 단 10:14 등)에서 찾을 수 있는 히브리어 양식문, '베아하리트 하이야밈'(בְּאַחֲרִית הַיָּמִים)은 내용적으로는 '메시아 시대'[12]를 의미한다. "아들을 통하여 우리에게 말씀하셨으니(ἐλάλησεν ἡμῖν ἐν υἱῷ)"에서 하나님은 '옛 언약과 마찬가지로 '새 언약도 말씀을 통하여 주신다. 그렇기는 하지만, 새 언약 시대에는 하나님께서 그 아들 예수 그리스도를 통하여 우리에게 말씀하신다(ἐλάλησεν). 여기서 '우리'는 히브리서의 수신(受信) 공동체이다. 이때, 관사 없이 절대적으로 사용된 '아들'은 구약의 예언자들과 달리 기독론적 칭호이다. 그 구약적 근거는 유대 왕의 즉위식 때 노래하던 대관식(戴冠式) 제의시(祭儀詩)인 시편 2편, 그것도 7절에서 찾을 수 있다. 이는 천사보다 뛰어나신 예수 그리스도에 대한 첫 번째 논증(1:5-6)에서 인용된다(1:5). 예수는 하나님의 아들로 마지막 때 만유를 다스리실 약속된 그리스도시다. 하나님께서 아들을 '만유의 상속자'(κληρονόμος πάντων)로 세우셨다. 이는 시편 2:8("… 내가 이방 나라를 네 유업으로 주리니 네 소유가 땅 끝까지 이르리로다")의 메시아 예언의 성취이다. '상속자'(κληρονόμος)[13]란 자구적으

12) H. Strack & P. Billerbeck, *Kommentar zum Neuen Testament aus Talmud un Midrash* III, 671 참조.

13) 신약성경에서 이 단어는 총 15회 등장하는데, 그 중 세 번은 공관복음서(마 1회[21:38]; 막 1회[12:7]; 눅 1회[20:14])에서, 세 번은 히브리서(1:2; 6:17; 11:7)에서, 야고보서에서 1회(2:5), 그리고 바울서신에서 8회(롬 4회[4:13, 14; 8:17에서 2회]; 갈 3회[3:29; 4:1, 7]; 딛 1회[3:7]) 등장한다. J.B. Smith, *Greek-English Concordance to the New Testament*(Scottdale: Herald Press, 1955), 203. '분깃'(κλῆρος), '상속'(κληρονομία), '상속자'(κληρονόμος)는 역사적으로 원래 정복된 약속의 땅에 대한 분배와 관련된 용어이나, 후에 종말론적 의미를 가지게 되었다. 이에 대하여는 Michel,

로는 '제비'나 '제비뽑아 얻은 분깃(한몫)'를 의미하는 '클레로스'(κλῆ-ρος)와 '소유하다'를 위미하는 '네모마이'(νέμομαι)의 합성어로 '몫(기업)을 받은 자'다. 하나님께서 그로 말미암아 만물을 지으셨다(11:3 참조). 이는 요한복음 서두의 '로고스 찬가'(1:1-18) 중 첫 머리(1:1-3), 특히 1:3("만물이 그로 말미암아 지은 바 되었으니 지은 것이 하나도 그가 없이는 된 것이 없느니라")를 떠올리게 한다. 이 점에서, 히브리서 신학은 요한 신학과 교류하며 일치한다. 이는, 요한의 진술뿐 아니라, '만물이 그로 말미암았다'는 바울의 진술들(고전 8:6; 골 1:16)과도 일치한다. 유대교와 비교해보면, 유대교의 경우 '만물이 하나님으로부터 말미암았다'는 사상은 기독교에서 '만물이 한 하나님, 곧 아버지에게서 났고 또한 만물이 한 주 예수 그리스도로 말미암아 있다'는 사상으로 확대 수용되었다(고전 8:6). 여기서 아들로 말미암아 지으신 '세계'(αἰῶνες)는 αἰών[14]의 복수로 '세상 안에 있는 것'이나 '세상 자체'를 의미하며(11:3 참조), '세상'(κόσμος)과 동일시되었다. 이는 복수로 사용된 히브리어, '올라밈'(עוֹלָמִים)의 용례와 일치한다.[15] 아들은 만유의 상속자다.

[3절] '이[그]는'(ὃς) '[하나님의] 영광의 광채'(ἀπαύγασμα τῆς δόξης)시요 '그 본체의 형상'(χαρακτὴρ τῆς ὑποστάσεως αὐτοῦ)이시라 '그의 능력의 말씀으로'(τῷ ῥήματι τῆς δυνάμεως αὐτοῦ) '만물을 붙드시며'(φέρων τε τὰ πάντα) '죄를 정결하게 하는 일을 하시고'(καθαρισμὸν τῶν ἁμαρτιῶν ποιησάμενος) '높은 곳에 계신 지극히 크신 이의 우편에'(ἐν δεξιᾷ τῆς μεγαλωσύνης ἐν ὑψηλοῖς) 앉으셨느니라(ἐκάθισεν) (ὃς ὢν

『히브리서』, 142f 각주 29 참조.

14) 이에 대하여는 장흥길, "αἰών," 『신약성경 용어해설집』 (서울: 한국성서학연구소, 2017), 135-41 참조.

15) 이에 대하여는 Michel, 『히브리서』, 133, 각주 11 참조.

ἀπαύγασμα τῆς δόξης καὶ χαρακτὴρ τῆς ὑποστάσεως αὐτοῦ, φέρων τε τὰ πάντα τῷ ῥήματι τῆς δυνάμεως αὐτοῦ, καθαρισμὸν τῶν ἁμαρτιῶν ποιησάμενος ἐκάθισεν ἐν δεξιᾷ τῆς μεγαλωσύνης ἐν ὑψηλοῖς,)

이 절은 히브리서에서 처음 등장하는 '그리스도 찬가'(Christus-hymnus)이다. 남성 단수 주격의 관계대명사인 ὅς의 선행사는 2절에서처럼 '아들'(υἱός)이다. 이 찬가는 네 행(行)으로 구성되어 있다. 그는 초기 교회의 예배 찬가(讚歌) 양식문에서 "① 하나님의 영광의 광채시요 그 본체의 형상이시라, ② 그의 능력의 말씀으로 만물을 붙드시며, ③ 죄를 정결하게 하는 일을 하시고, ④ 높은 곳에 계신 지극히 크신 이의 우편에 앉으셨느니라"로 칭송된다. 이는 그리스도의 위엄과 뛰어난 지위를 표현한다. 아들은 '[하나님의] 영광의 광채'(ἀπαύγασμα τῆς δόξης)며 '그[하나님]의 본체의 형상'(χαρακτὴρ τῆς ὑποστάσεως αὐτοῦ)이시다. 평행구에서 '영광'(δόξα)은 '본체'(ὑπόστασις)와, '광채'(ἀπαύγασμα)는 '형상'(χαρακτήρ)과 나란히 놓이는데, 영광은 하나님의 본체를 다르게 표현한 것이며, '광채'는 '반영(反影)'이나 '모상(模像)'을 의미한다. 곧, 아들은 하나님의 진정한 모형이시다. 그는 창조된 세상을 능력의 말씀으로써 유지하신다(요 1:1-3 참조). 또 그는 십자가상에서 우리를 대신해 죽으심으로써 죄를 정결하게 하셨으며(막 10:45 참조), 장사된 지 사흘 만에 부활하여 제자들과 무리 앞에 현현하시고 승천하시어(빌 2:9상 참조), 이제는 높은 곳에 계신 지극히 크신 이의 우편에 앉으셨다. 이때 네 번째 행에 나타나는 "지극히 크신 이"(μεγαλωσύνη)는 자구(字句)적으로는 '지극히 위대함', '위엄', '지극히 위엄이 크신 이'를 의미하며, 내용적으로 '하나님'을 지칭한다. 이는 히브리어로는 '게두라'(גְּדוּלָּה)로 구약성경과 유대교 문헌에서 하나님의 속성을 일컫는 용어이다.[16] 이 찬가의 제4행의 구약적 근거는 시편 110편이다. '다윗의 시'인 시편 110편 1절, 곧 "여호와께서 내 주에게 말씀하시기를 내가 네 원수들로 네 발판이 되게 하기까지 너는 내 오른쪽에 앉아 있으라 하셨도다"는 말씀은 예수와 같은 시대 유대교 묵시문헌[17]에서 이미 메시아적으로 해석되었고, 유대계 그리스도인들도 메시아 예언으로 받았으며, 마가도 수난사 중 유대인의 공회에서 "네가 찬송 받을 이의 아들 그리스도냐?"는 대제사장 물음에 대한 예수의 대답을 빌어 예수가 "권능자의 우편에 앉으신 인자"(ὁ υἱὸς τοῦ ἀνθρώπου ἐκ δεξιῶν καθήμενον τῆς δυνάμεως)이시며, 그분이 마지막 때 하늘 구름을 타고 오실 분이심을 밝힌다(막 14:62). 시편 110편은 초기 기독교인들에게는 매우 중요하게 예수를 그리스도로 인증(引證)하게 하는 '메시아 시편'이다. 예수 그리스도는 하나님 우편에 앉아 계신 아들이시다(롬 8:34; 골 3:1; 엡 1:20). 이처럼 히브리서의 기독론은 후기 유대교 묵시문헌과 밀접하게 관련되어 있다.

[4절] 그가 천사보다 훨씬 뛰어남은(τοσούτῳ κρείττων γενόμενος τῶν ἀγγέλων) 그들보다 더욱(ὅσῳ παρ' αὐτοὺς) 아름다운 이름을(διαφορώτερον ὄνομα) 기업으로 얻으심이니(κεκληρονόμηκεν) (τοσούτῳ κρείττων γενόμενος τῶν ἀγγέλων ὅσῳ διαφορώτερον παρ' αὐτοὺς κεκληρονόμηκεν ὄνομα.)

아들은 천사보다 탁월하게 뛰어나다(τοσούτῳ κρείττων). 당시 그리

---

16) 이에 대하여는 대상 29:11; 시 145:3, 6; 솔로몬의 지혜서 18:24; 토빗서 13:4f; 집회서 2:18 등 참조.

17) 특히 에녹서를 참조하라(에녹 45:3; 51:3; 61:8; 62:3ff; 69:27ff).

스도는 천사들과 비슷하게 여겨지거나 경배되어서는 안 된다. 그리스도는 '묵시적 영지주의'에 등장하는 '메타트론'(metatron)[18]처럼 여겨지지 말아야 한다. 왜냐하면, 예수 그리스도는 아름다운 이름을 유업으로 받았기 때문이다. 여기서 '이름'은 명칭이 아니라, 상속자로서 '지위'나 아들로서의 '정체'를 내포하는 개념이다. 하나님은 예언자들을 능가하는 아들을 통하여 말씀하시고 그를 만유의 상속자로 세우시며, 그로 말미암아 세계를 지으셨고, 천사보다 탁월하게 뛰어난 분이시다.

나. 이에 대한 성경(구약) 인증(5-14절)

히브리서 서두 단락(1:1-4)에서 언급된 아들 예수의 탁월성이 세 번의 성경 인용 논증으로써 입증된다. '천사들보다 탁월하게 높으신 아들' 예수 그리스도는 모두 일곱 군데의 성경의 인용(시 2:7; 삼하 7:14; 시 97:7; 시 104:4; 시 45:6f; 시 102:25-27; 시 110:1)으로써 입증된다.

1) 첫 번째 논증(5-6절): '아들'에 관한 두 인용문과 '천사들'에 관한 한 인용문

5 하나님께서 어느 때에 천사 중 누구에게 '너는 내 아들이라'(υἱός μου εἶ σύ) '오늘 내가 너를 낳았다'(ἐγὼ σήμερον γεγέννηκά σε) 하셨으며 또 다시 '나는

---

18) 이는 묵시적 영지주의에서 하나님에 의해 높이 올리우신 분의 '법적 지위를 서술하는 자'로, 이 사상은 에녹의 승천, 세상 통치자, 변호자, 대제사장, 하나님의 천사 등 다양한 주제를 모티브로 삼는다. 이에 대하여는 Michel, 『히브리서』, 146, 각주 37 참조.

그에게 아버지가 되고'(ἐγὼ ἔσομαι αὐτῷ εἰς πατέρα) '그는 내게 아들이 되리라'(αὐτὸς ἔσται μοι εἰς υἱόν) 하셨느냐 (Τίνι γὰρ εἶπέν ποτε τῶν ἀγγέλων· υἱός μου εἶ σύ, ἐγὼ σήμερον γεγέννηκά σε; καὶ πάλιν· ἐγὼ ἔσομαι αὐτῷ εἰς πατέρα, καὶ αὐτὸς ἔσται μοι εἰς υἱόν;)

6 또 그가 맏아들을 이끌어 세상에 다시 들어오게 하실 때에 하나님의 모든 천사들은 그에게 경배할지어다 말씀하시며(ὅταν δὲ πάλιν εἰσαγάγῃ τὸν πρωτότοκον εἰς τὴν οἰκουμένην, λέγει· καὶ προσκυνησάτωσαν αὐτῷ πάντες ἄγγελοι θεοῦ.)

[5절] '천사들보다 더 높은 아들'을 입증하기 위해 두 곳에서 인용된다. 곧, 5절에서 성문서의 대표적인 책 시편과 예언서인 사무엘하에서 인용된다. 이 두 본문은 본래 다윗 가문 출신의 왕이 즉위와 관련된 구절이다. "너는 내 아들이라 오늘 내가 너를 낳았다"(시 2:7)는 구절은 왕의 대관식 때 불렀던 '제의시'였고, "나는 그에게 아버지가 되고 그는 내게 아들이 되리라"(삼하 7:14)는 원래 나단 선지자를 통한 다윗과 그 나라에 대한 하나님의 언약이었다. 둘 다 초기 기독교 당시에는 더 이상 역사상 다윗과 그 나라에 관한 말씀이 아니었다. 그것은 예수에 대한 언약이며 메시아 예언이었다. 다윗의 가문과 하나님의 관계는 아들과 아버지의 관계였다. 그러므로 다윗의 나라는 영원할 것이다(삼하 7:16). 이는 초기 기독교에서 영성화(靈性化)되어 아들이신 예수 그리스도에 대한 예언으로 이해되었다. 그 아들의 나라도 영원히 존속할 것이다. 예수의 아들 되심은, 영향사적으로, 클레멘트전서(1:4상)에서 평행하게 나타난다. 5절에 나타나는 '오늘'(σήμερον)은 메시아의 구원이 일어나는 포괄적인 시간을 가리킨다(눅 4:21 참조).

[6절] '천사들보다 더 높은 아들'에 대한 입증이 이어진다. 그는 '맏아들' (ὁ πρωτότοκος)[19]이다. 이제 하나님께서 '맏아들'을 이끌어 세상에 다시 들어오게 하실 때의 일(계 1:5 참조)이 언급된다. 여기서 '천사들보다 더 높은 아들'을 입증하기 위해 천사들이 아들을 경배하였음을 인증하는 성경은 시 97:7과 비교된다. 시편의 구절에서는 모든 신들이 여호와께 경배하나, 여기서는 하나님의 모든 천사들이 경배한다. 재림하실 때 그리스도는 하나님의 천사들을 부리시며(마 16:27; 24:31; 살후 1:7) 세상에 다시 오신다. 메시아적 '맏아들'은 만왕의 왕으로서 '세상의 통치자', '영원한 언약', '영원한 나라'와 관련되어 있다.

2) 두 번째 논증(7-12절): '천사들'에 관한 하나의 인용문과 '아들'에 관한 두 인용문

두 번째 논증에서는 첫 번째 논증과 달리 '천사들에 관한'(πρὸς μὲν τοὺς ἀγγέλους) 인증이 앞에 놓이고, '아들에 관한' 인증이 그 뒤를 잇는다. 이 두 구절은 μὲν ~ δέ 구문으로 '대조'를 나타낸다.

가) '천사들'에 관한 하나의 인용문(7절) [시 104:4 // 클레멘트전서 1:3]

7 또 '천사들에 관하여는'(πρὸς μὲν τοὺς ἀγγέλους) 그는 그의 천사들을 바람으로, 그의 사역자들을 불꽃으로 삼으시느니라 하셨으되 (καὶ πρὸς μὲν τοὺς

---

19) '맏아들'은 예수의 수세시 하늘로부터 들린 "내 사랑하는 아들"(막 1:11)이며, 바울에 의하면 "많은 형제 중에서 먼저 나신 분"(롬 8:29)이자 "죽은 자들 가운데서 먼저 나신 이"(골 1:18; 참조, 계 1:5)다.

ἀγγέλους λέγει· ὁ ποιῶν τοὺς ἀγγέλους αὐτοῦ πνεύματα καὶ τοὺς λειτουργοὺς αὐτοῦ πυρὸς φλόγα,)

천사에 대하여 아들의 우월성을 입증하기 위해 인용되는 성경구절은 시편 104:4이다. 이는 '창조주 찬양시'인 시편 104편의 한 구절이다. 원래 이 시구(詩句)는 "바람을 자기 사신으로 삼으시고 불꽃으로 자기 사역자를 삼으시는" 창조주 여호와를 송축하는 찬양시이다. 하나님은 천사들을 바람으로도 사용하시고 불꽃으로도 사용하신다. 그러나 아들에 관하여는 천사를 이리저리 부리시는 것과 같지 않다

나) 아들에 관한 두 인용문(8-12절)

[8-9절] '아들'에 관한 첫 번째 인용문(시 45:6f)

8 '아들에 관하여는'(πρὸς δὲ τὸν υἱόν) 하나님이여 주의 보좌는 영영하며 '주의 나라의 규'(ῥάβδος τῆς βασιλείας σου)는 '공평한 규'(ἡ ῥάβδος τῆς εὐθύτητος)이니이다 (πρὸς δὲ τὸν υἱόν· ὁ θρόνος σου ὁ θεὸς εἰς τὸν αἰῶνα τοῦ αἰῶνος, καὶ ἡ ῥάβδος τῆς εὐθύτητος ῥάβδος τῆς βασιλείας σου.) [시 45:6, 하나님이여 주의 보좌는 영원하며 주의 나라의 규는 공평한 규이니이다]

9 주께서 의(δικαιοσύνη)를 사랑하시고 불법(ἀνομία)을 미워하셨으니 그러므로 하나님 곧 주의 하나님이 즐거움의 기름을 주께 부어 주를 동류들보다 뛰어나게 하셨도다 하였고 (ἠγάπησας δικαιοσύνην καὶ ἐμίσησας ἀνομίαν· διὰ τοῦτο ἔχρισέν σε ὁ θεὸς ὁ θεός σου ἔλαιον ἀγαλλιάσεως παρὰ τοὺς μετόχους σου.) [시 45:7, 왕은 정의를 사랑하고 악을 미워하시니 그러므로 하나님 곧 왕의 하나님이 즐거움의 기름을 왕에게 부어 왕의 동료보다 뛰어나게 하셨나이다]

천사들에 비해서 아들의 우월성을 논증하는 성경 인용문으로 이제 시편 45:6f이 인용된다. 원래 시편 45편은 왕의 결혼식 때 축하하며 부르던 찬양시다. 이 고라 자손의 마스길은 다윗 가문의 왕을 칭송하고, 그 왕의 나라가 영원하리라는 다윗 가문에 대한 하나님의 언약을 노래하였다. 이 노래가 후대에 계속 의미 있게 불릴 때 이 시는 영성화(靈性化)되었다. 곧, 칠십인역(LXX)과 유대교 문헌들에서 이 시는 다윗의 가문에서 나오는 메시아와 관련된 시로 여겨졌다. 여기서는 이 노래가 하나님의 아들이시며 다윗의 자손인 예수 그리스도에게 적용된다. '규'(ῥάβδος)는 통치자의 홀이다. 아들 예수 그리스도는 세상을 다스리는 주님이시다. 그것은 3절에 이미 언급된 것처럼, 그가 곧 "하나님의 영광의 광채시요 그 본체의 형상"이시며, 천상(天上)에서 하나님과 함께 세상 통치에 참여하고 계시기 때문이다(13절). 그가 세상을 다스리는 왕권(βασιλεία)을 가지고 계신다. 아들은 단지 세상을 다스리는 통치권을 가지고 있을 뿐 아니라, 마지막 때 세상의 심판자로 나타날 것이다. 이는 그가 의를 사랑하시고 불법을 미워하셨다(9절)는 데서 알 수 있다. '사랑'과 '미움'의 대조는 마지막 심판 때 심판자의 행위를 묘사하는 표현이다. 이때 '의'(δικαιοσύνη)란 '인간의 덕'이나 '율법의 요구'가 아니라 "마지막 때의 성취"[20]이다.

[10-12절] '아들'에 관한 두 번째 인용문(시 102:25-27)

10 또 주여 '태초에'(κατ' ἀρχάς) 주께서 땅의 기초를 두셨으며 하늘도 주의 손으로 지으신 바라 (καί· σὺ κατ' ἀρχάς, κύριε, τὴν γῆν ἐθεμελίωσας, καὶ ἔργα τῶν χειρῶν σού εἰσιν οἱ οὐρανοί·) [102:25 주께서 옛적에 땅의 기초를 놓으셨사오며

20) Michel, 『히브리서』, 167.

하늘도 주의 손으로 지으신 바니이다]

11 그것들은 멸망할 것이나 오직 주는 영존할 것이요 그것들은 다 옷과 같이 낡아지리니 (αὐτοὶ ἀπολοῦνται, σὺ δὲ διαμένεις, καὶ πάντες ὡς ἱμάτιον παλαιωθήσονται) [102:26 천지는 없어지려니와 주는 영존하시겠고 그것들은 다 옷 같이 낡으리니 의복 같이 바꾸시면 바뀌려니와]

12 의복처럼 갈아입을 것이요 그것들은 옷과 같이 변할 것이나 주는 여전하여 연대가 다함이 없으리라 하였으나 (καὶ ὡσεὶ περιβόλαιον ἑλίξεις αὐτούς, ὡς ἱμάτιον καὶ ἀλλαγήσονται· σὺ δὲ ὁ αὐτὸς εἶ καὶ τὰ ἔτη σου οὐκ ἐκλείψουσιν.) [102:27 주는 한결같으시고 주의 연대는 무궁하리이다]

시편 102편은 원래 시온의 재건을 비는 '참회시'이다. 그 중 25-27절은 시공(時空)을 다스리는 영존하신 주님(그리스도)에 대한 '찬양'이다. 물론, 여기서 '시온'은 다윗이 여부스인들에게 빼앗아 그 산성을 다윗성으로 명명했던(삼하 5:7) 그 시온은 아니다. 시편이 이스라엘 신앙공동체 안에서 불릴 때 '시온'은 이미 영성화되어 있었다. 이 시편이 히브리서 공동체에서 읽힐 때 땅과 하늘을 만드신 주님(κύριος)은 지금은 '높이 올리우신, 하나님의 아들 예수 그리스도'시다. 앞서 밝혀졌던 바(1:2), 세상은 그로 말미암아 지으졌다. 피조물인 천지(天地)는 옷과 같이 다 낡아 없어질 것이나 주는 영존(永存)하신다. 아들은 영존하신다. 그러므로 천사들보다 월등하게 뛰어나신 분이시다.

3) 세 번째 논증(13f절): '아들'에 관한 하나의 인용문과 '천사들'에 관한 한 주석적 추론

가) 아들에 관한 하나의 인용문(13절) [시 110:1 // 클레멘트전서 1:5]

13 어느 때에 천사 중 누구에게 내가 네 원수로 네 발등상이 되게 하기까지 너는 내 우편에 앉아 있으라 하셨느냐 (πρὸς τίνα δὲ τῶν ἀγγέλων εἴρηκέν ποτε· κάθου ἐκ δεξιῶν μου, ἕως ἂν θῶ τοὺς ἐχθρούς σου ὑποπόδιον τῶν ποδῶν σου;) [시 110:1, **여호와께서 내 주에게 말씀하시기를 내가 네 원수들로 네 발판이 되게 하기까지 너는 내 오른쪽에 앉아 있으라 하셨도다**]

천사들보다 뛰어나신 아들을 입증하기 위해 13절에 인용된 성경은 시편 110:1이다. 이 시편은 원래 유대 왕의 즉위식, 곧 대관식 때 즉위를 축하하며 신앙공동체가 함께 하나님께 제사를 드리며 불렀던 것으로 추정되는 제의시(祭儀詩)인데, 이 노래에 종말론적이며 메시아적 주제가 함의(含意)되어 있다. 이 노래에서 '왕'과 '제사장'의 이중직을 찾아볼 수 있으며, 예수 이전의 유대교에서 이 시편은 메시아적으로 이해되었던 메시아 예언시이다. 이런 점에서, "내가 네 원수들로 네 발판이 되게 하기까지 너는 내 오른쪽에 앉아 있으라"(시 110:1)는 구절은 신약성경 전체에서 예수의 그리스도 되심의 구약적 근거로 사용되었다(막 12:36과 그 평행절; 행 2:34f; 고전 15:25; 히 1:3, 8:1; 10:12f; 12;2). 영향사적으로는, 이 구절은 클레멘트전서(1:5)에서도 기독론적으로 인용된다. '발등상' 혹은 '발판'은 고대 이스라엘의 승전(勝戰) 주제와 고대 근동 왕들의 위엄을 나타내며, 종말론적으로는 메시아의 최종적 승리 시 원수들을 굴복시킴을 의미한다.

나) '천사들'에 관한 한 주석적 추론(14절)

14 모든 천사들은 섬기는 영으로서 구원 받을 상속자들을 위하여 섬기라고 보내심이 아니냐 (οὐχὶ πάντες εἰσὶν λειτουργικὰ πνεύματα εἰς διακονίαν ἀποστελλόμενα διὰ τοὺς μέλλοντας κληρονομεῖν σωτηρίαν;)

높은 곳에 계셔 지극히 크신 이의 우편에 앉아계신 아들은 세상을 다스리시는 반면, 천사들은 "구원(σωτηρία) 받을 상속자들", 곧 인간의 구원을 섬기기 위해 하나님께서 지으신 영적 존재이다. 그들은 '섬기는 영들'(λειτουργικὰ πνεύματα)이다. 천사는 '영', 곧 '영적 존재'로 정의된다. 이는 묵시문헌[21]에서 찾아볼 수 있는 관점이다. '천사들'은 결코 숭배의 대상이 아니며, '아들'보다 지위가 낮을 뿐 아니라, 인간의 구원을 '섬기기'(διακονία) 위해 보냄 받은 존재이다. 히브리서에 의하면, '천사'는 하나님의 인간 구원을 섬기기 위하여 하나님으로부터 파송 받은 영이다. 그들은 각각 하나님으로부터 과제를 부여받는다. 천사들이 하나님으로부터 부여받은 과제들에 대해서는 구약성경 곳곳[22]에서 찾을 수 있다.

IV. 신학적 메시지

히브리서 1장에서 '아들'(υἱός)은 '대제사장'(ἀρχιερεύς), '주님'(κύριος), '그리스도'(χριστός)와 함께 히브리서에서 예수 그리스도를 가리키며, 그것도, 첫 번째로 사용된 기독론적 용어이다(1:2). 그 '아들'은 말씀으로써 하나님과 함께 세상을 지으신 '창조중개자'이시며, 또한 '만

21) 이에 대하여는 희년서 2:2; 15:31; 에디오피아 에녹서 15:6 참조.

22) 이에 대하여는 창 24:7, 40(이삭의 아내 선택을 위해 종보다 앞서 보냄 받은 천사); 출 23:20, 23(약속의 땅 정복 이전에 앞서 보냄 받은 천사); 왕상 19:5-7(호렙 산 여정 시 엘리야에게 떡과 물을 주도록 보냄 받은 천사); 시 91:11f(모든 길을 지키는 일에 보냄 받은 천사); 단 3:28(신앙을 지키도록 다니엘의 세 친구에게 보냄 받은 천사); 6:22(다니엘이 떨어진 사자굴에서 사자들의 입을 봉하는 일에 보냄 받은 천사)을 참조하라. 신약성경에서는 특히, 마 4:11(광야에서 시험 받으신 예수를 수종 드는 천사들) 참조.

유의 상속자시고, “하나님의 영광의 광채”시며 그 “본체의 형상”이시고, “지극히 크신 이의 우편”에 앉아계신 분이시다(1:2f). 그 아들은 천사들보다 높으신 분으로, 경배 받아야 할 대상은 천사들이 아니라 바로 하나님의 아들, 예수 그리스도시다. 그분이 찬양받으실 분이시다(1:3). 히브리서 저자는 이를 입증하는 구약인증에서 히브리서 수신 공동체에게 ‘그리스도와 하나님’, ‘그리스도와 세상’, ‘그리스도와 천사들’의 관계를 보여준다. 그는 ‘하나님의 아들’이며, ‘세상의 창조 중개자, 통치자, 마지막 때 심판자’이시고, ‘천사보다 뛰어난 경배 받으실 분’이시다.

제3장

모세보다 뛰어나신 그리스도

(3:1-6)

3.
모세보다 뛰어나신 그리스도

(3:1-6)

I. 서론

'히브리서, 개괄적으로 살펴보기'(제1강)에서 개관하였듯이, 이 서신은 "본향(本鄕)을 향해 순례하는 하나님의 백성"에게 그들이 받은 바 교리를 다시 깨우치며, 다가올 신앙적 박해에 대비하여 신앙의 창시자이자 온전케 하는 예수 그리스도를 굳게 붙잡을 것을 권면하는 '권면의 말씀'이다. 세 번째 장의 제목은 '모세보다 뛰어나신 그리스도'이다. 두 번째 장에서 다루었던 '천사보다 뛰어나신 그리스도', "하나님의 우편에 앉아계신, 아들 예수 그리스도"를 이어 본문 단락(3:1-6)은 "본향을 향해 순례하는 하나님의 백성"에게, "모세보다 뛰어나신 그리스도"를 다룬다. 이로써, 히브리서 저자는 서신 수신자에게 믿는 도리를 다시 한 번 회상하게 함으로써 그리스도인의 정체성을 확보하고, 이를 굳게 붙잡아 나태해진 신앙을 극복하고, 장래 예상되는 박해를 이길 수 있도록 격려하는 권면의 교리적 토대를 제시하려 한다. 본 장에서는 먼저, 히브리서에서 본문 단락을 자리 매김하고(II), 이들을 석의(釋義)한 다음(III), 설교자가 본문에서 올바른 설교의 방향을 찾을 수 있도록, 그 신학적 메시지(IV)를 모색하고자 한다.

II. 본문 단락의 자리 매김

본문 단락인 히브리서 3장의 첫 여섯 절은, '히브리서, 개괄적으로 살펴보기'에서 이미 언급했던 '3분 구도(構圖)'(1:1-4:13; 4:14-10:18; 10:19-13:17)를 따르는 '히브리서 구조'의 '첫 번째 큰 단락'(1:1-4:13)에 속해 있다. 히브리서의 종결단락(13:18-25)을 제외한, 세 단락의 주제는, 다음과 같다.

1:1-4:13	마지막 날 아들을 통해 주신 하나님의 말씀(아들 안에 나타난 하나님의 계시 말씀)
4:14-10:18	믿는 자를 위하는, 하늘에 계신 영원한 대제사장 예수 그리스도
10:19-13:17	본향을 찾아 믿음으로 순례하는 하나님의 백성

히브리서의 '첫 번째 큰 단락'(1:1-4:13)은 다시 아래와 같이 세분(細分)될 수 있다.

1:1-14(교리)	천사보다 뛰어나신 하나님의 아들, 예수
2:1-4(권면)	아들을 말미암은 구원의 말씀을 경시하지 말라
2:5-18(교리)	구원의 창시자이며 고난을 통해 온전케 하신, 신실한 대제사장 예수: 그리스도의 낮아지심(비하[卑下])

	과 올리우심(승귀[昇貴])
3:1-6(교리)	**모세보다 뛰어나신, 믿는 도리의 사도이시며 대제사장이신 예수**
3:7-4:13(권면)	하나님의 안식 약속을 끝까지 붙잡으라

이처럼, '첫 번째 큰 단락(1:1-4:13), 곧 히브리서 저자의 '첫 번째 설교' 메시지는 '천사'와 '모세'보다 뛰어나신 하나님의 아들, 예수는 구원을 여시고 또 온전케 하시는 신실한 '대제사장'이므로, 그로 말미암아 시작된 구원을 경시하지 말고, 받은바 '믿는 도리'를 굳게 붙잡아 하나님께서 약속하신 안식(安息)에 들어가기를 힘쓰라는 권면을 담고 있다.

III. 본문 석의

1. 본문 사역(私譯)

1 그러므로 거룩한 형제들, 곧 하늘의 부르심을 함께 받은 자들아, 우리가 믿는 도리의 사도이시며 대제사장이신 예수를 깊이 생각하라
2 그는 자기를 세우신 이에게 신실하시기를 모세가 하나님의 [온] 집에서 한 것과 같이 하셨으니
3 그는 모세보다 더욱 영광을 받을 만한 것이 마치 집 지은 자가 그 집보다 더욱 존귀함 같으니라
4 집마다 누군가에 의해 지어졌으니 만물을 지으신 이는 하나님이시라
5 또한 모세는 [장래에] 말해질 것들을 증언하기 위하여 하나님의 온 집에서 종으로서 신실하였고
6 그리스도는 그[하나님]의 집을 맡은 아들로서 그와 같이 하셨으니, 우리가 오직 확신과 소망의 자랑을 끝까지 굳게 잡고 있다면, 우리는 바로 그의

집이라

2. 각절 본문 풀이

가. 권면

[1절] 그러므로(Ὅθεν) '거룩한 형제들'(ἀδελφοὶ ἅγιοι), 곧 '하늘의(ἐπουράνιος) 부르심(κλῆσις)을 함께 받은 자들아'(κλήσεως ἐπουρανίου μέτοχοι), '우리가 믿는 도리[신앙고백]의'(τῆς ὁμολογίας ἡμῶν) '사도이시며'(τὸν ἀπόστολον καὶ) '대제사장'(ἀρχιερέα>ἀρχιερεύς)이신 예수를(Ἰησοῦν) '깊이 생각하라'(κατανοήσατε, κατανοέω 부정과거 명령) (Ὅθεν, ἀδελφοὶ ἅγιοι, κλήσεως ἐπουρανίου μέτοχοι, κατανοήσατε τὸν ἀπόστολον καὶ ἀρχιερέα τῆς ὁμολογίας ἡμῶν Ἰησοῦν,)

1절은 '그러므로'(ὅθεν)[1]로 시작한다. 이는 οὖν, ἄρα, τοιγαροῦν, διό 등과 같이 논리적으로 전술(前述)한 바가 '원인'(原因)이 되고, 이 단어를 통해 후술(後述)되는 바는 '결과'가 되는 '인과(因果)적 접속사'[2]이다. 내용적으로는, 그것은 직전 단락(2:5-18)에서 다룬 것처럼, 예수께서 '낮아지심'(비하[卑下])과 '올리우심'(승귀[昇貴])으로써 '구원의 창시자'(ὁ ἀρχηγὸς τῆς σωτηρίας, 2:10)가 되시며, 또한 자신의 고난을 통하여 온전케 하신, '신실한 대제사장'(πιστὸς ἀρχιερεύς, 2:17)이심을 의미한다. 이 절은 인과접속사로 시작한, "예수를 깊이 생각하라"는 권면이다. 이를 볼 때, 로마서 6장이 거시(巨視)적으로 보면 로마서의 '교리' 단락(1:18-11:36)에 속하지만 '교리'(롬 6:1-11)와 함께 '권

1) 그밖에 히 2:17; 7:25; 8:3; 9:18; 11:19 참조.

2) 이에 대하여는 Friedrich Blass & Albert Debrunner, *Grammatik des neutestamentlichen Griechisch*, Rv. by Friedrich Rehkopf (Göttingen: V. & R., [16]1976), §451 참조.

면'(6:12-23)이 섞여 있는 것처럼, 이 단락의 경우도 '교리'를 다루지만, '교리'와 '권면'은 서로 공속(共屬)되어 있다.

"예수를 깊이 생각하라"는 권면을 받는 이들은 '거룩한 형제들'(ἀδελφοὶ ἅγιοι)이다. 히브리서 저자는 자신의 서신을 받는 수신인 공동체를 가리켜 '거룩한 형제들'이라 부르는 근거는 무엇인가? 이에 대한 답은 2:11f에서 찾을 수 있다. "거룩하게 하시는 이"(ὅ ἁγιάζων)와 "거룩하게 함을 입은 자들"(οἱ ἁγιαζόμενοι)이 다 한 근원에서(ἐξ ἑνὸς) 났으므로 '형제'(ἀδελφός)다. 그 구약적 근거는 12절에서 직접 인용된 시 22:22("내가 주의 이름을 내 형제들에게 선포하고 내가 주를 교회 중에서 찬송하리라")이다. '거룩한 형제들'은 이어지는 "하늘의(ἐπουράνιος) 부르심(κλῆσις)을 함께 받은 자들아"(κλήσεως ἐπουρανίου μέτοχοι)로 부연(敷衍)된다. 여기서 그리스도인은 '종말론적 존재'라는 것이 드러난다. '거룩한 형제들'이나 '하늘의 부르심을 함께 받은 자들'이란 단순한 호칭이 아니라, 믿는 자인 그리스도인의 존재를 규정하는 말이다.

"우리의 믿는 도리의"(τῆς ὁμολογίας ἡμῶν)에서 '믿는 도리'로 옮겨진 헬라어는 '호몰로기아'(ὁμολογία)[3])이다. 이는 구원 공동체의 '신앙

3) 이는 '같은 말을 하다' 또는 '함께 고백하다'(confess)를 의미하는 동사 '호모로게오'(ὁμολογέω)에서 유래된 명사이다. G. Abbott-Smith, *A Manual Greek Lexicon of the New Testament* (Edinburgh: T & T Clark), 317f 참조. '호모로기아'는 신약성경 전체에서 모두 6번 나타나는데, 고린도후서(9:13)에서 1회, 디도서에서 2회(6:12, 13) 사용된 것 외에는 모두 히브리서에서 나타난다(3:1; 4:14; 10:23). 이에 대하여는 J.B. Smith, *Greek-English Concordance to the New Testament* (Scottdale: Herald Press, 1955), 247 참조. 히브리서의 경우, 3:1을 제외하고, '호모로기아'는 4:14에서는 '붙잡다'(κρατεῖν)와 함께 κρατεῖν τὴν ὁμολογίας로, 10:23에서는 '굳게 붙잡다'나 '소유하다'는 뜻을 지닌 '카테케인'(κατέχειν)과 함

고백'으로, 원래 예언적 진술이었으나 후대에 교화(教化)적 진술이 되고, 결국에는 초기 기독교 예배에서 낭송되었던 환호성(歡呼聲)이 되었다. '우리의'(ἡμῶν)는 주격적 속격으로 내용적으로는 '우리가'이다. 이때, '우리'(ἡμεῖς)는 동일한 신앙고백을 하는 공동체를 의미한다. 유대적 배경에서는, 이는 '하나'(אחד)를 어근(語根)으로 하고, '한 하나님을 증언하다'를 뜻하는 '야하드'(יַחַד) 공동체[4]와 관련지을 수 있다.[5]

히브리서 공동체 신앙고백의 핵심 내용은 예수가 신앙고백의 '사도'며 '대제사장'이라는 점이다. 저자가 1장에서 이미 밝혔던바, 예수는 천사보다 높은 '하나님의 아들'이실 뿐 아니라 '사도'(ἀπόστολος)시며, '대제사장'(ἀρχιερεύς)이시다. 예수께서 '사도'로 불린 것은 신약성경에서 이를 암시하는 여러 구절들(마 10:40, "나를 보내신 이"; 갈 4:4, "하나님이 그의 아들을 보내사" 등)이 있기는 하지만, '사도'라는 칭호는 오직 이곳에서만 찾아볼 수 있다. 원래, '사도'란 '임무를 주어서 밖으로 보내다'(to send away with a commission)를 의미하는 '아포스텔레인'(ἀποστέλλειν)에서 유래된 명사로, '아포스톨로스'란 '(하나님에 의해) 임무를 가지고 보냄 받은 자'를 의미한다. 이는 유대교에서 '하나님의 위임과 전권을 받아 보냄을 받은 자'는 의미를 지닌 '샬리아흐'(שָׁלִיחַ)에 상응한다.[6] 이절에서 '사도'는 바울서신에서

께 κατέχειν τῆς ὁμολογίαν라는 표현으로 사용되어 신앙고백과 관련된 용어임이 확실하게 드러난다. Otto Michel, 『히브리서』(*Der Brief an die Hebräer*), 강원돈 역 (「국제성서주석」 43; 서울: 한국신학연구소, 1987), 238f 참조.

4) 공동체의 설립을 의미하는 '야하드'에 관하여는 R. Marcus, "Philo, Josephus and the Dead Sea Yahad," *JBL* 71(1952), 207-20 참조.

5) Michel, 『히브리서』, 241 참조.

찾아볼 수 있는 것처럼 '교회론적 직분'[7]이 아니라, '기독론적 칭호'이다.[8] 예수께서 '사도'이실 뿐 아니라 또한 '대제사장'이시다. '대제사장' 용어는 히브리서에서 2장 17절에 비로소 등장하는데, 예수는 "신실한 대제사장"(πιστὸς ἀρχιερεύς)이 되어 백성의 죄를 속량하려 하셨다. '대제사장' 칭호와 '사도' 칭호가 함께 나는 것에 대해[9], 벵엘(J.A. Bengel)은 예수가 "우리에게는 하나님의 일을 대변하시고, 하나님께는 우리의 일을 대변하신다."[10](qui dei causam apud nos agit, causam nostram apud deum agit.)라고 해석한다.

이러한 '사도'와 '대제사장'이신 예수를 '깊이 생각하라'(κατανοήσατε)는 권면은 3장의 첫 단락의 서두(1절)에 등장한다. Κατανοήσατε는 κατανοέω의 2인칭 복수 부정과거(aorist) 능동태 명령법 동사로 히브리서 공동체를 향한 권면을 표현하는 동사이다. 이 권면은 신학적 윤리에 부합되게 '그러므로'(ὅθεν)와 함께 사용되었다. Κατανοεῖν은 자구(字句)적으로 '깊이 생각하다'는 뜻으로, 명상(冥想)적 의미를 지니고 있다. 예수의 산상설교 중 '비판금지' 말씀(마 7:3)에서 형제 속에 있는 티에 대해서는 '(눈으로) 보다'를 의미하는 βλέπειν 동사가

---

6) 유대교 전승에서 제사장, 모세, 엘리야, 엘리사, 에스겔 등은 '하나님의 위임을 받은 자'이며, 천사들도 '보냄 받은 자들'(שְׁלוּחִים)로 불렸다.

7) 에베소서 4:11에서는 '사도'(ἀπόστολος), '선지자'(προφήτης), '복음 전하는 자'(εὐαγγελιστής., '목사'(ποιμήν)와 '교사'(διδάσκαλος)로 열거된, 다양한 교회 직분자들이 언급된다.

8) E. Grässer, *An die Hebräer (Hebr 1-6)* (EKK XVII/1; Neukirchen-Vluyn: Neukircher Verlag, 1990), 160.

9) 칼뱅(J. Calvin)은 '사도'를 모세와, '대제사장'을 아론의 직분과 관련 지었다. 예수의 경우, 자신 안에 이 두 직분이 통합되었다. Michel, 『히브리서』, 238 참조.

10) 『독일성서공회판 관주·해설 성경전서』 (서울: 대한성서공회, 2004), 신약 355 참조.

사용되었고, 자신의 눈에 있는 들보에 대해서는 '(마음으로) 깨닫다'를 뜻하는 κατανοεῖν 동사가 사용되었다는 것은 그 의미가 심장하다. 이런 점에서, κατανοεῖν은 '마음의 눈으로 밝히다'는 '내적(內的) 인식행위'[11]를 의미한다.[12]

1절에서 예수에 대한 '믿는 도리', 곧 '신앙고백'은 승천하셔서 하나님의 우편에 계신 그리스도의 '이름'과 '말씀'에 대한 고백이다. 그러므로 예수의 '이름'은 히브리서 공동체 안에서 그의 현존(現存)과 능력이고, '말씀' 역시도 공동체 안에 역사하는 살아 있는 말씀으로서 '이름'과 마찬가지로 그의 현존과 능력이다(4:12).

나. 모세와 예수 그리스도의 비교

1절에서 '예수를 깊이 생각하라'는 짧은 권면 후, 예수의 탁월성은 '하나님의 집'이라는 개념을 통하여 '모세'와의 비교를 통해 입증된다. 히브리서의 저자는 경배의 대상으로 여길 수 있는 '천사들'보다 탁월한 예수의 우월성을 구약의 말씀들로써 그의 '(하나님의) 아들'되심을 입증한 것처럼, 이제 '모세'보다 탁월한 예수의 우월성을 구약에서 유래된 '하나님의 집' 개념으로써 그의 '믿는 도리'의 '사도'이시며 '대제사장'이심을 입증한다.

[2절] 그[예수]는 '자기를 세우신 이에게'(τῷ ποιήσαντι αὐτὸν) '신실하시기를'(πιστὸν ὄντα) 모세가(Μωϋσῆς) '그[하나님]의 [온] 집에서'(ἐν [ὅλῳ] τῷ οἴκῳ αὐτοῦ) 한 것과 같이(ὡς καί) 하셨으니 (πιστὸν ὄντα τῷ ποιήσαντι αὐτὸν ὡς καὶ Μωϋσῆς ἐν

---

11) 히브리서 12:3에서는 이 용어 대신 '거듭(다시) 생각하다'라는 자구(字句)적 의미를 지닌 '아날로기사스테'(ἀναλογίσασθε<ἀναλογίζεσθε)를 사용하였다.

12) Michel, 『히브리서』, 242 참조.

[ὅλῳ] τῷ οἴκῳ αὐτοῦ.)

'그는 신실하시기를'(πιστὸν ὄντα)의 선행사(先行詞)는 1절 마지막 단어인 '예수를('Ιησοῦν)'이다. 선행사인 예수가 남성 단수 대격이므로 εἰμί 동사의 현재 분사도 그에 일치하게 ὄντα이고, 신실한(πιστὸν)도 πίστος의 남성 단수 대격이다. Πίστος는, 그 명사형 πίστις처럼, 사람의 하나님에 대한 신실함뿐 아니라, 하나님의 사람에 대한 미쁘심을 나타낸다.

1장에서 예수의 '하나님의 아들' 되심을 구약 구절로써 입증한 것처럼, 이제 그의 '사도' 이시며 '대제사장'되심을 입증한다. 이때, '예수와 모세의 비교'[13]를 위해 "내 종 모세와는 그렇지 아니하니 그는 내 온 집에 충성함이라"(לֹא־כֵן עַבְדִּי מֹשֶׁה בְּכָל־בֵּיתִי נֶאֱמָן הוּא׃) 라는 민수기 12장 7절이 인용된다. 이 구절에 대한 헬라어역본인 칠십인경(LXX)의 번역은 οὐχ οὕτως ὁ θεράπων μου Μωυσῆς ἐν ὅλῳ τῷ οἴκῳ μου πιστός ἐστιν이다. 원래, 이 구절은 모세가 출애굽 후 광야에서 이스라엘 백성을 인도할 때, 미리암과 아론이 구스 여자를 범한 모세를 비방할 때, 여호와께서 세 사람을 회막(會幕)으로 불러 구름 기둥 가운데로부터 강림하여 아론과 미리암에게 주신 말씀의 일부이다(민 12:1-7 참조). 하나님께서 아론과 미리암에게 주신 말씀이 "내 말을 들으라(וַיֹּאמֶר שִׁמְעוּ־נָא) 너희 중에 선지자가 있으면 나 여호와가 환상(מַרְאָה)으로 나를 그에게 알리기도 하고 꿈(חֲלוֹם)으로

13) 신약성경에서 '예수와 모세'의 비교는 요한복음 3:13-15에 모범적으로 나타난다. 이 구절들에 의하면, 모세를 능가하는 예수는 하늘에서 내려와 하늘로 올라가실 영생을 주실 인자이시다. 이런 점에서, 예수는 그의 백성을 구원하시는 '새로운 모세'이다.

그와 말하기도 하거니와 내 종 모세와는 그렇지 아니하니 그는 내 온 집에 충성함이라(נֶאֱמָן)"(민 12:6-7)이었다.

예수는 모세가 '그[하나님]의 [온] 집에서'(ἐν [ὅλῳ] τῷ οἴκῳ αὐτοῦ) 한 것과 같이(ὡς καί), '자기를 세우신 이에게'(τῷ ποιήσαντι αὐτόν), 곧 '하나님'에게 신실하였다. 여기서 하나님과 예수의 관계가 묘사된다. 예수께서 범사에 형제들과 같이 되셨다는 점(2:17)에서 그는 하나님에 의해 '세우심을 받은 자'이다. 이어서 '하나님의 집'이 언급된다. 물론, '하나님의 집'은 그 자체가 언급되는 것이 아니라, 그것과 '하나님의 집'을 세운 자와의 관계에서 다루어진다. 그것도, 예수께서 모세보다 낫다는 점을 입증하기 위해 언급된다. 구약에서 '하나님의 집'은 시내 산에서 이스라엘과 언약을 체결하시고(출 24:1-14) 하나님을 만나는 장소인 '성막'(출 25-27장)이나 '온 이스라엘'(민 12:7) 또는 '하나님의 전(殿)'(3:3-4 참조)을 가리키는 용어였다. 이때, 하나님은 '하나님의 집'을 세운 자이고, '하나님의 집'은 온 이스라엘을 의미한다. 그러므로 구약에서 하나님은 이스라엘의 창조자이시며, 하나님의 백성 이스라엘은 하나님으로부터 지음 받은 피조물이다. 이스라엘로부터 존경받는 모세처럼 예수도 '그[하나님]의 [온] 집에서'(ἐν [ὅλῳ] τῷ οἴκῳ αὐτοῦ) 신실하셨다. 이때 본문을 담고 있는 일부 사본($\mathfrak{P}^{13.46vid}$ B vg^{ms} co; Ambr)에는 '온'(ὅλῳ)이란 단어가 없다.[14] 이는 민 12:7(LXX)와 히 3:5의 영향으로 부가되었을 것으로 추정되기도 하나 NA^{28}은 그 판단을 독자(讀者)의 판단에 맡긴다.

[3절] 그는(οὗτος) 모세보다(παρὰ Μωϋσῆ) 더욱(πλείονος, πολλή의 비교급) 영광을

14) '온'(ὅλῳ)이 들어있는 본문을 증언하는 사본으로는 고대 사본(א A)을 비롯하여 C D Ψ 0243. 0278. 33. 1739. 1881 𝔐 lat sy가 있다.

(δόξης, 비교의 속격) '받을 만한'(ἠξίωταί ἀξίοω, make worthy, pass. deserve) 것이, '마치'(καθ' ὅσον, to the degree that, to the same degree) '집 지은 자가'(ὁ κατασκευά-σας αὐτόν) '그 집보다'(τοῦ οἴκου) '더욱 존귀함'(πλείονα τιμὴν) 같으니라 (πλείονος γὰρ οὗτος δόξης παρὰ Μωϋσῆν ἠξίωται, καθ' ὅσον πλείονα τιμὴν ἔχει τοῦ οἴκου ὁ κατασκευάσας αὐτόν·)

Γάρ는 2절의 내용에 대한 논리적 이유이다. 예수는 "모세와 비교할 때 더욱 영광을"(πλείονος γὰρ οὗτος δόξης παρὰ Μωϋσῆν) 받을 만하다. 이때 문법적으로 '비교의 속격'(Genitivus comparationis)[15]으로 표현된다. 이어서 모세의 '영광'에 대하여 언급된다. 출애굽기(34:29-35)에 의하면, 모세는 시내 산에서 여호와로부터 두 번째 돌판 둘을 받아 그 산을 내려올 때 그의 얼굴에 '광채'(קָרַן)[16]가 났다. '광채가 났다'를 칠십인경에서는 '영광을 받았다'(δεδόξασται<δοξάζειν의 현재완료 수동태)로 옮겼다.

이제 '예수'와 '모세'는 비유적으로 '집 지은 자'와 '집' 그 자체로 묘사된다. '존귀'(τιμή)와 함께 '영광'(δόξα)은 구약에서 종종 '모세'와 그리스도와 관련되어 함께 언급된다(2:7). '사람에게 계시된 하나님의 영광'[17]을 노래하는 다윗의 시인 시편 8:4-6("4 사람이 무엇이기에 주께서 그를 생각하시며 인자가 무엇이기에 주께서 그를 돌보시나이까 5 그를 하나님보다 조금 못하게 하시고 영화와 존귀로 관을 씌우셨나이다 6 주의 손으로 만드신 것을 다스리게 하시고 만물을

15) 이에 대하여는 Blass and Debrunner, *Grammatik*, §185 참조.

16) 이 낱말, '카란'(קָרַן)은 히브리어로 '뿔'을 의미하는 '케렌'(קֶרֶן)과 동일한 어근(語根)을 가지고 있어, 라틴어 역본에서 이 구절을 모세에게 "뿔이 났다"로 옮겼고, 이를 근거로 서양 회화(繪畫)나 조각에서 자주 이마에 뿔이 난 모세를 볼 수 있다.

17) 『독일성서공회판 관주 · 해설 성경전서』, 구약 808 참조.

그의 발 아래 두셨으니)에서 언급된 '인자'는 히브리서 2:6-8에서 "…사람이 무엇이기에 주께서 그를 생각하시며 인자가 무엇이기에 주께서 그를 돌보시나이까 7그를 잠시 동안 천사보다 못하게 하시며 영광과 존귀로 관을 씌우시며 8만물을 그 발 아래에 복종하게 하셨느니라"로 인용된다. '영광'은 '존귀'를 포함하는 상위(上位)개념이며, 히브리서의 경우 그것은 하나님의 특별한 배타적 속성(屬性)으로 '아들'은 "하나님의 영광의 광채"(1:3)시다.[18] 모세와 예수는 둘 다 '하나님의 집'에서 신실하였으나, 모세는 '집 자체'에 비유되고, 예수 그리스도는 '집 지은 자'에 비유되어, 예수는 모세보다 탁월하게 뛰어남이 입증된다.

[4절] **'집마다'(πᾶς οἶκος) '누군가에 의해'(ὑπό τινος) 지어졌으니(κατασκευάζεται<κατασκευάζω), '만물을 지으신 이는'(ὁ πάντα κατασκευάσας) 하나님(θεός)이시라** (πᾶς γὰρ οἶκος κατασκευάζεται ὑπό τινος, ὁ δὲ πάντα κατασκευάσας θεός.)

[5절] **'또한 모세는'(καὶ Μωϋσῆς)** [장래에] **'말해질 것들을 증언하기 위하여'(εἰς μαρτύριον τῶν λαληθησομένων) '그[하나님]의 온 집에서'(ἐν ὅλῳ τῷ οἴκῳ αὐτοῦ) 종으로서(ὡς θεράπων) 신실하였고(πιστὸς)** (καὶ Μωϋσῆς μὲν πιστὸς ἐν ὅλῳ τῷ οἴκῳ αὐτοῦ ὡς θεράπων εἰς μαρτύριον τῶν λαληθησομένων)

예수가 모세보다 비교 우위(優位)에 있다는 점을 논증하기 위해 '집'(οἶκος)의 표상이 계속 이어진다. 여기서는 '집'과 '집 지은 이'의 관계가 진술된다. '모든 집마다'(πᾶς οἶκος) 집을 지은 이가 있다. 이 때 3절에서 사용된 '카타스큐아제인'(κατασκευάζειν)[19]이 두 번 사용

---

18) Michel, 『히브리서』, 243 참조.

19) 이 단어는 신약성경에서 총 11회 사용되는데, 공관복음서에서 4회(마 11:10; 막 1:2; 눅 1:17; 7:27), 베드로전서(3:20)에서 한 번 사용된 것을

된다. 이 용어는 칠십인역본(사 40:19, 28)에서는 '창조하다'(ברא)를 옮긴 동사이며, '준비하다', '(집을) 짓다', '장막을 치다'는 뜻으로 사용되었다.[20] '만물을 지으신 이'(ὁ πάντα κατασκευάσας)는 하나님(θεός)이시다. '모세 역시도'(καὶ Μωϋσῆς) 신실(πιστός)하였지만, 그 역시 예수를 통하여 하나님께서 말씀하실 것을 증언하기 위하여 하나님의 온 집에 세워진 종과 같다. '종'이란 표현에서 하나님의 말씀을 섬기는 모세의 역할이 드러난다. 모세는 하나님의 온 집에서 섬기는 '종'(θεράπων)[21]과 같다. 이때 '종'이란 노예처럼 주인의 강압적 명령에 복종하는 비자발(非自發)적인 종이 아니라, '자발적으로 섬기는 자'이다. '세라폰'(θεράπων)은 신약성경에서 오직 히브리서에서, 그것도 '아들'이신 예수 그리스도와 대조적으로 비교되는 '모세'를 묘사할 때 사용된 용어[22]이다. 그 기원은 민수기 12:7(LXX, οὐχ οὕτως ὁ θεράπων μου Μωυσῆς ἐν ὅλῳ τῷ οἴκῳ μου πιστός ἐστιν)에서 모세를 가리키는 '나의 종'(ὁ θεράπων μου)이다.

이처럼, 모세는 하나님의 온 집에서 신실하게 '섬기는 종'이며,

제외하고 나머지 6회는 히브리서(3:3, 4[2회]; 9:2, 6; 11:7)에 나타나는 히브리서의 특징어이다. Smith, *Greek-English Concordance*, 198 참조.

20) Abbott-Smith, *A Manual Greek Lexicon of the New Testament*, 238.

21) 이는 신약성경에서 유일회적으로 등장하는 희귀단어(hapaxlegomenon)다. Abbott-Smith, *A Manual Greek Lexicon of the New Testament*, 206. 칠십인역본(출 4:10; 14:31; 민 11:11; 12:7 등)에서 '섬기는 자'를 뜻하는 '에베드'(עֶבֶד)를 이 헬라어 단어로 옮겼다. 이 용어는 구약성경에서는 모세의 직분을 나타내는 구약적 표현이다. 후대의 유대교 문헌인 『레위의 유언서』(4:2)에 의하면, 레위는 죄를 깨끗이 씻은 후 하나님 앞에서 아들(υἱός)과 종(θεράπων)과 섬기는 자(λειτουργός)가 되었다. Michel, 『히브리서』, 244, 각주 14 참조.

22) *Exegetical Dictionary of the New Testament* II, s.v. "θεράπων," by A. Sand, 144 참조.

이에 반해 하나님의 아들, 예수 그리스도는 그 '집을 지은 분'(3절)이시고, 하나님은 모든 만물을 지으신 '창조주'시다. 이 아들은 '하나님의 피조물'이 아니라, 하나님으로부터 나신 "만유의 상속자"이며, 모든 세계는 그로 말미암아 지어진 '창조의 중재자'시다(1:2). 모세는 미래 수동태 분사로 표현된 '말해질 것들'(λαληθησόμενα)을 '증언하기 위해'(εἰς μαρτύριον) 섬기는 종이다. 이는 '아들 예수 그리스도와 사도들을 통하여 전해지는 하나님의 말씀에 대한 증언'[23]으로 예언적으로 여겨진다. 곧, 모세의 임무는 "장차 계시될 것을 증언하고 보증하는 것"[24]이다.

[6절] 그리스도(Χριστὸς)는 '그[하나님]의 집을 맡은 아들로서'(ὡς υἱὸς ἐπὶ τὸν οἶκον αὐτοῦ) 그와 같이 하셨으니, 우리가 오직 '확신과 소망의 자랑을'(τὴν παρρησίαν καὶ τὸ καύχημα τῆς ἐλπίδος) '끝까지 굳게 잡고'(κατάσχωμεν, κατάσχω < κατέχω aor. subj.) 있다면(ἐάν[περ], if only), '우리가 바로 그의 집이라'(οὗ οἶκός ἐσμεν ἡμεῖς) (Χριστὸς δὲ ὡς υἱὸς ἐπὶ τὸν οἶκον αὐτοῦ· οὗ οἶκός ἐσμεν ἡμεῖς, ἐάν[περ] τὴν παρρησίαν καὶ τὸ καύχημα τῆς ἐλπίδος κατάσχωμεν)

이제 모세와 대조적으로 '그리스도'(Χριστὸς)가 언급된다. 1절에서 '예수'는 6절에서 '그리스도'로 기독론에 있어서 점층적으로 표현된다. 모세가 '하나님의 집을 섬기는 신실한 종'이라면, 그리스도는 '하나님의 집을 맡은 신실한 아들'이시다. 이로써 2절에서 시작되었던 '모세와 그리스도의 대조'는 6절 상반절에서 끝을 맺는다. 이 기독론적 진술로써 히브리서 저자는 1절 하반절에서 히브리서 신앙

23) 토마스 아퀴나스(Thomas Aquinas)는 이렇게 해석하였다. Michel, 『히브리서』, 245 참조.

24) Michel, 『히브리서』, 243.

공동체에게 요구했던 "우리가 믿는 도리의 사도이시며 대제사장이신 예수를 깊이 생각하라"는 권면에 이어서, 공동체가 확신과 소망의 자랑을 끝까지 굳게 잡을 것을 권면한다. 그리스도께서 하나님의 집을 맡은 아들로서 그와 같이 하셨다는 기독론적 근거 위에서 권면은 '오직 ~한다면'(ἐάν[περ], if only)으로 인도되는 '한정(限定)적 가정(假定)'법 진술의 형태로 진술된다. 그러니까, 오직 '우리가 끝까지 굳게 잡는다면'(κατάσχωμεν),[25] "우리가 바로 그의 집이다"(οἶκός ἐσμεν ἡμεῖς). 이제 저자는 누가 '하나님의 집'인가는 문제를 다룬다. '하나님의 집'은 복음을 거부하는 유대교인들의 것이 아니다. 오히려 그것은 '새 언약의 공동체(히 8-10장)인 그리스도교 공동체이다. 예루살렘 성전제의(聖殿祭儀)를 거부한 쿰란 공동체는 임박한 종말론을 자신들에게 적용하여 '하나님의 집'과 '하나님의 전(殿)'을 그들의 공동체와 동일시하였다(QS 8:5-10; 9:6).[26] 예수 그리스도 이후로 '새로운 하나님의 백성'은 국가적 개념인 이스라엘이 아니라 복음을 받아들인, 유대인과 이방인으로 구성된 교회이며, 이들이 '하나님의 성전'이다(고전 3:16; 6:19 참조). 이런 사상은 후기 바울서신에서 분명하게 진술된다. 복음을 받아들여 예수를 믿는 기독교 공동체가 바로 '하나님의 집'(οἶκος θεοῦ)이며, 이 집은 다름 아닌 "살아계신 하나님의 교회요 진리의 기둥과 터"(ἐκκλησία θεοῦ ζῶντος, στῦλος καὶ ἑδραίωμα τῆς ἀληθείας, 딤전 3:15)이다.

히브리서 신앙공동체가 끝까지 굳게 잡아야 할 것이 무엇인가?

25) 이는 κατέχω의 부정과거 가정법인 κατάσχω의 1인칭 복수형이다. Κατέχειν은 '가지다'를 뜻하는 ἔχειν의 '온전케 하는 완료적'(perfective) 의미로 강화되어, '소유하다,' '굳게 붙잡다'라는 뜻을 지닌다. Abbott-Smith, *A Manual Greek Lexicon of the New Testament*, 241.

26) Michel, 『히브리서』, 245 참조.

저자에 의하면, 이는 두 가지다. 곧, '확신'(ἡ παρρησία)과 '소망의 자랑'(τὸ καύχημα τῆς ἐλπίδος)이다. 한글 개역 성경에서는 이를 '소망의 확신과 자랑'(τὴν παρρησίαν καὶ τὸ καύχημα τῆς ἐλπίδος)으로 옮겼으나 이는 내용상 적절하지 않다. 왜냐하면, '자랑'은 '소망'에 대한 것이지 '확신'에 대한 것이 아니기 때문이다.

여기서 '확신'(παρρησία)[27]은 '모든 것'(πᾶς)과 '말하기'(ῥῆσις)의 합성어로 '(모든 것을) 말하는 자유'(freedom of speech)라는 뜻이며, 초기 유대교 문헌과 신약성경에서는 '말하는 자유와 함께 동반하는 두려움의 사라짐'으로부터 나온 '확신'(confidence) 또는 '담대함'(boldness)이라는 뜻으로 사용되었다.[28] 히브리서에서 이 용어는 4회(3:6; 4:16; 10:19, 35) 등장하는데, 모두 그리스도인이 자신에게 고난이나 환난이 오더라도 이를 이기고 끝까지 붙잡아야 하는 믿음의 도리와 신앙 자세와 관련되어 있다. '파레시아'(παρρησία)는 단순히 '주관적 확신' 이상으로, 객관적 하나님의 말씀, 곧 '믿음의 도리'와 관련되어 있으며, 내적인 은사뿐 아니라 외적인 자세를 함의(含意)한다.[29] 특히, 히브리서에서 '파레시아'는 늘 '믿는 도리'(ὁμολογία), 곧 '신앙고백'과 관련되어 나타난다(3:6; 4:16; 10:19, 35). 다시 말하면, '확신'은 마지막 날까지 '소망의 자랑'과 함께 굳게 잡아야 하며(3:6), 때를 따라 돕는 은혜를 얻기 위하여 은혜의 보좌 앞에 나아가야 할 신앙자세이고(4:16), 예수의 피를 힘입어 성소에 들어갈 때 필요한 마

---

27) 이 단어는 신약성경에 총 31번 등장하는데, 요한문헌에 13회(요 9회; 요일 4회), 바울서신에 8회, 사도행전에 5회, 히브리서에 4회(3:6; 4:16; 10:19, 35), 마가복음에 1회 나타난다. Smith, *Greek-English Concordance*, 279.

28) Abbott-Smith, *A Manual Greek Lexicon of the New Testament*, 347.

29) Michel, 『히브리서』, 248 참조.

음가짐이며(10:19), 고난의 큰 싸움이 온다고 하더라도 버리지 말아야 할 태도(10:35)이다. 그러니까 '확신'은 그리스도인이 구비해야할 '종말론적, 기독론적 윤리'의 중요한 신앙 덕목(德目) 중 하나이다. 그리스도의 구원 행위는 종말론적 예배 공동체에게 믿는 자로 하여금 담대하게 '은혜의 보좌'로 나아가게 한다. 이런 점에서, '담대함'(παρρησία)과 '나아감'(προσαγωγή)은 공속되어 있다(4:16; 10:19). 바울도 그리스도인은 예수를 믿음으로 말미암아 확신을 가지고 '담대함'(παρρησία)과 하나님께 '나아감'(προσαγωγή)을 얻었다고 진술한다(엡 3:12).[30]

'확신' 외에 히브리서 신앙공동체가 끝까지 굳게 잡아야 할 것은 '소망의 자랑'(τὸ καύχημα τῆς ἐλπίδος)이다. 전술(前述)한 바, 예수는 '하나님의 아들'로 '하나님의 집'을 다스리는 분이시며, 구원하는 믿음의 '창시자'(ἀρχηγός)이며, 또 그 믿음을 '온전케 하시는 분'(τελειωτής)이시다(12:2). 그러므로 '소망'(ἐλπίς)은 단순하게 '종말론'적 개념일 뿐 아니라, '기독론'적 개념이다. 이 '소망'으로써 그리스도인은 박해의 시련 가운데서도 기뻐하고 즐거워할 수 있으므로(마 5:12), 소망은 '자랑거리'가 된다. '자랑'(καύχημα)[31]은 히브리서에서 오직 한 번 등장하는데, 이때 그것은 '기뻐함'을 의미한다. 히브리서 공동체는 '담대함'(παρρησία)과 함께 '소망의 자랑'(τὸ καύχημα τῆς ἐλπίδος)을 굳게 잡아야 한다. 그러면, 그들이 바로 '하나님의 집'이다. 그러므로 '확

30) Michel, 『히브리서』, 250 참조.

31) Καύχημα는 신약성경 전체에 11회 나타나는데, 히브리서 3:6을 제외하고는 오직 바울서신에 10회 등장하며, '기쁨'과 관련하여 4회(고후 1:14; 갈 6:4; 빌 1:26; 2:16) 사용되고, '자랑함'과 관련하여 6회(롬 4:2; 고전 5:6; 9:15, 16; 고후 5:12; 9:3) 쓰인다. Smith, *Greek-English Concordance*, 201.

신'과 '소망의 자랑'은 히브리서 신앙공동체로 하여금 '하나님의 집'에 속해 있도록 하는 보증이며 전제조건이다.

IV. 신학적 메시지

히브리서 3장의 첫 단락(3:1-6)은 예수 그리스도가 모세보다 뛰어난 '믿는 도리'의 '사도'이시며 '대제사장'이심을 역설(力說)한다. 이는 다시 종교사적 배경에서 '천사숭배', '모세에 대한 공경함'과 관련하여, 히브리서 저자는 자신의 공동체에게 '천사들'이든, '모세'든, 이들은 '경배의 대상'이 아니라, 오직 하나님의 '아들'(υἱός)만이 하나님과 함께 찬양을 받으셔야하고 그 영광과 존귀는 경배를 받아야 함을 보여준다. '대제사장'(ἀρχιερεύς)이란 용어는 이미 2:7에서 처음 등장하며, 3:1에 다시 나타나고, 이후 '두 번째 큰 단락'(4:14-10:18)에서 전개될 주제로, 천상에 계신 예수 그리스도의 '영원한 대제사장' 되심을 보여준다. 이런 점에서, 2:7이나 3:1은 '두 번째 큰 단락'에서 전개될 '대제사장'에 대한 사전(事前) 암시 진술이다. 예수는 말씀으로써 하나님과 함께 세상을 지으신 '창조 중재자'요 '만유의 상속자'로, "하나님의 영광의 광채"요 그 "본체의 형상"으로, "지극히 크신 이의 우편"에 앉아계신 아들(1:2f)로 '천사들'보다 높으신 분이며, 또한 '믿는 도리'의 '사도'와 '대제사장'으로 '모세'보다 뛰어나신 분이시다. 그러므로 예수를 깊이 생각할 뿐 아니라, '하나님의 집'을 다스리는 그리스도를 확신과 소망의 자랑으로써 끝까지 굳게 붙잡아야 한다. 히브리서 공동체가 그렇게 한다면, 그들이 곧 '하나님의 집'이다. 이것은 주후 70년 예루살렘 성전이 파괴되고 사라진 1세기 말, 기독교 공동체에게 위로와 격려가 되는 메시지일 뿐 아니라, 그들의 신앙적 정체성을 알게 하고 유지하게 하려는 히브리서 저자의 신학적 의도이다. 이 단락을 이어, 저자는 약속된 하나님의 '안식' (κατάπαυσις)을 다루고, 그러고 나서, '두 번째 큰 단락(4:14-10:18)에서 히브리서 신앙공동체에게 '영원한, 천상의 대제사장 그리스도'를 논증할 것이다. 제4강에서는 "약속하신 하나님의 안식"을 4:1-11 단락에서 살펴보도록 하자.

제4장

약속된 하나님의 안식

(4:1-11)

4.

약속된 하나님의 안식

(4:1-11)

I. 들어가는 말

히브리서는 나태해진 신앙으로 심지어 배교의 위험에 놓여 있는 히브리서 저자가 이 서신의 수신자인 공동체에게 주는 권면의 말씀이다. 다시 말하면, 종말론적 상황에서 히브리서 저자는 자신의 독특한 기독론적 교리에 근거를 두고, 이를 기초로 그 위에서 세워진 권면의 말씀을 전한다. 그러니까, 목전(目前)에 큰 박해가 예상되는 데도 불구하고 안일하고 나태하고 정신을 차리지 못하고 있는 신앙공동체에게 저자는 믿음의 창시자 예수께서 하나님 우편에 계신 하나님의 아들, 그리스도시라는 것을 다시 한 번 일깨운다. 그분은 하늘의 천사들보다 뛰어나시며, 모세보다도 뛰어나신 하나님의 아들이시다. 네 번째 장의 주제인 "약속된 하나님의 안식"은 두 번째 장에서 다루었던 '천사보다 뛰어나신, 하나님 우편에 계신, 아들 예수 그리스도'와, 세 번째 장에서 살펴보았던 '모세보다 뛰어나신 그리스도'에 이어, 저자가 예수께서 전하신 '하나님 나라'를,

바울이 '하나님의 의'로써, 또 요한이 '영원하신 생명'으로써 전한 것처럼, '하나님의 안식'이라는 개념으로써 전한다. 이로써, 저자는 히브리서 수신자에게 그들이 믿는 도리를 굳게 붙잡아 나태해진 신앙을 극복할 뿐 아니라, 예상되는 박해를 이기고, 하나님의 안식에 들어갈 수 있도록, 권면의 말씀을 전한다. 본 장에서 필자는 먼저, 히브리서에서 본문 단락인 4장 1-11절을 자리 매김하고(II), 이들을 석의(釋義)한 다음(III), 설교자가 본문 단락에서 올바른 설교의 방향을 찾을 수 있도록, 그 신학적 메시지(IV)로 모색하고자 한다.

II. 본문 단락의 자리 매김

본문 단락인 히브리서 4장 1-11절은, '히브리서, 개괄적으로 살펴보기'에서 살펴본 '3분 구도(構圖)'(1:1-4:13; 4:14-10:18; 10:19-13:17)에 의하면, '히브리서 구조'의 '첫 번째 큰 단락'(1:1-4:13)에 속해 있다. 게다가, 그 중에서도 본문 단락은 "하나님의 안식 약속을 끝까지 붙잡으라"는 권면을 다루는 마지막 단락(3:7-4:13)의 종결 부분이다. 본문 단락의 주제는 '하나님의 안식'에 참여하도록 "너희 마음을 완고하게 하지 말라"는 권면이 그 중심에 놓여 있다. 그러니까, 본문 단락을 포함하여 3:7-4:13 단락의 관건어(關鍵語)요 주제어는 '하나님의 안식(安息)'(κατάπαυσις θεοῦ)이다. 히브리서 공동체가 전해 받은 '믿는 도리'를 굳게 붙잡고, 하나님께서 약속하신 안식에 들어가려면, 그들의 마음을 완고하게 하지 말아야 한다(3:8, 13, 15; 4:7). 3:7-19 단락과 4:1-11 단락은 '하나님의 안식'이라는 주제에 의해 연결될 뿐만 아니라, 이스라엘 백성이 출애굽 시 광야에서 하나님을 시험하여 마음을 완고하게 하여 약속의 땅에 들어가지 못한 것처럼 완고한 마음을 가지지 말라고 한 시편 95:7-11의 주제와 계속 연결되어 있어서 서로 연결되어 있다. 본문 직전 단락인 3:7-19 단락에 시편 95:8("너희는 므리바에서와 같이 또 광야의 맛사에서 지냈던 날과 같이 너희 마음을 완악하게 하지 말지어다")의 하반절 권면, 곧 "너희 마음을 완악하게 하지 말지어다"는 말씀이 세 번 인용되며(8, 13, 15절), 마음을 완고하게 한 이들은 시편 95:11 하반절인 "내 안식에 들어오지 못하리라"(11, 18절["그의 안식"])는 말씀에 인용되어 있다. '하나님의 안식' 주제는 본문 단락에서 계속된다(4:1, 3, 5, 8, 9, 10, 11). 하나님의 안식에 들어가려면, '복음 전함을 받은 자들'은 완고한 마음을 버리고 '복음'의 말씀에 순종하여야 한다(6, 11절).

그리고 본문 단락(4:1-11)을 이은 두 절(4:12f)은 히브리서 전체를 3분 구도로 구분할 때, '첫 번째 큰 단락'(1:1-4:13)[1]의 종결 단락이다. 왜냐하면, 그 서두 단락(1:1-4)과 말미 단락(4:12f)은 '하나님의 말씀'(ὁ λόγος τοῦ θεοῦ)이라는 공통된 주제라는 점에서 그 사이에 전개된 단락들은 한 덩어리이기 때문이다. 하나님은 '옛 언약'과 '새 언약'으로써 말씀하시는 하나님[2]이시며(1:1), '하나님의 말씀'을 통해서

1) 이러한 구분은 Otto Michel, 『히브리서』(*Der Brief an die Hebräer*), 강원돈 역, (「국제성서주석」 43; 서울: 한국신학연구소, 1987), 특히 272-77 참조. 미헬은 히브리서의 첫 번째 큰 단락을 마감하는 종결단락을 4:11-13로 보지만, 11절은 4:1-10 단락의 종결 권면절이며, 4:12f이 별도의 시구(詩句)이고 이를 히브리서 저자가 사용한 것으로 보는 것이 적절하기에, 종결단락을 4:12f로 보는 것이 옳다.

2) 이에 대하여는 『독일성서공회판 관주·해설 성경전서』(서울: 대한성서공회, 2004), 신약 357, 히 4:12f에 대한 해설 참조.

만물이 지어졌고(1:2), 만물이 '하나님의 말씀' 앞에 벌거벗은 것 같이 드러날 것이다(4:13). 본문 단락(4:1-11)을 세분하면, 다음과 같다.

1. '안식에 들어갈 약속이 있을지라도 두려워하자'는 권면(1a절)과 그 이유(1b-2절)
2. 안식에 들어갈 '우리'와 그 성경적 근거(3f절)
3. 하나님의 안식에 들어가지 못하는 자와 그 이유(5f절)
4. '마음을 완고하게 하지 말라'는 권면의 역사적 적용(7f절)
5. 권면의 현재화(9f절)
6. 안식에 들어가기를 힘쓰라(11절)

이제, 약속된 하나님의 안식에 들어가도록 마음을 완고하게 하지 말고, 하나님의 말씀에 순종할 것을 권면하는 4:1-11의 각 절을 풀이하여 그 진의(眞意)를 살펴보기로 하자.

III. 본문 석의

1. 본문 사역(私譯)

1 그러므로 그[하나님]의 안식에 들어갈 약속이 남아 있는 한, 너희 중에 아무도 미치지 못할 것이라고 생각하지 않도록, 우리가 두려워하자

2 우리도 그들과 같이 복음 전함을 받은 자들이지만, 들려진 말씀이 그들에게 유익하지 않았던 것은 [그 말씀이] 믿음을 통하여 듣는 자와 결부(관련)되지 아니하였기 때문이라

3 [이미] 믿는 자들인 우리들은 [저] 안식에 들어갈 것이라). 그분[하나님]이 말씀하신 바와 같이, 곧 내가 진노하여 맹세한 바와 같이, 그들이 내 안식

에 들어오지 못하리라 하셨다 [그렇다]고 하더라도 그 일들이 세상의 기초를 놓은 이래로 이루어졌니라

4 제칠일에 관하여는 어디에 이렇게 일렀으니, 곧 하나님은 제칠일에 그의 모든 일로부터 쉬셨다 하였으며

5 또 이 자리에 다시 [이르기를], 그들이 나의 안식에 들어오지 못하리라 하였으니

6 그러므로 몇 사람들은 그곳[안식]에 들어가 거기에 남아 있겠지만, 전에 복음 전함을 받은 자들이 순종하지 아니함으로 말미암아 들어가지 못하였으므로

7 다시 어느[한] 날을 그가 정하여 오늘이라 하시고, 오랜 후에 다윗[의 글]에 말씀하실 때, 미리 이같이 이르시기를, 오늘 너희가 그의 음성을 듣거든 너희 마음을 완고하게 하지 말라 하였나니

8 만일 여호수아가 그들에게 안식을 주었더라면, 그 후에 다른 날에 관하여 그분[하나님]이 말씀하지 아니하셨으리라

9 그런즉 안식이 하나님의 백성에게 남겨져 있도다

10 이미 그[하나님]의 안식에 들어간 자는, 하나님이 자기의 일을 쉬심과 같이, 그도 자기의 일을 쉬느니라

11 그러므로 우리가 저 안식에 들어가기를 힘쓸지니, 이는 누구든지 그 불순종의 본에 빠지지 않게 하려 함이라

2. 각절 본문 풀이

가. '안식에 들어갈 약속이 있을지라도 두려워하자'는 권면(1a절)과 그 이유(1b-2절)

[1절] 그러므로(οὖν) 그[하나님]의 안식에 들어갈(εἰσελθεῖν εἰς τὴν κατάπαυσιν αὐτοῦ) 약속이 남아 있는 한(καταλειπομένης ἐπαγγελίας), 너희 중에 아무도(τις ἐξ ὑμῶν) 미치지 못할 것(ὑστερηκέναι)이라고 생각하지(δοκῇ) 않도록(μήποτε, less), 우리가 두려워하자(φοβηθῶμεν) (φοβηθῶμεν οὖν, μήποτε καταλειπομένης ἐπαγγελίας εἰσελθεῖν εἰς τὴν κατάπαυσιν αὐτοῦ δοκῇ τις ἐξ ὑμῶν ὑστερηκέναι.)

'그러므로(οὖν)'라는 인과접속사는 3:7-19 단락에서 마음을 완고하게 하면 '하나님의 안식'에 들어가지 못한다는 교훈이 '우리가 두려워하자(φοβηθῶμεν)는 권면의 근거요 이유이다. Φοβηθῶμεν은 '두려워하다(φοβεῖσθαι)의 1인칭 복수 부정과거 수동태 가정법으로 '우리가 ~하자(let's)는 권유를 나타낸다. 그들이 두려워해야 할 목적은 '생각하지(δοκῇ) 않기 위해서'(μήποτε δοκῇ)이다. '생각하다(δοκεῖν)란 '~처럼 보이다'는 의미로, 어떤 주장을 완곡하게 표현하는 수사학(修辭學)적 표현이다. 히브리서 공동체는 "너희 중에 아무도"(τις ἐξ ὑμῶν) "미치지 못할 것"(ὑστερηκέναι, perf. act. inf., lack)이라고 생각하지 말아야 한다. 여기서 ὑστερεῖν은 '이르지 못하다', '조금 모자라다' 또는 '미치지 못하다'는 의미이다. 히브리서의 경우 성도가 본향을 찾아가는 길에서 본향(本鄕)인 '하나님 나라'에 이르지 못함을 표현한다. 이 용어는 12:15의 "하나님의 은혜에 이르지 못하는 자가 없도록"이란 구절에서도 등장하며, 본향으로 순례하는 그리스도인이 본향, 곧 '하나님의 안식'(4:1) 또는 '하나님의 은혜'(12:15)에 미치지 못하다고 '생각하지'(δοκεῖν) 말아야 함을 권면하는데 사용된 단어다.

그렇게 생각하지 말아야 하는 이유는 그들에게 '그[하나님]의 안식에 들어감'(εἰσελθεῖν εἰς τὴν κατάπαυσιν αὐτοῦ)의 약속이 남아 있기 때문이다. 그런 약속이 남아 있는 한(καταλειπομένης ἐπαγγελίας) 하나님의 약속에 이르지 못한다고 생각하지 말아야 한다. 이때, 3:7-19 단락에 이어서(11, 18절), '안식(κατάπαυσις)' 용어가 주제어로 등장한다. '카타파우시스'(κατάπαυσις)는 신약성경에서 총 9번 사용되었는데, 그 중에서 사도행전에서 한 번(7:49) 사용된 것을 제외하고는, 모두 히브리서에 나타나는 히브리서의 전문용어이다(3:11, 18; 4:1, 3[2회], 5, 10, 11). 동사 형태인 '카타파우에인'(καταπαύειν) 역시 명사형과 마찬가지로 사도행전과 히브리서에서만 등장하는데, 사도행전에서 한 번(14:18) 사용된 것을 제외하고, 세 번은 모두 히브리서(4:4, 8, 10)에 나타난다. 그러니까, 히브리서의 경우, 동사형이든, 명사형이든 하나님의 '안식'이 주제가 되는 히브리서 단락(3:7-4:13)에서만 이 용어가 등장한다[3]. '카타파우시스'는 '쉬게 하다', '쉬다'는 의미를 지닌 '카타파우에인'에서 유래하였는데, 동사 형태는 칠십인 역본(LXX)에서 '샤밧'(שָׁבַת)이나 '누아흐'(נוּחַ)를 옮긴 것이며, 명사형은 주로 시편(95:11)이나 이사야서(66:1)에 사용된 '메누하'(מְנוּחָה)를 번역한 용어이다.[4] 히브리서의 경우, '하나님의 안식'은 결코 신자들의 현세적 목표가 아니다. 그것은 공관복음서에서 예수께서 선포하신 '하나님 나라'나 요한복음에서 그것에 해당하는 '영생'이나 바울의 경우 '하나님의 의'와 마찬가지로, 하나님에 의해 이루어지는 종말론적 구원재(救援財)이며, 성도들이 바라는 궁극적 소망의 목표[5]이다.

'안식'은 '들어가다/들어오다'(εἰσελθεῖν)는 용어와 함께 '안식에 들어가다'(εἰσελθεῖν εἰς τὴν κατάπαυσιν)는 관용적 표현(3:19; 4:1, 3, 5, 10, 11)으로 사용되는데, 이는 공관복음서에서 '하나님 나라에 들어가다'(εἰσελθεῖν εἰς τὴν βασιλείαν τοῦ θεοῦ, 막 9:47; 10:23, 24, 25 등)에 해당하는 히브리서 저자의 표현이다.

---

3) J.B. Smith, *Greek-English Concordance to the New Testament* (Scottdale: Herald Press, 1955), 197f 참조.

4) G. Abbott-Smith, *A Manual Greek Lexicon of the New Testament* (Edinburgh: T & T Clark), 237 참조.

5) 『독일성서공회판 관주·해설 성경전서』, 신약 356, 히 4:1-11에 대한 해설 참조.

1절에서 사용된 '약속'(ἐπαγγελία)은 신약성경 가운데 히브리서에서 가장 많이 나타나며(53회 중 14회), 이 서신에서는 처음으로 등장한다(6:12, 15, 17; 7:6; 8:6; 9:15; 10:36; 11:9[2회], 13, 17, 33, 39).[6] 그 동사형인 '약속하다'(ἐπαγγέλλεσθαι)도 신약성경에서는 히브리서에서 가장 많이 나타난다(15회 중 4회).[7] 동사형이든 명사형이든 신약의 어느 책보다 히브리서에 가장 많이 나타나는 히브리서의 전문술어[8]이다. '약속'(ἐπαγγελία)과 '약속하다'(ἐπαγγέλλεσθαι)는 원래 세속적 그리스어에서는 '고지(告知)'(ἀγγελία)와 '알리다'(ἀγγέλλεσθαι)와 동의어였다. 이 용어가 '구원의 약속'이란 의미로 사용된 용례는 유대교의 문헌(마카비2서 2:17; 솔로몬의 시편 12:6 등)에서 찾아볼 수 있으며, 신약성경에 이르러 그 결정적 양상을 보여준다.[9] 신약성경뿐 아니라 구약성경에서도 '약속'은 '하나님의 말씀' 형태이다. 바울의 경우, 로마서 4장이나 갈라디아서 3장에서 '약속'은 '복음'(εὐαγγέλιον) 용어와 같이 나타나서, '약속'은 '복음'의 "원형"(Prototype)[10]으로 인식되지만, 히브리서의 경우, 특히 4:2에서 '복음'은 "복음 전함을 받은 자들"(εὐηγγελισμένοι)과 함께 "들음의 말씀"(ὁ λόγος τῆς ἀκοῆς), 곧 '들

6) Smith, *Greek-English Concordance*, 136 참조.

7) 히 6:13; 10:23; 11:11; 12:26. 앞의 책, 같은 곳.

8) 이 '약속' 어군의 용어들은 공관복음서에서는 드물게 나타나며(명사형의 경우, 오직 누가복음에서만 1회 등장[24:29], 동사형의 경우 오직 마가복음에서만 1회 등장[14:11]), 요한 문헌에서는 복음서와 계시록에 두 형태 모두 나타나지 않으며, 오직 요한1서에서만 명사형이 1회(2:25), 동사형이 1회(2:25) 나타난다. 이에 대하여는 *Exegetical Dictionary of the New Testaments* II, s.v. "ἐπαγγελία, ἐπαγγέλλομαι, ἐπάγγελμα," by A. Sand, 13-16, 여기서는 14 참조.

9) *EDNT* II, s.v. "ἐπαγγελία, ἐπαγγέλλομαι, ἐπάγγελμα," 14.

10) E. Käsemann, *An die Römer* (HNT 8a; Tübingen: Mohr, [1973] ^{4}1980), 7.

려진 말씀'으로 진술되었다.

[2절] 우리도(καὶ γάρ ἐσμεν) 그들과 같이(καθάπερ κἀκεῖνοι˒ καὶ ἐκεῖνοι) 복음 전함을 받은 자들이지만(εὐηγγελισμένοι), 들려진 말씀이(ὁ λόγος τῆς ἀκοῆς) 그들에게(ἐκείνους) 유익하지 않았던 것은(οὐκ ὠφέλησεν) [그 말씀이] 믿음을 통하여(τῇ πίστει) 듣는 자와(τοῖς ἀκούσασιν) 결부(관련)되지 아니하였기 때문이라(μὴ συγκεκερασμένους) (καὶ γάρ ἐσμεν εὐηγγελισμένοι καθάπερ κἀκεῖνοι· ἀλλ᾽ οὐκ ὠφέλησεν ὁ λόγος τῆς ἀκοῆς ἐκείνους μὴ συγκεκερασμένους τῇ πίστει τοῖς ἀκούσασιν.)

'약속'의 말씀을 들었던 '그들'과 '우리'가 대조된다. 먼저, 양자(兩者)의 공통점을 살펴보면, 구약성경에서 하나님 말씀에 불순종했던 '그들'과 히브리서 수신인 공동체인 '우리'가 모두 '복음[약속] 전함을 받은 자들'(εὐηγγελισμένοι)이다. 그러나 '그들'(ἐκείνους)에게는 '들려진 말씀이'(ὁ λόγος τῆς ἀκοῆς) 유익하지 않았다(οὐκ ὠφέλησεν). 이때 '유익하다'를 의미하는 '오펠레인'(ὠφέλειν)은 사람을 대격(對格)으로 하여, '누구에게 유익하다(be useful)'를 뜻한다. 히브리서의 언급과 유사하게, 바울은 데살로니가 성도들에게도 복음의 수용에 관해 하나님 말씀을 언급한다. 데살로니가 교회의 성도들은 바울로부터 '전해들은 하나님의 말씀'(λόγον ἀκοῆς τοῦ θεοῦ)을 '사람의 말'(λόγος ἀνθρώπων)로 받지 않고 '하나님의 말씀'(λόγος θεοῦ)으로 받았다(살전 2:13). 히브리서 저자는 구약시대에 마음이 완악하여 하나님의 말씀에 순종하지 않았던 자은 '들은 말씀'(ὁ λόγος τῆς ἀκοῆς)을 '믿음으로써(τῇ πίστει)'[11] '듣는 자들'(τοῖς ἀκούσασιν)인 자신들과 관련짓지 아

11) 이는 문법적으로 '수단의 여격'(dativus instrumentalis)이다. Friedrich Blass & Albert Debrunner, *Grammatik des neutestamentlichen Griechisch*, Rv. by Friedrich Rehkopf (Göttingen: V. & R., [16]1976), § 195 참조.

니하였기 때문에, 그 '들은 말씀'이 그들에게 유익하지 않았다고 해설한다. 이때, συγκεράννυμι는 '결부시키다'(put together), '합하다'(unite), '관련짓다'의 뜻을 지닌 여격(與格) 지배 동사이다.

나. 안식에 들어갈 '우리'와 그 성경적 근거(3f절)

[3절] [이미] 믿는 자들인(οἱ πιστεύσαντες) 우리들은 [저] 안식에(εἰς [τὴν] κατάπαυσιν) 들어갈 것이라(Εἰσερχόμεθα). 그분[하나님]이 말씀하신 바와 같이(καθὼς εἴρηκεν), 곧 내가 진노하여(ἐν τῇ ὀργῇ μου) 맹세한 바와 같이(ὡς ὤμοσα) 그들이 내 안식에 들어오지 못하리라 하셨다(εἰ εἰσελεύσονται εἰς τὴν κατάπαυσίν μου,) 그렇다고 하더라도(καίτοι) 그 일들이 세상의 기초를 놓은 이래로(ἀπὸ καταβολῆς κόσμου) 이루어졌느니라(τῶν ἔργων γενηθέντων) (Εἰσερχόμεθα γὰρ εἰς [τὴν] κατάπαυσιν οἱ πιστεύσαντες, καθὼς εἴρηκεν· ὡς ὤμοσα ἐν τῇ ὀργῇ μου· εἰ εἰσελεύσονται εἰς τὴν κατάπαυσίν μου, καίτοι τῶν ἔργων ἀπὸ καταβολῆς κόσμου γενηθέντων.)

'우리들이 들어갈 것이라'(εἰσερχόμεθα)는 '예언'(마 17:11)이나 '장차 다가올 일'(마 24:43)을 나타내는 현재 형태의 미래적 용법으로,[12] 우리들은 '[이미] 믿는 자들'(οἱ πιστεύσαντες)이다. 믿는 자들이 하나님의 안식에 들어간다. 이를 위해 직전 단락에서 언급된 시편 95:7-11 중 11절이 인용된다. 구약성경 인용 도입구는 '그가 말씀하셨던 바와 같이'(καθὼς εἴρηκεν)이다. '그가 말씀하셨다'(εἴρηκεν)는 '말하다'는 동사 '레게인'(λέγειν)의 현재완료 능동태 직설법이다. 3절에서 인용된 구절은 "내가 노하여 맹세한 바와 같이 그들이 내 안식에 들어오지 못하리라 하셨다"이다. 이는 시 95:11의 인용인데, 정확한 시편 구절은 "그러므로 내가 노하여 맹세하기를 그들은 내 안식에 들

---

12) 이에 대하여는 Blass and Debrunner, *Grammatik*, § 323 참조.

어오지 못하리라 하였도다"(אֲשֶׁר־נִשְׁבַּעְתִּי בְאַפִּי אִם־יְבֹאוּן אֶל־מְנוּחָתִי׃)이다. '다윗의 시'로 진술하는 칠십인역본(LXX)에서는 시편 94:11인데, "내가 노하여 내 안식에 들어오지 못하게 맹세한 것 같으니라"(ὡς ὤμοσα ἐν τῇ ὀργῇ μου εἰ εἰσελεύσονται εἰς τὴν κατάπαυσίν μου)이다. 여기서 '내가 맹세하였다'(ὤμοσα)는 '맹세하다'(ὀμνύναι)의 부정과거 능동태 직설법이다. 그 배경에 애굽에서 나온 이스라엘이 광야에서 마음을 완악하게 하여 약속하신 안식, 곧 가나안 땅에 들어가지 못하였음이 자리 잡고 있다(출 17:7 // 시 95:8-11). 히브리서 저자는 이를 자신의 공동체, 곧 '새 언약의 하나님 백성'에게 적용하여, 구약의 전례(前例)를 경고로 삼으려 한다.

속격분사구문과 함께 사용되는 καίτοι는 양보(讓步)의 의미를 나타내는 불변사로 '비록 ~한다고 하더라도'라는 뜻으로 고전 그리스어에서는 사용되지 않은 용어[13]이다. 이 불변사와 함께 사용된 속격분사구문은 τῶν ἔργων γενηθέντων으로 '그 일들이 이루어졌느니라'이다. 그 때 ἀπὸ καταβολῆς κόσμου라는 구문은 '세상의 기초를 놓은 이래로', 곧 '세상의 창조 이래로'는 히 9:26에도 등장하며, 마태복음에서도 '창세부터'(13:25) 내지는 '창세로부터'(25:34)라는 의미로 나타난다.

[4절] **제칠일에 관하여는(περὶ τῆς ἑβδόμης [ἡμέρᾳ]) 어디에(που) 이렇게(οὕτως) 일렀으니(εἴρηκεν), 곧 하나님은(ὁ θεὸς) 제칠일에(ἐν τῇ ἡμέρᾳ τῇ ἑβδόμῃ) 그의 모든 일로부터(ἀπὸ πάντων τῶν ἔργων αὐτοῦ) 쉬셨다(κατέπαυσεν) 하였으며,** (εἴρηκεν γάρ που περὶ τῆς ἑβδόμης οὕτως· καὶ κατέπαυσεν ὁ θεὸς ἐν τῇ ἡμέρᾳ τῇ ἑβδόμῃ ἀπὸ πάντων τῶν ἔργων αὐτοῦ,)

---

13) 이에 대하여는 Blass and Debrunner, *Grammatik*, § 425.1 참조.

'제칠일'(ἡ ἑβδομή)는 ἡ ἡμέρα ἡ ἑβδομή의 축약형으로 '안식일'을 가리킨다. 하나님께서 천지를 창조하실 때 엿새 동안 만물을 창조하시고, 일곱째 날에 안식하시며 그 날을 복되게 하여 거룩하게 구별하셨다(창 2:2). 하나님의 인도하심을 따라 모세의 영도로 이스라엘이 출애굽하여 광야에서 일용할 양식인 만나를 거둘 때에도 일곱째 날은 '여호와의 안식일'(שַׁבָּת הַיּוֹם לַיהוָה)로 그 전 날에 이틀 분의 양식을 거두고(출 16:25), 일곱째 날에는 안식하였다(출 16:30). 모세는 시내 산에서 하나님께로부터 "안식일을 기억하여 거룩하게 지키라(זָכוֹר אֶת־יוֹם הַשַּׁבָּת לְקַדְּשׁוֹ:, LXX μνήσθητι τὴν ἡμέραν τῶν σαββάτων ἁγιάζειν αὐτήν)"는 계명과 함께 십계명을 받았다(출 20:8). '어디에(που)'는 창세기 2:2을 의미한다. 또 '카타파우에인'(καταπαύειν)은 자동사로 사용되면 '멈추다', '쉬다', '안식하다'의 의미를 지니며, 타동사로 사용되면 '멈추게 하다', '쉬게 하다'는 뜻으로, 이 동사는, 1절에서 살펴본 것처럼, 신약성경에 네 번 등장하는데, 사도행전에서 한 번 사용되고, 세 번은 모두 히브리서(4:4, 8, 10)에서 나타나는 히브리서의 특징어이다.

다. 하나님의 안식에 들어가지 못하는 자와 그 이유(5f절)

[5절] **또(καὶ) 이 자리에(ἐν τούτῳ) 다시(πάλιν)** [이르기를], **그들이 나의 안식에(εἰς τὴν κατάπαυσίν μου) 들어오지 못하리라 하였으니(εἰσελεύσονται** < fut. ind. **εἰσέρχομαι)** (καὶ ἐν τούτῳ πάλιν· εἰ εἰσελεύσονται εἰς τὴν κατάπαυσίν μου.)

다시 인용되는 구절은 3절에서 인용된 시편 95:11이다. 본문 단락에서 동일한 구절이 두 번째 인용된다. 여기서도 본문 단락의 다른 구절(3, 9, 10, 11절)에서처럼 '안식에 들어가다'(εἰσελεύσεσθαι εἰς τὴν κατάπαυσιν)는 표현이 다시 사용된다.

[6절] 그러므로(οὖν) 몇 사람들은 그곳[안식]에 들어가(τινὰς εἰσελθεῖν εἰς αὐτήν) 거기에 남아 있겠지만(ἐπεὶ ἀπολείπεται), '전에 복음 전함을 받은 자들이'(οἱ πρότερον εὐαγγελισθέντες) '순종하지 아니함으로 말미암아'(δι' ἀπείθειαν) '들어가지 못하였으므로'(οὐκ εἰσῆλθον) (ἐπεὶ οὖν ἀπολείπεται τινὰς εἰσελθεῖν εἰς αὐτήν, καὶ οἱ πρότερον εὐαγγελισθέντες οὐκ εἰσῆλθον δι' ἀπείθειαν)

'몇 사람들은'(τινάς)은 그곳, 곧 '안식'에 들어가서, 거기에 남아 있다. 여기서도 정형구인 '안식에 들어가다'(εἰσελεύσεσθαι εἰς τὴν κατάπαυσιν)는 표현이 사용된다. '에페이'(ἐπεί)란 '시간'을 나타낼 때는 '할 때에'나 '이래로'의 의미를, '이유'를 나타낼 때는 '왜냐하면'이라는 뜻의 종속 접속사다. '전에 복음 전함을 받은 자들이'(οἱ πρότερον εὐαγγελισθέντες) '순종하지 아니함으로 말미암아'(δι' ἀπείθειαν) 안식에 '들어가지 못하였다'(οὐκ εἰσῆλθον). 여기서 '복음'은 앞서 언급한 것처럼, '약속의 말씀'이다. '순종하지 아니함으로 말미암아'(δι' ἀπείθειαν) 어구(語句)는 몇 사본들($\mathfrak{P}^{46}$ $\aleph^{*}$ lat)에서는 '불순종'(ἀπείθεια) 대신 '불신앙'(ἀπιστία)이란 단어가 사용되었다. 사본의 증거를 보면, 히브리서에서도 바울서신에서와 마찬가지로 '신앙'과 '순종'은 서로 대체할 수 있는 용어이므로(롬 1:5; 6:17; 16:19 등),[14] 이 때문에 발생한 이독(異讀)의 증거이다.

---

14) 이에 대하여는 장흥길, "종교개혁사상의 5대 핵심 개념에 대한 신약성경적 이해," 『성경과 종교개혁』 (성서학 학술마당 총서 IV; 서울: 한국성서학연구소, 2018), 129-87, 특히 155 참조.

라. '마음을 완고하게 하지 말라'는 권면의 역사적 적용(7f절)

[7절] 다시 어느[한] 날을 그가 정하여(πάλιν τινὰ ὁρίζει ἡμέραν) 오늘(σήμερον)이라 하시고, 오랜 후에(μετὰ τοσοῦτον χρόνον, after so many time) 다윗[의 글]에(ἐν Δαυὶδ) 말씀하실 때(λέγων), '미리 이같이 이르시기를'(καθὼς προείρηταί περφ πασὸ προλέγω), 오늘(σήμερον) '너희가 그의 음성을 듣거든'(ἐὰν τῆς φωνῆς αὐτοῦ ἀκούσητε) '너희 마음을(τὰς καρδίας ὑμῶν) 완고하게 하지 말라'(μὴ σκληρύνητε < aor. act. subj. σκληρύνειν [to harden, make stubborn]) 하였나니 (πάλιν τινὰ ὁρίζει ἡμέραν, σήμερον, ἐν Δαυὶδ λέγων μετὰ τοσοῦτον χρόνον, καθὼς προείρηται· σήμερον ἐὰν τῆς φωνῆς αὐτοῦ ἀκούσητε, μὴ σκληρύνητε τὰς καρδίας ὑμῶν.)

하나님께서 다시 '어느 한 날'(τινὰ ἡμέραν)을 정하셨다. 이는 구속사적 의미에서 '새로운 날'이다. 이는 종말론적 사건의 날, 곧 그리스도와 함께 시작되는 날인데[15], 이 날에 대하여 이미 다윗이 시에서 노래하였다. 시편 95:7f이 인용된다. 원래 시편의 본문은 "[7a그는 우리의 하나님이시요 7b우리는 그가 기르시는 백성이며 7c그의 손이 돌보시는 양이기 때문이라] 7d너희가 오늘 그의 음성을 듣거든 [8a너희는 므리바에서와 같이 또 광야의 맛사에서 지냈던 날과 같이] 8b너희 마음을 완악하게 하지 말지어다"이다. 칠십인역본(LXX)의 본문으로는 시편 94:7f로, "[7a ὅτι αὐτός ἐστιν ὁ θεὸς ἡμῶν 7b καὶ ἡμεῖς λαὸς νομῆς αὐτοῦ 7c καὶ πρόβατα χειρὸς αὐτοῦ] 7d σήμερον ἐὰν τῆς φωνῆς αὐτοῦ ἀκούσητε 8a μὴ σκληρύνητε τὰς καρδίας ὑμῶν 8b ὡς ἐν τῷ παραπικρασμῷ κατὰ τὴν ἡμέραν τοῦ πειρασμοῦ ἐν τῇ ἐρήμῳ)"이다. 그러므로 칠십인역본의 본문으로는 7f절의 축약 본문이 아니라,

15) Michel, 『히브리서』, 270.

7d절과 8a절에 대한 인용이다. 게다가, 히 4:7하의 헬라어 원문과 그 칠십인역본의 본문은 자구(字句)적으로 정확하게 일치한다. 그러니까, 히브리서 저자는 칠십인역본의 본문을 인용한다. 이때, ἐν Δαυὶδ은 헬라의 밀의(密儀) 종교에서처럼 '다윗 안에서'가 아니라, ἐν을 도구격 전치사로 보아 '다윗의 말에'[16]로 여겨야 한다.

'한 날'(ἡμέρα)은 곧 '오늘'(σημέρα)이다. 그 '오늘'이란 히브리서 신앙공동체에게는 믿음의 창시자(2:10)인 예수 그리스도와 함께 시작된 종말적 구원의 시간이다. 바울은 이 종말론적 구원의 날을, 이사야 49:8 "내가 은혜 베풀 때에 너에게 듣고 구원의 날에 너를 도왔다"를 인용하여, "은혜 받을 만한 때"와 "구원의 날"로 현재화하였다(고후 6:2). 이 날, 그의 음성을 들으면, 자신의 마음을 완고하게 하지 말아야 한다. "오늘 너희가 그의 음성을 듣거든 너희 마음을 완고하게 하지 말라"는 시편 95:7의 인용은 3:7-4:11 단락에서 3:7f, 15에 이어서, 이제 세 번째 동일한 구약성경 말씀의 인용이다. 이로써 히브리서 저자의 분명한 의도가 드러난다.

'너희 마음을 완고하게 하지 말라'는 권면에서 '너희는 완고하게 하지 말라(μὴ σκληρύνητε)는 '굳게 하다'(to harden), '고집부리다'(make stubborn)를 의미하는 σκληρύνειν 동사의 2인칭 복수 부정과거 능동태 가정법으로, 헬라어 문법상, μή 다음의 2인칭 가정법으로 '금지명령'을 나타낸다. 원래 σκληρύνειν은 '단단한(hard), '굳은'(마 25:24), '완악한(유 15) 등을 의미하는 σκληρός에서 유래되었으며, σκληρός는 '마르다'(to dry)를 의미하는 σκέλλειν에서 유래되었다[17]. '금지 명령'으로 표현된 권면이 이 단락의 핵심주제이다. 히브리서 신앙 공동체

16) 앞의 책, 같은 곳.

17) Abbott-Smith, *A Manual Greek Lexicon of the New Testament*, 409.

는 하나님의 안식에 들어가도록, 하나님 말씀을 들을 때 마음을 완고하게 하지 말아야 한다. 말씀에 불순종하지 않아야 저 안식에 들어갈 수 있다.

[8절] **만일 여호수아가(Ἰησοῦς) 그들에게 안식을 주었더라면(εἰ γὰρ αὐτοὺς Ἰησοῦς κατέπαυσεν), 그 후에(μετὰ ταῦτα ἡμέρας) 다른 날에 관하여(περὶ ἄλλης [ἡμέρας]) 그 분[하나님]이 말씀하지 아니하셨으리라(οὐκ ἂν περὶ ἄλλης ἐλάλει)** (εἰ γὰρ αὐτοὺς Ἰησοῦς κατέπαυσεν, οὐκ ἂν περὶ ἄλλης ἐλάλει μετὰ ταῦτα ἡμέρας.)

구문론(構文論)상으로, ἄν은 불변사로 εἰ로 시작되는 비(非)현실적인 가정(假定)을 하는 전치문(Protasis) 다음의 후치문(Apodosis)의 서두에 위치하여 '결과'를 나타낸다.[18] Εἰ로 시작되는 전치문(前置文)의 비현실적 가정은 "만일 여호수아가('Ιησοῦς) 그들에게 안식을 주었더라면"이다. 이때 '여호수아'는 헬라어로는 '예수'('Ιησοῦς)이다. 히브리어 성경에서 '눈의 아들'(בִּן־נוּן), '여호수아'(יְהוֹשֻׁעַ)라는 이름은 칠십인역본에서 '예수'('Ιησοῦς)로 음역(音譯)되었다(행 7:45 참조). 여호수아는 출애굽한 이스라엘 백성을 '약속의 땅' 가나안으로 들어가게 한 지도자이다. 여호수아서에서 이스라엘 백성이 약속의 땅을 차지하였을 때, '안식'이라는 표현과 함께 사용되었다(1:15; 21;44; 22:4; 23:1). 그러나 여호수아에 의해 정복된 약속의 땅에서의 '안식'은 역사 안에서 성취된 평화로운 상태를 의미하는 것이 아니라, 마지막 때 하나님의 자녀들이 들어갈 '하나님의 안식'에 대한 표징[19]이다. 그러므로 구약에서 가나안 땅 정복과 관련하여 언급된 안식은 종말

---

18) Blass and Debrunner, *Grammatik*, § 360을 참조.
19) 이에 대하여 Michel, 『히브리서』, 270f 참조.

론적 안식에 대한 역사적 예증이다.

마. 권면의 현재화(9f절)

[9절] **그런즉(ἄρα) 안식이(σαββατισμὸς) '하나님의 백성에게'(τῷ λαῷ τοῦ θεοῦ) 남겨져 있도다(ἀπολείπεται)** (ἄρα ἀπολείπεται σαββατισμὸς τῷ λαῷ τοῦ θεοῦ.)

인과(因果)적 종속접속사 '그런즉'(ἄρα)을 통해서 9절은 8절의 결론으로 히브리서 신앙 공동체에게는 소망의 메시지이다. '안식', 곧 '사밧티스모스'(σαββατισμός)는 '안식일(σάββατον, שַׁבָּת)을 지키다'(출 16:30)를 의미하는 동사 '사밧티제인'(σαββατίζειν)에서 유래된, '안식일의 쉼' 또는 '안식일을 지킴'이라는 뜻으로 사용되는 명사다. 이런 점에서, '안식일'은 '쉼'과 불가분(不可分)의 개념이다. 이제 히브리서 수신 공동체는 새로운 "하나님의 백성"(τὸ λαός τοῦ θεοῦ)이다. 출애굽시 이스라엘은 '하나님의 백성'이다(출 6:7 등). 물론, '하나님의 백성'은 선민(選民) 이스라엘에 국한(局限)된 동족(同族)적 개념이 아니다. 호세아와 고멜 사이에 난 두 번째 딸 '로암미'가 보여주듯이(호 1:9), 하나님께서 인정하시는 '내 백성', '암미'(עַמִּי)와 '내 백성이 아닌 자, '로암미'(לֹא עַמִּי)는 하나님의 말씀에 순종하는지 여부에 따라 결정된다. 예수 그리스도 이후 새로운 '하나님의 백성'은 예수를 믿고 따른 기독교 신앙공동체이다. 최종적인 종말론적 안식은 그리스도인 신앙공동체에게 '남겨져 있다'(ἀπολείπεται).

[10절] **이미 그[하나님]의 안식에 들어간 자는(ὁ γὰρ εἰσελθὼν εἰς τὴν κατάπαυσιν αὐτοῦ), 하나님이(ὁ θεός) 자기의 일을 쉬심과 같이(ὥσπερ ἀπὸ τῶν ἰδίων), 그도(καὶ αὐτὸς) 자기의 일을 쉬느니라(κατέπαυσεν ἀπὸ τῶν ἔργων αὐτοῦ)** (ὁ γὰρ εἰσελθὼν εἰς τὴν κατάπαυσιν αὐτοῦ καὶ αὐτὸς κατέπαυσεν ἀπὸ τῶν ἔργων αὐτοῦ ὥσπερ ἀπὸ τῶν ἰδίων ὁ θεός)

'이미 그의 안식에 들어간 자'(ὁ εἰσελθὼν εἰς τὴν κατάπαυσιν αὐτοῦ)는, 6절에서 이미 언급했듯이, '안식'에 들어가 거기에 남아 있는 '몇 사람들'(τινάς)을 가리킨다. 그는 하나님(ὁ θεός)께서 자기의 일로부터 쉬셨던 것과 같이(ὥσπερ ἀπὸ τῶν ἰδίων [ἔργων]), 그도(καὶ αὐτὸς) 자기의 일로부터 해방되어(ἀπὸ τῶν ἔργων αὐτοῦ) '쉬고 있다'(κατέπαυσεν). 여기서 κατέπαυσεν은 καταπαύειν의 부정과거 능동태 직설법이다. 하나님은 자신의 일, 곧 천지 창조의 일을 마치시고 쉬셨다. 그와 마찬가지로, 인간도 자신의 일을 마치고 쉬는 것이 창조주의 뜻이다. 이런 관점에서, 종말론적인 "안식은 창조의 대립물이 아니라 일의 완수이다."[20] 다르게 표현하면, 마지막 날 히브리서 공동체가 들어가야 할 '하나님의 안식'은 그들이 이 세상에서 실현할 수 없는 '한계'이며 '완성'이고, '안식에 들어가는 것'은 그들에게 부여된 '과제'이며 동시에 '목표'다.[21] 이런 점에서 10절은 11절과 연결된다. 그러므로 11절은 1-11절 단락의 종결절로 여겨야 하며, 12f절과 연결된 단락의 첫 절로 보는 것[22]은 적절하지 않다.

바. 안식에 들어가기를 힘쓰라(11절)

[11절] 그러므로(οὖν) 우리가 저 안식에(εἰς ἐκείνην τὴν κατάπαυσιν) 들어가기를 힘쓸지니(Σπουδάσωμεν εἰσελθεῖν), 이는 누구든지(τις) 그 불순종의 본에(ἐν τῷ αὐτῷ

20) Michel, 『히브리서』, 271.

21) 이에 대하여는 Michel, 『히브리서』, 271f 참조.

22) 이런 점에서, 11-13절을 '첫 번째 큰 단락'(1:1-4:13)의 종결 단락으로 여기는 미헬의 주석은 적절하지 않다.

τις ὑποδείγματι τῆς ἀπειθείας) 빠지지(πέσῃ) 않게 하려 함이라(ἵνα μὴ) (Σπουδάσωμεν οὖν εἰσελθεῖν εἰς ἐκείνην τὴν κατάπαυσιν, ἵνα μὴ ἐν τῷ αὐτῷ τις ὑποδείγματι πέσῃ τῆς ἀπειθείας.)

인과 접속사 '그러므로'(οὖν)는 '안식에 들어가기를 힘써야 한다'는 권면의 내용을 볼 때, 9f절뿐 아니라, 1-10절 단락 전체의 결론이다. 히브리서 공동체가 들어가야 할 안식은 '하나님의 안식'(ἡ κατάπαυσις θεοῦ), 곧 '그의 안식'(ἡ κατάπαυσις αὐτοῦ.이며(10절), 아직 들어가지 않은 종말론적 성격을 가지고 있기 때문에 '저 안식'(ἐκείνη ἡ κατάπαυσις)이다(11절). 히브리서 저자는 이제 히브리서 수신 공동체에게 우리가 함께 저 안식에 들어가기를 힘쓰자고 권면한다. '우리가 힘쓰자'(σπουδάσωμεν)란 '힘쓰다'(σπουδάζειν)의 1인칭 복수 부정과거 능동태 가정법으로 '권유'(勸誘)를 나타낸다. 그 권유의 목적은 'ἵνα μή+πέσῃ (가정법)' 부(副)문장에 나타난다. 일반적으로 한글 개역성경은 'ἵνα μή+가정법'을 '이는 ~하지 않게 하려 함이라'로 옮겼다. 가정법으로 표현된 πέσῃ는 '떨어지다', '빠지다'라는 뜻을 가진 πίπτειν(to fall down)의 3인칭 단수 부정과거 능동태 가정법으로, τις와 함께 사용되어 '누구든지 ~에 빠지다'를 의미한다. 이 어구는 'ἵνα μή'와 함께 사용되어 '이는 누구든지 ~에 빠지지 않게 하기 위함이다'를 뜻한다. 히브리서 공동체가 종말론적인 안식에 들어가기를 힘쓰며, 빠지지 않아야 하는 대상은 바로 '저 불순종의 본'(ἐν τῷ αὐτῷ ὑποδείγματι τῆς ἀπειθείας)이다.

여기서 '본(本)'으로 옮겨진 '휘포데이그마'(ὑπόδειγμα)는 '보여주다', '증거하다'를 의미하는 동사 '휘포데이그누미'(ὑποδείγνυμι)에서 유래된 명사로, '본'(4:11)이나 '모형'(8:5; 9:23)의 뜻으로 사용되었다. 이는 때로는 긍정적인 예를, 때로는 부정적인 예를 나타낼 때 사용된 용어로, 전자(前者)의 경우, 독자(讀者)나 청자(聽者)가 '닮아야 할 좋은 본보기' 내지는 '모범'(요 13:15; 약 5:10)의 용례로 사용되었고, 후자(後者)의 경우는 반대로 닮지 말아야 할 '경고'의 나쁜 예(히 4:11; 벧후 2:6)로 사용되었다. 크세노폰(Xenophon) 이후 고대 후기 문헌에서 παράδειγμα 대신 사용되었다.[23] '휘포데이그마'[24]의 유사어로 '호모이오마'(ὁμοίωμα), '튀포스'(τύπος), '휘포튀포시스'(ὑποτύπωσις), '휘포그람모스'(ὑπογραμμός) 등이 있는데, '튀포스'(τύπος)[25]는 주로 바울서신에서 나타나며(신약 16회 중 9회), '휘포튀포시스'(ὑποτύπωσις)는 오직 목회서신(딤전 1:16; 딤후 1:13)에서 두 번 나타나고, '아래에 쓰다' 또는 '복사를 위해 따라 쓰다'는 의미로 사용된 ὑπογράφειν에서 유래된 '휘포그람모스'는 오직 베드로후서 2:6에서 등장하는 신약성경의 유일회 사용단어(hapaxlegomenon)이다. 신약성경에는 이 용어들 외에 '본 받은 자'를 의미하는 '미메테스'(μιμητής)[26]가 사용되기도 한다. 이는 '본'(τύπος)에 따라 '본받은 자'(μιμητής)를 의미한다(살전 1:6f).

---

23) Abbott-Smith, *A Manual Greek Lexicon of the New Testament*, 460 참조.

24) '본'(ὑπόδειγμα)은 신약 전체에서 총 6회 등장하며, 요 1회(13:15), 히 2회(4:11; 8:5), 약 1회(5:10), 벧후 1회(2:6) 나타난다. Smith, *Greek-English Concordance*, 360 참조.

25) '튀포스'(τύπος)는 신약 전체에서 16회 나타나며, 요 2회(20:25), 행 3회(7:43, 44; 23:25), 바울서신 9회(롬 2; 고전 2회; 빌, 살전, 살후, 딤전, 딛 각 1회), 히 1회(8:5), 벧전 1회(5:3) 등장한다. Smith, *Greek-English Concordance*, 352 참조.

26) '미메테스'(μιμητής)는 신약 전체에서 7회 사용되며, 고전 2회(4:16; 11:1), 엡 1회(5:1), 살전 2회(1:6; 2:14), 히 1회(6:12). 벧전 1회(3:13) 나타나며, 그 동사형 '미메오마이'(μιμέομαι)는 신약 전체에서 4회 나타나며, 살전 2회(3:7, 9), 그리고 히브리서(13:7)와 요한3서(1:11)에서 각 1회 등장한다. Smith, *Greek-English Concordance*, 234 참조.

IV. 신학적 메시지

히브리서 4장의 첫 단락(4:1-11)은 히브리서 '첫 번째 큰 단락'(1:1-4:13)의 말미 단락에 속한다. 예수는 천사보다 뛰어나신 하나님의 아들(1:1-14)이시므로 들은 말씀으로서의 구원을 경시여기지 말아야 하며(2:1-4), 아들이심에도 불구하고 낮아지신 그리스도가 십자가에서 죽으심으로써 "구원의 창시자"(2:10)가 되시고 하늘에 올리우신 "신실한 대제사장"(2:17)이 되셨다(2:5-18). 믿는 도리의 사도시며 대제사장 예수는 모세보다 뛰어나신 그리스도시며(3:1-6), 그분으로 말미암아, 약속된 '하나님의 안식'에 들어가도록 마음의 완고함을 버리고 말씀에 순종하여 그 안식에 들어가기를 힘써야 한다(3:7-4:11). 히브리서 공동체가 받은 '하나님의 말씀'은 히브리서 서두에서 만물을 창조하신 예수 그리스도로 말미암아 중재되었고(1:1-4), 첫 번째 큰 단락의 말미에서 이 '살아 있는 말씀'으로써 마지막 때 만물이 밝히 드러날 것이다(4:12f). 이제 히브리서 신앙 공동체의 대제사장이 되시는 예수 그리스도를 다룰, '두 번째 큰 단락'(4:14-10:18[31])으로 이행할 종말론적 기독론의 토대가 마련되었다. 히브리서 저자는 히브리서 수신 공동체가 약속된 하나님의 '안식'에 들어가기를 힘쓰도록 현존하는 하나님의 말씀에 순종하기를 위해 '영원한, 천상의 대제사장 그리스도'를 논증하고(4:14-10:18), 오직 인내하며 '믿음의 창시자'요 또 '온전하게 하시는 이'인 예수 그리스도를 바라보자는 '권면'으로 나아간다(10:19-13:22) 것이다. 제5장에서는 "큰 대제사장 예수 그리스도"를 4:14-5:10 단락에서 살펴보도록 하자.

제5장

우리의 큰 대제사장 예수 그리스도

(4:14-5:10)

5.
우리의 큰 대제사장 예수 그리스도

(4:14-5:10)

I. 들어가는 말

히브리서를, 서신종결 단락인 13:18-25를 제외하고, 3분 구도(1:1-4:13; 4:14-10:18[31]; 10:19[32]-13:17)로 이루어진 서신으로 구분할 때, 큰 첫째 단락은 믿음의 창시자가 되시는 예수께서 하나님 우편에 계신 하나님의 아들, 그리스도시며, 또한 그분은 하늘의 천사들보다 뛰어나고(제2장, "천사보다 뛰어나신, 하나님 우편에 계신, 아들 예수 그리스도"), 모세보다도 뛰어나신 하나님의 아들이시며(제3장, "모세보다 뛰어나신 그리스도"), 하나님의 안식에 들어가는 그의 약속을 위해 복음을 주시고 앞서 거기에 계신 분(제4장, "약속된 하나님의 안식")이시다. 이로써, 히브리서 저자는 '두 번째 큰 단락(4:14-10:18[31])으로 이행(移行)할 준비를 마쳤다. 이제 저자는 '옛 언약의 희생제사'와 '새 언약(그리스도)의 희생제사'를 대조하여, 영원한 종말론적, 천상(天上)의 대제사장 그리스도가 신실하고 참되며 영원하고 궁극적인 대제사장이심을 입증하려 한다. 그런 다음, 히브리서 저자는 '세 번째 큰 단락'(10:19[32]-13:17)에서 이 서신의 수신자들에게 믿는 도리를 굳게 붙잡아 흔들리지 않도록 권면의 말씀을 전하고자 한다. 이로써, 그들이 신앙의 권태주의(mannerism)를 극복하고, 앞에 놓여 있는 박해를 이길 뿐 아니라, 궁극적으로 '하나님의 말씀'(ὁ λόγος τοῦ θεοῦ)에 약속된 '하나님의 안식'(κατάπαυσις θεοῦ)에 들어갈 수 있도록, '권면의 말씀'(13:22)을 전한다. 본 장에서 필자는, 먼저, 히브리서 '두 번째 큰 단락'의 서두에 위치해 있는, 4:14-5:10의 본문 단락을 자리 매김하고(II), 이들을 석의(釋義)한 다음(III), 본문 단락을 해석하는 설교자가 올바른 설교의 방향과 의미를 모색(摸索)할 수 있도록, 그 신학적·목회적 메시지(IV)를 밝히고자 한다.

II. 본문 단락의 자리 매김과 세부 단락 구분

본문 단락인 히브리서 4:14-5:10은, 앞서 언급한 것처럼, '히브리서, 개괄적으로 살펴보기'에서 살펴본 히브리서 '3분(分) 구도(構圖)'에서 '두 번째 큰 단락'(4:14-10:18[31])의 서두 단락이다. 히브리서의 중심 부분인 '두 번째 큰 단락'은, 대부분의 석의가들이 주장하는 것처럼, '두 괄호(Klammern)'인 4:14-16과 10:19-31 단락을 통해서 결합되어 있다.[1)] 곧, '여는 괄호'에 해당하는 4:14-16 단락에서 "우리가 '믿는 도리'(ὁμολογία)를 굳게 잡을지어다"(4:14c)라는 권면(paraenesis)은 '닫는 괄호'에 해당하는 10:19-31 단락의 23절에서 동일하게 "우리가 '믿는 도리'(ὁμολογία)의 소망을 움직이지 말며 굳게 잡고"(10:23하)에 등장한다. 이 양 괄호는 문학적 구조에서 서로 연결된 '수미상관(首

1) Erich Grässer, *An die Hebräer (Hebr 1-6)* (EKK XVII; Neukirchen-Vluyn: Neukirchener Verlag, 1990), 240, 각주 1 참조.

尾相關)'(inclusio)의 주제이다. 두 괄호 사이에 히브리서 저자의 핵심 교리인 '믿는 도리'(ὁμολογία)로서 '옛 언약의 대제사장'과 대조적으로 그와 차별화된 '새 언약의 대제사장' 예수 그리스도가 서술된다.

그래써(E. Grässer)는 4:14-6:20 단락을 "믿는 도리의 사도요 대제사장이신 아들"의 주제를 다루는 1:1-6:20 단락의 종결 단락으로 여기고[2], "아들의 대제사장직"을 해명하는 히브리서의 두 번째 큰 단락을 7:1-10:18으로 구분하고,[3] 마지막 큰 단락(10:19-13:21)을 그 결론인 "믿음의 길"을 다루고 있다[4]고 주장한다. 그러나 4:14-6:20 단락이 그래써가 히브리서의 '두 번째 큰 단락'으로 분류하는 7:1-10:18 단락의 주제인 "아들의 대제사장직"을 다룬다면, 4:14-6:20 단락과 7:1-10:18 단락을 묶어, '믿는 도리로서 참된 대제사장 예수 그리스도'라는 주제 아래 한 단락으로 분류하는 것이 적절하다. 이 주제 단락을 묶는 '두 괄호' 단락인 4:14-16과 10:19-31 단락을 제외하면, 5:1-10:18 단락은 '아들이신 대제사장 예수 그리스도' 주제를 다루는데, '옛 언약의 대제사장'에 비해, '새 언약의 아들-대제사장'은 탁월하게 우월하다. 이에 대해, 시편 110편을 인용한 히브리서에 나타난 '왕-제사장'(Son-Priest) 예수 그리스도를 연구한 앤더슨(D.R. Anderson)은 '약속을 굳게 붙들라'는 권고 단락(5:11-6:20)[5]을 제외하고, 5:1-10:

---

2) Grässer, *An die Hebräer (Hebr 1-6)*, 317-88.

3) E. Grässer, *An die Hebräer (Hebr 7:1-10:18)* (EKK XVII/2; Neukirchen-Vluyn: Neukirchener Verlag, 1993).

4) E. Grässer, *An die Hebräer (Hebr 10:19-13:25)* (EKK XVII/3; Neukirchen-Vluyn: Neukirchener Verlag, 1997).

5) Otto Michel, 『히브리서』(*Der Brief an die Hebräer*), 강원돈 역 (「국제성서주석」 43; 서울: 한국신학연구소, 1987), 317-51 참조. 미헬은 이 단락을 "약속의 고수"라는 제목 아래 두었다.

18 단락을 "아들-제사장의 우월성(Superiority)"이라는 단락 제목 아래, 다음과 같이 주제를 세분하여 세부 단락을 구분하였다.[6)]

I. 더 나은 '부르심'(calling)을 가진 제사장(5:1-10)

II. 더 나은 '제사장직'(priesthood)을 가진 제사장(7:1-28)

A. 멜기세덱의 제사장직(1-10절)

B. 아론의 제사장직(11-19절)

C. 예수의 제사장직(20-28절)

III. 더 나은 '언약'(covenant)을 가진 제사장(8:1-9:22)

IV. 더 나은 '희생제물'(sacrifice)을 가진 제사장(9:23-10:18)

본문 단락인 4:14-5:10 단락은 '우리의 참된 대제사장이신 예수 그리스도'를 다루는 히브리서의 '두 번째 큰 단락'(4:14-10:18[31])의 서두이며, 특히 4:14-16 단락은 이 큰 단락을 '여는 괄호'(opening parenthesis)의 역할을 한다. 그렇다고, '첫 번째 큰 단락'과 '두 번째 큰 단락'은 독자(獨自)적인 주제를 다루는 별개의 단락이 아니라는 것은 자명(自明)하다. 그것은 "4:14-16 단락이 한편으로는 2:17-3:1 단락[7)]의 '반복'(Wiederholung)인 것처럼, 다른 한편으로는 10:21-23 단락[8)]의 '선취(先取)'(Vorwegnahme)와 같이 작용하기"[9)] 때문이다. 한편으로는 '수미상관'(inclusio)의 '여는 괄호' 단락이자 다른 한편으로는

---

6) David R. Anderson, *The King-Priest of Psalm 110 in Hebrews* (Studies in Biblical Literature 21; New York: Peter Lang Publishing, 2001), 218.

7) 여기서 저자는 백성의 죄를 속량하시는 "신실한 대제사장"(2:17)을 앞서 언급한다.

8) 이 단락에서 "하나님의 집을 다스리는 큰 제사장"(10:21)이 다루어진다.

9) Grässer, *An die Hebräer (Hebr 1-6)*, 241.

다른 큰 단락으로 넘어가는 '이행(移行, Transition)'으로서 4:14-16 단락을 뒤따르는 5:1-10 단락은 두 작은 단락으로 구분될 수 있다. 곧, 그 첫 번째 소단락은 5:1-4 단락인데, 이는 '일반적인 대제사장의 자격'을 다루고, 5:5-10 단락은 '특별한 대제사장 그리스도의 자격'을 다룬다. 본문 단락을 세분하면 다음과 같다.[10)]

4:14-16 이행(移行)단락(Transition): '큰 대제사장이신 하나님의 아들 예수 그리스도'

5:1-4 일반적인 대제사장의 자격

5:5-10 특별한 큰 대제사장 그리스도의 자격

- 5:5- 6 큰 대제사장 그리스도의 임명(시 2:7)
- 5:7-10 동정(Sympathetic)으로써 순종한 아들의 대제사장직: 영원한 구원의 근원이 되시는 멜기세덱의 반차를 따른 대제사장

전술(前述)한 바, 본문 단락의 자리를 거시(巨視)적으로, 또 미시(微視)적으로 살펴보고, 본문 단락을 세부적으로 구분하였다. 이제 본문 단락의 각 절을 풀이하여, 그 진의(眞意)를 살펴보기로 하자.

III. 본문 석의

1. 본문 사역(私譯)

14 그러므로 우리에게 큰 대제사장이 계시니, 승천하신 이 곧 하나님의 아들 예수시라 우리가 믿는 도리를 붙잡자

10) Anderson, *The King-Priest of Psalm 110 in Hebrews*, 204-208 참조.

15 우리에게 있는 대제사장은 우리의 연약함에 동정하지 못하실 이가 아니
요, 모든 일에 우리와 똑같이 시험을 받으신 이지만, 죄는 없으시니라
16 그러므로 우리는 긍휼하심을 받고 적절한 때에 돕는 은혜를 찾기 위하여
은혜의 보좌에 담대히 나아가자

5:1 대제사장마다 사람 가운데서 택함을 받아 하나님께 속한 일에 사람을
위하여 임명을 받았으니 이는 예물과 속죄하는 제물을 드리게 하려함이
라
2 그가 무식하고 미혹된 자들에게 용납될 수 있는 것은 자기도 연약함에
둘러싸여 있음이라
3 그러므로 그[연약함]로 인하여 백성을 위하여 속죄제를 드림과 같이, 또한
자신을 위하여도 드리는 것이 마땅하니라
4 또한 그 존귀는 아무도 스스로 취하지 못하고 오직 아론과 같이 하나님
에 의해 부르심을 받은 자가 취할 것이니라

5 이와 같이 그리스도께서도 자신이 대제사장 되심을 영광 돌리지 아니 하
시고 오직 말씀하신 이가 그에게 이르시되 너는 내 아들이니 내가 오늘
너를 낳았다 하셨고
6 이와 같이 다른 데서도 말씀하시되 네가 영원히 멜기세덱의 반차를 따르
는 제사장이라 하셨으니
7 그는 육체에 계셨던 날들에 자기를 죽음에서 능히 구원하실 이에게 심한
통곡과 눈물들로써 간구들과 탄원들을 올렸고 그 경외하심으로 말미암아
들으심을 얻었느니라
8 그는 아들이시지만, 받으신 고난에 순종함을 배워서,
9 온전하게 되셨은즉, 자기에게 순종하는 모든 자에게 영원한 구원의 근원
이 되시고,
10 하나님에 의해 멜기세덱의 반차를 따른 대제사장으로 칭하심을 받으셨느
니라

2. 각절 본문 풀이

가. 이행(移行)단락(Transition): '큰 대제사장이신 하나님의 아들 예수 그리스도'(4:14-16)

[14절] 그러므로 우리에게 큰 대제사장(ἀρχιερεύς μέγας)이 계시니, 승천하신 이 곧 하나님의 아들 예수시라. 우리가 믿는 도리를 붙잡자 (Ἔχοντες οὖν ἀρχιερέα μέγαν διεληλυθότα τοὺς οὐρανούς, Ἰησοῦν τὸν υἱὸν τοῦ θεοῦ, κρατῶμεν τῆς ὁμολογίας.)

'그러므로(οὖν)'라는 인과접속사는 이전 단락들과 인과 관계를 이룬다. 곧, 히브리서 저자에 의하면, 마음을 완고하게 하면 '하나님의 안식'에 들어가지 못한다(3:7-19. 그러므로 히브리서 신앙공동체는 하나님의 안식에 들어갈 약속이 있을지라도 두려워함으로 완고한 마음을 버리고 그 안식에 들어가기를 힘써야 한다(4:1-11). 옛 언약과 새 언약을 담고 있는 '하나님의 말씀'(ὁ λόγος τοῦ θεοῦ)은 인간의 "마음의 생각과 뜻"(ἐνθύμησις καὶ ἔννοια καρδίας)을 판단하며, 만물을 밝히 드러낸다(4:12f). 전술(前述)한 이런 이유로, 믿는 도리를 잡아야 한다.

'믿는 도리'로 옮겨진 '호몰로기아'(ὁμολογία)는 '약속하다', '시인하다', '고백하다', '공언하다', '찬미하다'는 의미를 지닌 '호몰로게인'(ὁμολογεῖν)에서 유래된 명사[11]로 여기서는 '신앙고백'을 뜻하며, 바울서신에서 3회(고후 9:13; 딤전 6:12, 13) 나타나는 것을 제외하면, 신약성경에서 단지 히브리서에서 3회 등장한다(3:1; 4:14; 10:23)[12].

11) Walter Bauer, 『바우어 헬라어 사전』(*Griechisch-Deutsches Wörterbuch zu den Schriften des Neuen Testaments und der frühchristlichen Literatur von Walter Bauer*, 이정의 역, 서울: 생명의 말씀사, 2017), s.v. "ὁμολογέω," 1077f.

히브리서에서 이 용어는 모두 한글개역성경에서 '믿는 도리'로 옮겨졌고, 예수와 관련되어 기독론적 용례로 사용되었다.

이는 '붙잡자'(κρατῶμεν)와 함께 사용되어, 히브리서 신앙공동체가 붙잡아야 할 대상이다. '붙잡자'(κρατῶμεν)는 '붙잡다'(κρατεῖν)는 동사의 1인칭 복수 현재 능동태 가정법으로, '우리가 붙잡자'라는 권유(勸誘)의 의미로 사용되었다. 그리스도인이 붙잡아야 할 대상인 '믿는 도리'의 핵심 내용은 '예수'시다. 그 분은 "큰 대제사장"(ἀρχιερεύς μέγας)이시며, "승천하신 이 곧 하나님의 아들"(διεληλυθώς τοὺς οὐρανούς, ὁ υἱὸς τοῦ θεοῦ)이시다. "큰 대제사장"(ἀρχιερεύς μέγας)는 주전 4세기 말엽 동방을 정복하여 대제국을 이룬 마케도니아(Macedonia)의 '대(大) 알렉산더'(Ἀλέξανδρος ὁ Μέγας)를 생각나게 한다. 이제 히브리서의 '두 번째 큰 단락' 주제인 '큰 대제사장, 하나님의 아들 예수'를 다룰 '대제사장' 용어가 등장한다. '대제사장'(ἀρχιερεύς) 용어는, 복음서 저자의 문헌을 제외하고, 신약성경에서는 오직 히브리서에서만 등장하는 히브리서의 전문용어(technicus terminus)이다.[13] 이 용

12) J.B. Smith, *Greek-English Concordance to the New Testament* (Scottdale: Herald Press, 1955), 247.

13) '아르키에류스'는 신약성경 전체에서 123회 등장하는데, 복음서에서 84회(마태 25회; 마가 22회; 눅 16회; 요 21회), 사도행전에서 22회 나타나는 것을 제외하면, 히브리서에서만 17회 사용되었다. 그 중 '그리스도'를 가리키는 기독론적 용례로 8회(2:17; 3:1; 4:14; 5:10; 6:20; 7:26; 8:1; 9:11) 사용되었으며, 9회(4:15; 5:1, 5; 7:27, 28; 8:3; 9:7, 25; 13:11)는 '대제사장'이라는 일반적 용례로 사용되었다. Smith, *Greek-English Concordance*, 42 참조. '제사장'인 '히에류스'(ἱερεύς)도 신약성경에서 '대제사장'과 비슷한 분포를 보여준다. '히에류스'는 신약성경 전체에서 32회 등장하는데, 복음서에서 11회(마태 3회; 마가 2회; 눅 5회; 요 1회), 사도행전에서 4회 나타나는 것을 제외하면, 대부분 히브리서에서(19회) 사용되었고, '대제사장'과 달리 요한계시록에서 한 번 등장한다. Smith,

어가 지닌 신학적 의미에 대하여는 아래의 IV, "대제사장(ἀρχιερεύς) 예수 그리스도"에서 다루기로 한다.

[15절] **우리에게 있는 대제사장은 우리의 연약함에 동정하지 못하실 이가 아니요, 모든 일에 우리와 똑같이 시험을 받으신 이지만, 죄는 없으시니라** (οὐ γὰρ ἔχομεν ἀρχιερέα μὴ δυνάμενον συμπαθῆσαι ταῖς ἀσθενείαις ἡμῶν, πεπειρασμένον δὲ κατὰ πάντα καθ' ὁμοιότητα χωρὶς ἁμαρτίας.)

우리에게 현존해 계시는 대제사장은 우리의 연약함에 동정하지 못하실 이가 아니다. 여기서 '연약함'(ἀσθενεία)[14]이란 히브리서에서 단수형(5:2; 7:28; 11:34)과 복수형(4:15)이 나타나는데, 십자가의 신학에 근거하여 하나님의 은혜에 맞서서 자기를 자랑하는 '강함'의 대립어로 사용되는 바울서신의 용례(특히 12:5, 9)와 달리, '신체적 또는 신앙적 인간의 무상(無常)성'을, 나아가 인간이 여러 가지로 '시험받을 수 있음'을 의미한다[15]. 이는 '거리끼게 하다'(롬 14:21 참조)는 의미를 지닌 '아스테네인'(ἀσθενεῖν)에서 유래된 명사로, '자주 넘어짐'을 뜻한다.[16] 예수는 우리가 시험받을 수 있는 연약함을 '동정할 수 있는 분'(δυνάμενος συμπαθῆσαι)이시다. 왜냐하면, 그 분은 모든 일에 우리와 똑같이 '시험을 받으신 분'(πεπειράσμενος, 현재완료 수동

Greek-English Concordance, 178.

14) 이 용어는 신약성경에서 모두 24회 등장하며, 복음서에서 7회(마 1회; 눅 4회; 요 2회), 사도행전에서 1회, 바울서신에서 12회(롬 2회; 고전 2회; 고후 6회; 갈 1회; 딤전 1회), 그리고 히브리서에서 4회 등장한다. Smith, *Greek-English Concordance*, 43 참조.

15) Otto Michel, 『히브리서』(*Der Brief an die Hebräer*), 강원돈 역 (「국제성서주석」 43; 서울: 한국신학연구소, 1987), 287.

16) 이에 대하여는 Michel, 『히브리서』, 287, 각주 14 참조.

태 분사)이지만, 죄는 없으시기 때문이다. '죄가 없으신'(χωρὶς ἁμαρτίας)이란 어구는 이곳에서 신약성경에서 유일하게 사용되었다. 공관복음서 저자들에 의하면, 예수는 '하나님의 아들'로서 시험을 받으셨지만 이를 말씀으로 이기시고(마 4:1-9; 막 1:12f; 눅 4:1-13), 수난을 목전에 두고 기도하실 때 제자들에게 시험에 들지 않도록 기도하라고 권면하신다(마 26:36-46 // 막 14:32-42 // 눅 22:39-46). 그러나 예수께서 무죄(無罪)하신 분으로 묘사된 구절로는 이곳이 유일하다. 예수께서 우리와 똑같이 시험을 받으셨지만, 죄가 없으시기 때문에, 시험받을 수 있는 우리의 연약함을 담당하실 수 있다.

[16절] 그러므로(οὖν) '우리는 긍휼하심을 받고 적절한 때에 돕는 은혜를 찾기 위하여'(ἵνα λάβωμεν ἔλεος καὶ χάριν εὕρωμεν εἰς εὔκαιρον βοήθειαν) '은혜의 보좌에 담대히 나아가자'(προσερχώμεθα μετὰ παρρησίας τῷ θρόνῳ τῆς χάριτος) (προσερχώμεθα οὖν μετὰ παρρησίας τῷ θρόνῳ τῆς χάριτος, ἵνα λάβωμεν ἔλεος καὶ χάριν εὕρωμεν εἰς εὔκαιρον βοήθειαν.)

14절의 '붙잡자'(κρατῶμεν)와 마찬가지로, 이 절에서도 '나아가자'(προσερχώμεθα)라는 προσέρχεσθαι의 1인칭 복수 가정법 동사가 사용되어, '우리가 ~하자'(let's do)는 권유하는 문장이 된다. '그러므로'(οὖν)는 직전 구절에서 예수께서 시험받을 수 있는 우리의 연약함을 담당하실 수 있었음이 '나아가자'는 권면의 이유임을 가리킨다. '나아감'의 목표는 '은혜의 보좌'(ὁ θρόνος τῆς χάριτος)이다. 원래 '은혜의 보좌로 나아가다'는 제사장의 제사행위를 묘사하는 표현이었는데, 하늘에 있는 은혜의 보좌에 영원한 대제사장이신 예수 그리스도가 계시기에, 여기서는 죄인이 '긍휼'(ἔλεος)과 '은혜'(χάρις)와 '도움'(βοήθεια)을 바라고 나아감을 묘사한다. 히브리서에서 '보좌'(θρόνος)는 "주[원문에서는 '당신']의 보좌"(ὁ θρόνος σου, 1:8), "지극히 크신 이의 보좌"(ὁ θρόνος τῆς μεγαλωσύνης, 8:1), "하나님 보좌"(ὁ θρόνος τοῦ θεοῦ, 12:2)이다. 그 보좌 우편에 예수 그리스도께서 계신다(1:3, 8; 8:1; 12:2).

신약성경에서 '은혜'(χάρις)는 헬라적 유대교(솔로몬의 지혜서 3:9; 4:15)에서처럼 '평강'(εἰρήνη)이나 '진리'(ἀλήθεια), 또는 '긍휼'(ἔλεος)과 함께 '짝말'로 사용되었다. '은혜'와 '긍휼'이란 특별한 구분 없이 '적절한 때에'(εὔκαιρος) 하나님의 보좌로부터 나오는 '도움'을 의미한다.[17] 은혜의 보좌에 나아가는 자세는 "담대하게"(μετὰ παρρησίας)이다. '파레시아'(παρρησία)는 '솔직함', '드러냄'(개방), '담대함'이라는 사전적 의미[18]를 지닌 용어로, 히브리서에서는 '확신'(3:6; 10:35) 또는 '담대함'(10:19)의 용례로 사용되었는데, 여기서는 '말씀에 근거를 둔 확신'[19]을 나타낸다.

요약하면, 예수 그리스도는, 우리와 동일하게 시험을 받으셨으나 시험을 이기시고 죄가 없으신 하나님의 아들로, 구약의 대제사장에 비할 수 없는 진정한 '큰 대제사장'이시다. 이제 5:1-10 단락에 이에 대한 예증(例證)이 전개된다. 먼저, '일반적인 대제사장의 자격'(5:1-4)이 다루어지고, 그러고 나서, '큰 대제사장 그리스도의 자격'(5:5-10)이 다루어진다.

---

17) Michel, 『히브리서』, 291 참조.

18) Bauer, 『바우어 헬라어 사전』, s.v. "παρρησία," 1085f.

19) Michel, 『히브리서』, 289. 불가타 성경에서는 '확신과 함께'(cum fiducia)로 옮겼다. *Nova Vulgata: Bibliorum Sacrorum* (Vatican: Liberia Editrice Vaticana, 1986), 2229.

나. '일반적인 대제사장의 자격'(5:1-4)

[1절] '대제사장마다 사람 가운데서 택함을 받아'(Πᾶς γὰρ ἀρχιερεὺς ἐξ ἀνθρώπων λαμβανόμενος), '하나님께 속한 일에'(τὰ πρὸς τὸν θεόν) '사람을 위하여'(ὑπὲρ ἀνθρώπων) '임명을 받았으니'(καθίσταται), '이는 예물과 속죄하는 제물을 드리게 하려 함이라'(ἵνα προσφέρῃ δῶρά τε καὶ θυσίας ὑπὲρ ἁμαρτιῶν)

예증을 위해, 먼저, 저자는 '일반적인 대제사장의 임명과 과제'에 대하여 묘사한다. 대제사장은 하나님께 속한 일에 사람을 위해 사람 가운데서 택함을 받아, 대제사장으로 임명함을 받는다. 그의 과제는 '~하기 위하여'라는 ἵνα-목적절 안에 언급된다. 이 목적절은 한국개역성경에서는 '이는 ~하려함이라' 또는 '이는 ~하기 위함이라'로 옮겨졌다. 대제사장의 임무와 과제는 하나님께 '예물과 속죄하는 제사를 드리는 것'이다. '예물(들)과 제물(들)'(δῶρα καὶ θυσίαι)이란 헬라어 번역 성경인 칠십인역(LXX)과 헬레니즘 전승에서 유래된 어구(語句)이다(레 2:1ff; 왕상 8:64 참조). 이는 '피 없는 제물(מִנְחָה)과 피 있는 제물'(זֶבַח)로 이해되거나(J.A. Bengel)[20], '일반 예물과 특정 제물'(E. Riggenbach)[21]로 해석되거나, '감사제물/곡식제물과 속죄제물'(O. Michel)[22]로 이해되었다. '예물'이 '제물'을 포함하는 상위개념이고, 고대 랍비적 유대교에서 매일 드리는 곡식제물과 하루 두 번씩 드리는 번제물이 속죄(贖罪)와 관련되어 있었다는 것[23]을 고

---

20) J.A. Bengel, *Gnomon*, ³1773, ⁸1915. Michel, 『히브리서』, 298에서 재인용.

21) E. Riggenbach, *Der Brief an die Hebräer* (Kommentar zum Neuen Testament XIV; Wuppertal: R. Brockhaus, [1922] 1987), 124.

22) Michel, 『히브리서』, 300.

23) 이에 대하여는 대제사장이 백성들의 죄를 위하여 날마다 제사 드렸던 것을 언급하는 히 7:27에 대한 유대교적 주석을 참조하라. Hermann L.

려한다면, 이 어구는 사람을 위해 대제사장이 하나님께 드리는 모든 제사에 대한 관용적 표현으로 보는 것이 적절할 것이다.

[2절] 그가 '무식하고 미혹된 자들에게'(τοῖς ἀγνοοῦσιν καὶ πλανωμένοις) 용납될 수 있는 것은(μετριοπαθεῖν δυνάμενος), 자기도 연약함에 둘러싸여 있음이라 (ἐπεὶ[because] καὶ αὐτὸς περίκειται ἀσθένειαν) (μετριοπαθεῖν δυνάμενος τοῖς ἀγνοοῦσιν καὶ πλανωμένοις, ἐπεὶ καὶ αὐτὸς περίκειται ἀσθένειαν)

'무식한 자들'(ἀγνοῦντες)이란 자구(字句)적으로는 '알지 못하는 자들'인데, 내용적으로는 '죄를 알지 못하는 자들'을 의미하고, '미혹된 자들'(πλανωμένοι)[24]이란 '길을 잃은 자들', '유리하는 자들'(히 11:38 참조)인데, 비유적으로는 '미혹된 자들'을 뜻한다. 또 '용납하다'(μετριοπαθεῖν)는 성경(LXX와 신약)에서 '단 한 번 등장하는 용어'(hapaxlegomenon)으로, '누구의 감정을 누그러뜨리는'을 의미하는 μετριοπαθής에서 유래하였다. '용납함'(μετριοπαθεία)[25]이란 '열정'(熱情)과 '무정'(無情) 사이에 있는 중용(中庸)의 '마음 상태'를 나타내며, 이는 뒤따르는

Strack & Paul Billerbeck, *Kommentar zum Neuen Testament aus Talmud und Midrasch* III (München: C.H.Beck'sche Verlagbuchhandlung, 1926, [7]1979), 696-700.

24) 동사 πλανάω는 '길을 잃음', '유리함', '미혹함'을 의미하는 명사 πλάνη에서 유래되었으며, 자구적으로는 '길을 잃다'라는 뜻이며, 비유적으로는 '미혹하다'는 뜻이다. G. Abbott-Smith, *A Manual Greek Lexicon of the New Testament* (Edinburgh: T & T Clark, [3]2005), 363 참조.

25) 이는 '누구의 감정을 누그러뜨리다', '온화하게 하다'는 의미를 지닌 동사 μετριοπαθεῖν의 명사이다. 그 부사인 μετρίως도 신약성경의 유일회 등장어이며, 칠십인역(LXX) 외에 다른 고대 헬라어 문헌에 나타나지 않는 단어이다. 신약에서는 사도행전(20:12)에서 부정(否定)어 οὐ와 같이 사용되어 '적지 않게,' '아주'의 의미로 사용되었다. Abbott-Smith, *A Manual Greek Lexicon*, 289.

'연약함'(ἀσθένεια)과 관련되어 사용되었다. 구약의 대제사장은 제사 드리는 자들이 죄를 알지 못하고 미혹되어 제물을 가지고 오는 자신조차도 연약함에 둘러싸여 있다. 이는 대제사장 예수 그리스도와 크게 다른 점이다.

[3절] 그러므로(καὶ) 그[연약함]로 인하여 백성을 위하여 속죄제를 드림과 같이(δι' αὐτὴν[ἀσθένεια] ὀφείλει καθὼς περὶ τοῦ λαοῦ., 또한 자신을 위하여도(οὕτως καὶ περὶ αὐτοῦ) 드리는 것이 마땅하니라(ὀφείλει … προσφέρειν περὶ ἁμαρτιῶν) (καὶ δι' αὐτὴν ὀφείλει, καθὼς περὶ τοῦ λαοῦ, οὕτως καὶ περὶ αὐτοῦ προσφέρειν περὶ ἁμαρτιῶν.)

'그러므로'(καί)는 그 앞과 뒤를 대등하게 연결하는 '병렬접속사'이지만, 때때로 '결과를 나타내는 종속접속사'처럼 사용되는 접속사(καί consecutivum)[26]이다. '백성을 위하여'(περὶ τοῦ λαοῦ. 어구에서 περί는 '위하여'라는 뜻으로 ὑπέρ와 동일한 의미로 사용되었다[27]. 앞에 사용된 '드리다'는 ὀφείλειν로 "합리적 필연성"이 아니라 "율법에 대한 의무"를 가리키며[28], 뒤에 사용된, '드리다' 또는 '바치다'를 뜻하는 προσφέρειν은 자구(字句)적으로는 '앞으로'(πρός.와 '가지고 가다'(φέρειν)의 합성어로, 신약성경에서는 '누구에게로 가지고 가다'나 '누구에게로 이끌다' 외에 '제사(제물)를 드리다'는 의미로 사용되어, 희

---

26) Friedrich Blass & Albert Debrunner, *Grammatik des neutestamentlichen Griechisch*, Rv. by Friedrich Rehkopf (Göttingen: V. & R., `1976), § 442 참조.

27) 예컨대, 마 26:28의 "많은 사람을 위하여 흘리는 바 나의 피"(τὸ αἷμά μου … τὸ περὶ πολλῶν ἐκχυννόμενον)와 달리 마가(14:24)와 누가(22:20)의 평행절은 περὶ πολλῶν 대신 ὑπὲρ πολλῶν을 사용하였다. Blass & Debrunner, *Grammatik*, § 229.4 참조.

28) Michel, 『히브리서』, 302.

생제물이나 예물이나 기도를 하나님께 드릴 때 사용된 용어[29]이다.

[4절] 또한 그 존귀는 아무도 스스로 취하지 못하고(καὶ οὐχ ἑαυτῷ τις λαμβάνει τὴν τιμὴν) 오직 아론과 같이 하나님에 의해 부르심을 받은 자가 취할 것이니라(ἀλλὰ καλούμενος ὑπὸ τοῦ θεοῦ καθώσπερ καθώσπερ καὶ Ἀαρών)

'존귀'(τιμή)는 '대제사장의 영예'를 표현하는 용어이다. 어떤 사람도 스스로 대제사장으로 자원(自願)하거나 자임(自任)할 수 없다. 오직 아론과 같이 '하나님에 의해 부르심을 받은 자'가 대제사장이 될 수 있다. '하나님에 의해 부르심을 받은 자'(καλούμενος ὑπὸ τοῦ θεοῦ)란 하나님의 주권을 나타내며, 하나님과 그분에게 제사를 드리는 대제사장의 관계를 보여준다. 이 구절뿐 아니라, 신약성경에서 '부르심'[30]의 근거는 전적으로 하나님의 '은혜'와 '주권'이다. 출애굽 당시 아론과 같이 하나님에 의해 부르심을 받은 자가 대제사장이 될 수 있다. 이때, '~와 같이'(καθώσπερ)는 헬라어 구약성경이나 구약외경에는 나타나지 않은 용어로, 고전 그리스 문헌에서는 발견되지 않는 신약성경의 특징어[31]이다. 하나님은 모세에게 이스라엘 자손 중에서 오직 그 형 아론과 그의 아들들에게만 그분을 섬기는 제사장 직분을 행하도록 명하신다(출 28:1).

다. '큰 대제사장 그리스도의 자격'(5:5-10)

히브리서 저자는 5:1-4 단락에서 '일반적인 대제사장의 임명과 과

29) Abbott-Smith, *A Manual Greek Lexicon*, 388.

30) 이에 대하여는 장흥길, "신약성경의 '소명': καλέω, κλῆσις, κλητός 용어를 중심으로," 『성서마당』 129(2019), 126-35 참조.

31) Abbott-Smith, *A Manual Greek Lexicon*, 225.

제로써 자격규정'을 한 다음, 이제 '큰 대제사장 그리스도의 자격'을 규정함으로써 그리스도의 대제사장 직분의 탁월한 우월성을 보여주려 한다.

1) '큰 대제사장 그리스도의 임명'(5:5-6)

[5절] 이와 같이(οὕτως) 그리스도께서도(καὶ ὁ Χριστὸς) '자신이 대제사장 되심을 영광 돌리지 아니 하시고(οὐχ ἑαυτὸν ἐδόξασεν γενηθῆναι ἀρχιερέα), 오직 말씀하신 이가 그에게 이르시되(ἀλλ' ὁ λαλήσας πρὸς αὐτόν), "너는 내 아들이니 내가 오늘 너를 낳았다" 하셨고(υἱός μου εἶ σύ, ἐγὼ σήμερον γεγέννηκά σε)

"이와 같이(οὕτως)"란 "아론이 스스로 제사장의 직분을 취하지 아니하고 하나님의 부르심을 받아 대제사장이 된 것과 같이"를 의미한다. 그것처럼, '그리스도께서도'(καὶ ὁ Χριστὸς) '대제사장 되심으로 스스로 영광을 취하지 아니 하시고(οὐχ ἑαυτὸν ἐδόξασεν γενηθῆναι ἀρχιερέα), 하나님께서 그에게 "너는 내 아들이니 내가 오늘 너를 낳았다"(υἱός μου εἶ σύ, ἐγὼ σήμερον γεγέννηκά σε)고 말씀하셨다. 여기서 히브리서 1:5에서와 마찬가지로 시편 2:7이 인용된다. 전자(前者)의 경우, 시편 2:7이 '아들이 천사보다 더 우월하심'을 입증하기 위해 인용되었고, 여기서는 예수의 대제사장 되심이 아론의 그것보다 더 우월함을 나타내기 위해 인용되었다. 인용된 구절 속의 '오늘'(σήμε-ρον)이란 "메시아의 구원이 일어나는 포괄적 시간"(1:5; 4:7 석의 참조)으로, 히브리서 신앙공동체에게는 믿음의 '창시자'(ἀρχηγός, 2:10)인 그리스도와 함께 시작된 '종말론적 구원의 때'로 '연대기적 시간(χρόνος)이 아니라 신앙적 사건이 일어나는 '결정적 시간(καιρός)이다.

[6절] '이와 같이 다른 데서도 말씀하시되'(καθὼς καὶ ἐν ἑτέρῳ λέγει) '네가 영원히 멜기세덱의 반차를 따르는 제사장이라 하셨으니(σὺ ἱερεὺς εἰς τὸν αἰῶνα κατὰ τὴν τάξιν Μελχισέδεκ)

저자는 시편 2:7을 인용하여 스스로 제사장이 되지 않고 하나님에 의해 대제사장으로 세우심을 받은 그리스도께서 아들이신 것과 마찬가지로, '다른 곳에'(ἐν ἑτέρῳ), 곧 시편 110:4을 인용하여 예수 그리스도께서 '영원히'(εἰς τὸν αἰῶνα) "멜기세덱의 반차를 따르는"(κατὰ τὴν τάξιν Μελχισέδεκ) 제사장(ἱερευς)임을 밝힌다. 이 주제에 대해서는 별도의 '특주(特註): 멜기세덱의 반차를 따른 대제사장'에서 다룰 것이다. '반차(班次)'(τάξις)란 '차례', '일정한 순차(順次)', '질서', '지위' 등을 의미하는데, 히브리서에서는 대제사장 '직무(職務)의 차례'(5:10; 6:20; 7:11, 17)를 의미한다.[32)]

2) '동정(Sympathetic)으로써 순종한 아들의 대제사장직: 영원한 구원의 근원이 되시는 멜기세덱의 반차를 따른 대제사장'(5:7-10)

[7절] 그는(ὃς) '육체에 계셨던 날들에'(ἐν ταῖς ἡμέραις τῆς σαρκὸς αὐτοῦ) '자기를 죽음에서 능히 구원하실 이에게'(πρὸς τὸν δυνάμενον σῴζειν αὐτὸν ἐκ θανάτου) '심한 통곡과 눈물들로써'(μετὰ κραυγῆς ἰσχυρᾶς καὶ δακρύων) '간구들과 탄원들을 올렸고'(δεήσεις τε καὶ ἱκετηρίας … προσενέγκας) '그 경외하심으로 말미암아 들으심을 얻었느니라'(καὶ εἰσακουσθεὶς ἀπὸ τῆς εὐλαβείας)

이제, '나사렛 예수'의 지상(地上) 활동이 회상된다. 그가 지상에서 활동하던 시기는 "그는 육체에 계셨던 날들에"(ὃς ἐν ταῖς ἡμέραις

32) Abbott-Smith, *A Manual Greek Lexicon*, 439.

τῆς σαρκὸς αὐτοῦ)로 표현된다. 예수의 지상 활동은 그의 모든 지상 활동이 아니라, 그 절정(絶頂)이자 요약이자 총합인 '십자가의 죽으심'으로 대표된다. 아들 예수의 아버지는 바로 "그를 죽음에서 능히 구원하실 이"(ὁ δυνάμενος σῴζειν αὐτὸν ἐκ θανάτου)다. 예수께서 세상에서 고난 받으실 때, 그를 구원하실 하나님께 "심한 통곡과 눈물들로써"(μετὰ κραυγῆς ἰσχυρᾶς καὶ δακρύων) "간구와 탄원을 올려드렸다"(δεήσεις τε καὶ ἱκετηρίας … προσενέγκας[προσφέρειν의 부정과거 능동태 분사]). '통곡'(κραυγή)은 '부르짖어 우는 것'(κραυγάζειν)으로 '부르짖는 것'(κράζειν)과 같은 뜻이다. '통곡'과 함께 나란히 사용된 '눈물'(δάκρυον)은, 마지막 때 신앙의 절개를 지킨 그리스도인들의 경우, 하나님 앞에서 사라질, '눈물(δάκρυον)과 사망(θάνατος)과 애통함(πένθος)과 곡함(κραυγή)과 아픔(πόνος)'을 생각나게 한다(계 21:4 참조). 지상적 예수는 '간구들과 탄원들'(δεήσεις καὶ ἱκετηρίαι)을 하나님께 올려드렸다. '간구'(δέησις)는 신약성경에서는 항상 하나님께 드리는 기도로, 특히 간절히 요구하는 기도를 가리킨다. 이보다 넓은 의미의 일반적 기도는 신약성경에서는 προσευχή가 사용된다. '탄원'(ἱκετηρία)은 '간청하는', '탄원하는'의 뜻으로 사용된 형용사 ἱκετηρίος에서 유래된 명사이다. '통곡과 눈물들' 어구와 '간구들과 탄원들'(δεήσεις καὶ ἱκετηρίαι) 어구가 나란히 사용된 것은 예수의 겟세마네 동산 기도를 생각나게 한다(마 26:36-46 // 막 14:32-42 // 눅 22:39-46). "그 경외하심으로 말미암아"(ἀπὸ τῆς εὐλαβείας)에서 '경외하심'(εὐλαβεία)은 '경건'(εὐσέβεια)[33]과 어조(語調)가 구별된다.

33) 신약성경에서 '경건'에 대하여는 장흥길, "신약성경의 '경건'," 『신약성경 용어해설집』 (서울: 한국성서학연구소, 2017), 39-46; idem, "신약성경에 나타난 '경건'(εὐσέβεια)," 『장신논단』 17(2001), 30-47 참조.

[8-10절] 그는 아들이시지만(καίπερ ὢν υἱός), 받으신 고난에(ἀφ' ὧν ἔπαθεν) 순종함을 배워서(ἔμαθεν … τὴν ὑπακοήν), 온전하게 되셨은즉(καὶ τελειωθεὶς ἐγένετο), 자기에게 순종하는 모든 자들에게(πᾶσιν τοῖς ὑπακούουσιν αὐτῷ) 영원한 구원의 근원이 되시고(αἴτιος σωτηρίας αἰωνίου), 하나님에 의해(ὑπὸ τοῦ θεοῦ) 멜기세덱의 반차를 따른 대제사장으로(ἀρχιερεὺς κατὰ τὴν τάξιν Μελχισέδεκ) 칭하심을 받으셨느니라(προσαγορευθεὶς) (καίπερ ὢν υἱός, ἔμαθεν ἀφ' ὧν ἔπαθεν τὴν ὑπακοήν, καὶ τελειωθεὶς ἐγένετο πᾶσιν τοῖς ὑπακούουσιν αὐτῷ αἴτιος σωτηρίας αἰωνίου, προσαγορευθεὶς ὑπὸ τοῦ θεοῦ ἀρχιερεὺς κατὰ τὴν τάξιν Μελχισέδεκ.)

예수께서 아론의 대제사장직과는 달리 '큰 대제사장'이신 이유가 계속된다. 그는 아들이시다. 그럼에도 불구하고, 예수는 고난 받으심으로써 하나님께 순종하심은 '양보(讓步)를 나타내는 불변사'(concessive particle)로써 표현되었다. 양보 불변사 καίπερ는 신약성경(히 7:5; 12:17 등)에서 분사와 함께 사용되어 '비록 일지라도'(although)의 뜻을 나타낸다.[34]

'근원'으로 옮겨진 αἴτιος는 형용사로, 남성으로 사용되면 '이유'나 '원인'을, 중성으로 사용되면 '죄'나 '이유'를 나타낸다. 신약성경에서 사용된 여성 명사 αἰτία는 '이유'나 '원인'을 나타내며(마 19:3), 법적으로는 '고소의 조건'이나 '고소'를 의미하고(행 25:18, 27), 히 2:11에서는 '근원'의 뜻으로 사용되었다.

'큰 대제사장 예수'는 인성(人性)을 지닌 자로 십자가의 고난에 순종하심으로써 온전하게 되셨다. 이로 말미암아 그는 자신에게 순종하는 모든 자들에게 영원한 구원의 근원이 되실 뿐 아니라, 하나님에 의해 "멜기세덱의 반차를 따른 대제사장"(ἀρχιερεὺς κατὰ τὴν

34) Abbott-Smith, *A Manual Greek Lexicon*, 226.

τάξιν Μελχισέδεκ)으로 칭하심을 받으셨다.

IV. 대제사장(ἀρχιερεύς) 예수 그리스도

이 용어는 신약성경에서 오직 복음서와 사도행전, 그리고 히브리서에 총 123회 등장한다. 그 중 히브리서에 17회 나타나는 것을 제외하면, 모두 복음서 저자의 문헌(마 25회; 막 22회; 눅 16, 행 22회; 요 21회)에 등장한다.[35] 그리고 막 2:26에서 삼상 21:6을 회상하여 인용하는 예수의 말씀을 제외하고는, 복음서와 사도행전에서 이 용어는 오직 예수의 심문과 원시 기독교의 박해와 관련하여 등장하며(38회는 단수로, 62회는 복수로)[36], 히브리서에서는 오직 기독론적 용례로, 천상에 계신 예수 그리스도에 대한 칭호로 사용되었다.

히브리서에서 이 용어가 등장하는 구절들을 살펴보면, 이 서신에 등장하는 17회 중 7회는 일반적인 구약과 유대교의 '대제사장'을 가리키고, 나머지 10회는 그리스도의 직분을 지칭하는 용어로 사용되었다. 전자(前者)의 경우, 대제사장은 사람을 위하여 예물과 제사를 드리거나(5:1; 8:3; 13:11), 자기와 백성의 죄를 위하여 매일 제사를 드리며(7:27, 28), 일 년에 한 번 대속죄일에 혼자 지성소에 들어가 자기와 백성의 죄를 위하여 피를 뿌린다(9:7, 25). 후자의 경우, 이 용어는 모두 기독론적 용법으로 사용되었다. 3분 구도로 구분할 때 히브리서의 두 번째 큰 단락(4:14-10:18)이 다루는 '하늘에 계신 영원한 대제사장으로서 그리스도'라는 주제에서 '대제사장'은 그리스

35) Smith, *Greek-English Concordance*, p. 42.

36) *Exegetisches Wörterbuch zum Neuen Testament*(EWNT) II, s.v. "ἀρχιερεύς," by Ulrich Kellermann, 394-97. 여기서는 395.

도를 해설하는 핵심어다. 이는 첫 번째 단락(1:1-4:13)에서 두 번 등장하며, 첫 번째는 그리스도가 "신실한 대제사장"(πιστὸς ἀρχιερευς)로 묘사되는 2:17에서 나타나며, 두 번째는 "믿는 도리의 사도이신 대제사장"(ὁ ἀπόστολος καὶ ἀρχιερεῦς τῆς ὁμολογίας)으로 서술하는 3:1에 나타나는데, 다음 큰 단락에서 전개될 주제에 대한 사전(事前) 암시이다. 이 둘을 제외하면, 나머지 8회는 모두, 예수를 영원한 천상의 대제사장으로 전하는 두 번째 큰 단락에서 기독론적 용어로 나타난다. 예수는 "큰 대제사장"(ἀρχιερεῦς μέγας)이며(4:14), "우리에게 있는 대제사장"(ἔχομεν ἀρχιερέα)이고(4:15; 참조, 8:1), 하나님으로 말미암아 되신 대제사장이며(5:5), "멜기세덱의 반차를 따른 대제사장"(ἀρχιερεὺς κατὰ τὴν τάξιν Μελχισέδεκ)이고(5:10; 6:20), "하늘보다 높이 되신 이"(ὑψηλότερος τῶν οὐρανῶν γενόμενος)며(7:26), '하늘에서 지극히 크신 이의 보좌 우편에 앉으신 이'(ὃς ἐκάθισεν ἐν δεξιᾷ τοῦ θρόνου τῆς μεγαλωσύνης ἐν τοῖς οὐρανοῖj)시고(8:11), "장래 좋은 일의 대제사장"(ἀρχιερεὺς τῶν γενομένων ἀγαθῶν)이시다(9:11). 물론, 전자(前者)의 용례도 크게 보면, 예수 그리스도의 '하늘에 계신, 영원한 대제사장' 되심을 서술하기 위한 것이므로, 넓게 보면, 직접적으로 기독론적 진술인 후자(後者)의 경우와 같이, 히브리서에서 이 용어는 그리스도와 관련하여 사용된, 다시 말하면, 그리스도의 직임(職任)을 해설하기 위해 사용되었다. 자명(自明)하게, 히브리서 저자가 의도하는 것은 이러한 그리스도의 종말론적인 영원한 대제사장 되심의 교리, 그 자체에 있지 않으며, 히브리서 수신인 공동체가 놓여 있는 위기 상황을 타개하기 위한 권면과 관련되었다. 그러므로 히브리서 저자는 "지금 우리가 하는 말의 요점은 이러한 대제사장이 우리에게 있다는 것이라"(8:1상)고 서신 저술의 의도를 명백하게 밝힌다. 이런 점에서, 히브리서를 "권면의 말"(ὁ λόγος τῆς παρακλήσεως)로 내증(內證)한 저자의 의도를 알 수 있다. 지금은 하늘에 계시지만, 영원한 대제사장 예수 그리스도께서 히브리서의 첫 수신자 공동체와 함께 하신다는 믿음으로 이 공동체가 자신들이 처해 있는 위기 상황을 이겨나가기를 바라는 것이 저자의 의도다.

저자는 히브리서 신앙공동체가 세례 받을 때 고백했던 '믿음의 도리'인 '세례신앙고백'(Taufhomologie)과 '예배 전승'을 회상함으로써, 예수를 '대제사장'으로서 '하나님의 아들'로 믿는 신앙고백을 해석하고자 한다. 예컨대, 히브리서에서 찾을 수 있는 '세례신앙고백'으로는 3:1; 4:14에 언급된 "믿는 도리"를 들 수 있는데[37], 수세 시 신자는 "믿는 도리의 사도이시며 대제사장이신 예수를 깊이 생각"(3:1)해야 하며, "믿는 도리를 굳게 잡"(4:14)아야 하고, "마음에 뿌림을 받아 악한 양심으로부터 벗어나고 몸은 맑은 물로 씻음을 받았으니 참 마음과 온전한 믿음으로 하나님께 나아가"(10:22)야 한다.

이때, 예수의 '대제사장' 직분에 대한 구약의 예언구절은 "주의 오른쪽에 계신 주"(κύριος ἐκ δεξιῶν σου, 시 110:5[LXX 시 109:5])를 가리켜 "영원히 멜기세덱의 반차를 따르는 제사장"(ἱερεὺς εἰς τὸν αἰῶνα κατὰ τὴν τάξιν Μελχισεδεκ, 시 110:4[LXX 시 109:4])으로 노래한 '다윗의 시'에서 인용된다(5:6; 7:17). 예수의 대제사장 직임은 레위의 반차를 따르는 대제사장이 아니라(7:11-17), "멜기세덱의 반차를 따르는 대제사장"(ἀρχιερεὺς κατὰ τὴν τάξιν Μελχισεδεκ, 5:10; 6:20; 참조, 7:17)이다. 예수의 대제사장 직은 구약의 (대)제사장 직을 능

---

37) EWNT II, s.v. "ἀρχιερεύς," 396 참조.

가한다. 그것은 결코 없어지지 않으며 영원하며 완전하다. 왜냐하면, 예수 그리스도는 단번에 자신을 제물로 드려 구약의 모든 대제사장 제도를 뛰어넘으셨다(7-10장).

켈러만(U. Kellermann)에 의하면, 예수의 대제사장적 구원의 길은 히브리서에서, 다음과 같이, 네 단계로 묘사되었다.[38]

> 첫째 단계로, 지상의 예수는 한편으로는 인간 실존의 조건 아래에서(2:17; 4:15), 다른 한편으로는 온전한 순종과 무죄함 아래에서(4:15; 5:5-10; 7:26-28), 인간을 동정함(2:17; 4:15; 5:1f)과 하나님 앞에서 신실하심(2:17; 3:1f)으로써 인간과 하나님 사이를 중재하셨다. 이런 식으로 그는 대제사장이 되셨다(2:17; 5:5; 6:20; 7:16, 21f). 둘째 단계로, 결정적인 것은, 큰 속죄의 날인 대속죄일에 하늘의 지성소에서(6:20; 8:1-3; 10:19f) 그의 생명(7:27; 10:10)이나 피(9:11ff; 10:19)를 드리심인데, 그것은 속죄제물로서 용서와 영원한 구속(救贖)함과 죄의식을 깨끗하게 함(9:11-15; 10:22)을 불러일으킨다. 여기서 예수의 대제사장 되심은 전적으로 구약의 제의 배경에서 전형적으로 이를 능가하는 것으로 보인다. 셋째 단계로, 승천하신 예수는 그를 따르는 자들에게 하나님께로 가는 길을 열어주신다(4:14-16; 5:9; 7:19; 10:19-21). 넷째 단계로, 지금 위협받는 신앙공동체에 하늘의 대제사장으로서 승귀(昇貴)하신 분(7:26; 8:1; 10:21)은 하나님 앞에서 보증하면서(7:22), 대신 간구하면서(7:25; 9:24), 중보하면서(8:6) 들어오신다.

히브리서와 유사(類似)한, 영원한 종말론적인 대제사장 예수 그리스도에 대한 신앙고백은 영향사(影響史)적으로(Wirkungsgeschichtlich) 1세기 말 이후의 속사도 교부 문헌에서도 찾을 수 있다. 예컨대, 주후 96년경 '로마의 클레멘트'(Clement of Rome)가 고린도인들에게 보

38) EWNT II, s.v. "ἀρχιερεύς," 396f.

낸 첫 번째 편지(1 Clem 36:1, "사랑하는 형제들아, 이것이 우리의 구원, 곧 우리의 희생제물이 되신 대제사장, 우리의 약함의 안내자시며 돕는 이이신 예수 그리스도를 발견하는 길이니라")[39]에 의하면, 예수 그리스도는 '희생제물'이 되신 '대제사장'이다. 또 트라야누스(Trajanus) 황제(98-117년 재위) 당시에 순교한 것으로 알려진 안디옥(Antioch)의 감독 이그나티우스(Ignatius)가 아시아의 교회들에게 보낸 일곱 서신 중 빌라델비아인들에게 보낸 서신(Ign Phld 9:1, "제사장들도 나으나, 지성소를 위하여 위임 받은 대제사장은 더욱 더 나으니라 이는 그분만이 숨겨져 있는 하나님의 것들을 위임 받음을 인함이라"[40])에 의하면, 예수는 "지성소를 위하여 위임 받은 대제사장"이시다. 게다가, 86세(155-160년)의 일기로 순교당한 폴리캅(Polycarp)이 빌립보인들에게 보낸 서신(Polyc 12:2, "이제 하나님, 곧 우리 주 예수 그리스도의 아버지와, 스스로 영원한 대제사장이자 하나님의 아들 예수 그리스도께서 너희를 믿음과 진리로, 또 온유와 분노로부터 온전한 자유와 관용과 신실함과 참을 수 있는 인내와 순결함으로 세우시기를 바라노라")[41]에서, 예수 그리스도는 "영원한 대제사장"이시며, 그로부터 폴리캅은 그리스도의 축복 형식으로 간접적으로 빌립보 성도들을 권면한다.

V. 신학적 메시지

본문 단락(4:14-5:10)은 히브리서 '두 번째 큰 단락'(4:14-10:18[31])

39) J.B. Lightfoot & J.R. Harmer, 『속사도 교부들』(*The Apostolic Fathers*, 이은선 역, 서울: 기독교문서선교회, 1994), 68.
40) Lightfoot & Harmer, 『속사도 교부들』, 150.
41) Lightfoot & Harmer, 『속사도 교부들』, 178.

의 서두 단락으로, 히브리서 저자가 '두 번째 큰 단락'에서 입증하게 될 명제를 제시하는, '서주(序奏)' 단락이다. 앞서 다룬 '첫 번째 큰 단락(1:1-4:13)에서, 예수는 '천사'보다 뛰어난 하나님의 아들(1:1-14)이시므로 들은 구원의 말씀을 가볍게 여기지 말아야 하며(2:1-4), 아들이시지만 그리스도께서 십자가에서 죽기까지 낮아지심으로써 '구원의 창시자'(2:10)가 되시고 승천하셔서 "신실한 대제사장"(2:17)이 되셨고(2:5-18), 그 대제사장 예수는 '모세'보다 뛰어나신 그리스도이시므로(3:1-6), 그분으로 말미암아 약속된 '하나님의 안식'에 들어가도록 완고한 마음을 버리고 말씀에 순종해야 한다(3:7-4:11). 이제, '첫 번째 큰 단락'에서 미리 암시되었던 '대제사장 예수'(2:17; 3:1)의 탁월한 우월성을 다룰, '두 번째 큰 단락'(4:14-10:18[31])의 서두(序頭) 단락(4:14-5:10)에서 명제를 제시하였다. 곧, 하늘에 계신 예수 그리스도는 '큰 대제사장'으로 그 제사장직은 아론의 그것과 달리 '하나님의 아들'이시며, 또한 '멜기세덱의 반차를 따른 대제사장'이시다. 예수의 '하나님의 아들' 되심 주제는 '첫 번째 큰 단락'(1:1-4:13)과 연결되며, 그의 '멜기세덱의 반차를 따른 대제사장' 되심의 주제는 '두 번째 큰 단락'(4:14-10:18[31])에 관련되어 있다. 그러므로 히브리서 신앙공동체는 그들이 '믿는 도리'를 굳게 붙잡고, 때를 따라 돕는 하나님의 은혜를 받도록 '은혜의 보좌' 앞에 담대히 나아가야 한다. 제6장에서는 본문 단락에서 '선행(先行) 고지(告知)'(5:6)되었던, "멜기세덱의 반차를 따른 대제사장 그리스도"를 해명하는 히브리서 7장을 다루되, 그 주요 단락인 7:11-22 단락에서 "더 좋은 언약의 보증(κρείττων διαθήκη ἔγγυος)으로서 예수"(7:22)를 살펴보기로 한다.

제6장

멜기세덱의 반차를 따른
대제사장 예수 그리스도

(7:11-22)

6.
멜기세덱의 반차를 따른 대제사장 예수 그리스도

(7:11-22)

I. 서론

히브리서를 3분 구도(1:1-4:13; 4:14-10:18[31]; 10:19[32]-13:17)로 이루어진 서신으로 구분할 때, 그 중간 단락은 이 서신의 중심 교리인 '옛 언약의 제사 직분'과 대조적으로, 하늘에 계신 영원한 종말론적인 대제사장 예수 그리스도를 해명한다. 그 중 7장은 '멜기세덱의 반차를 따른 대제사장 예수'를 다룬다. 이는 히브리서 신앙공동체가 신앙의 권태주의를 극복하고, 예상되는 박해를 이겨, 하나님의 말씀에 약속된 '하나님의 안식'에 들어갈 수 있도록 굳게 붙잡아야 하는 '믿는 도리'이다. 본 장에서 필자는, 먼저, 히브리서 '두 번째 큰 단락'의 핵심장인 7장에서 본문으로 선정한 7:11-22 단락을 자리 매김하고, 단락을 세부적으로 구분(II)한 다음, 이들을 석의(釋義)하고(III), 예수의 제사 직분 계열인 '멜기세덱'에 대하여 살펴본 다음(IV), 그러고 나서, 본문 단락을 대하는 해석자가 올바른 본문 이해의 방향과 의미를 모색(摸索)할 수 있도록, 그 신학적·목회적 메시지(V)를 밝히고자 한다.

II. 본문 단락의 자리 매김과 세부 단락 구분

본문 단락인 히브리서 7:11-22 단락은, 거시(巨視)적 맥락에서 보면, '히브리서, 개괄적으로 살펴보기'에서 살펴본 히브리서 '3분(分) 구도(構圖)'에서 '믿는 도리'(ὁμολογία)의 소망이 되신 '아들이신 대제사장 예수 그리스도'를 다루는 '두 번째 큰 단락'(4:14-10:18[31])에 속해 있다. '두 번째 큰 단락'에서 히브리서의' 저자는 '옛 언약의 희생제사'와 '새 언약(그리스도)의 희생제사'를 대조하여, 멜기세덱의 반차를 따른, 영원히 하늘의 대제사장이신 그리스도가 신실하고 참된 대제사장이심을 입증하려 한다. 이 단락은, 서두 단락(4:14-16)을 제외하면, 두 개의 작은 단락으로 구분되는데, 곧 5:1-6:20 단락[1]과 7:1-10:18 단락이 그것이다. 본문 단락(7:11-22)은 '두 번째 작은 단락(7:1-10:18)의 서두 단락이다.

저자는 이 '두 번째 작은 단락'에서 히브리서 공동체가 겪고 있는 신앙의 권태주의를 극복하도록 굳게 붙잡아야할 '믿는 도리'(ὁμολογία)로서 믿는 자의 영원한 대제사장 예수 그리스도를 보여준다.

---

1) 앤더슨(D.R. Anderson)은 이 단락을, '더 나은 '부르심'(calling)을 가진 제사장'을 다루는 교리 단락(5:1-10)과 '약속을 굳게 붙들라'는 권고 단락(5:11-6:20)으로 구분한다. D.R. Anderson, *The King-Priest of Psalm 110 in Hebrews* (Studies in Biblical Literature 21; New York: Peter Lang Publishing, 2001), 218.

히브리서의 기독론을 110편을 인용하여 하나님의 '아들 예수'를 '왕-제사장'(Son-Priest) 기독론 특징짓는 앤더슨(D.R. Anderson)을 따라[2], 7:1-10:18 단락을 다시 셋으로 세분하면, 옛 언약의 제사장보다 더 나은 '아들-제사장'은 아론의 제사장직보다 더 나은 멜기세덱의 반차를 따른 제사장직을 가진 제사장(7:1-28)이며, '첫 언약'보다 더 나은 '새 언약'을 중재하는 대제사장이고(8:1-9:22), 율법에 규정된 제사장보다 더 나은 희생제물을 가진 제사장(9:23-10:18)이시다.

본문 단락인 7:11-22 단락이 속해 있는 7장에서 다루어지는 '믿는 자의 대제사장'이신 그리스도는, 다시 세 작은 단락으로 세분될 수 있는데, 곧 "우리에게 있는 큰 대제사장"(4:14)은 '멜기세덱의 반차를 따른 대제사장'(7:1-10)이며, 레위 계통의 제사장을 능가하는 "더 좋은 언약의 보증"(7:11-22)이고, '영원하고 온전하신 하늘의 대제사장'(7:23-28)이시다. 본문 단락을 세분하면, 다음과 같다.[3]

7:11-12 온전하지 못한 레위 계통의 제사장 직분
7:13-14 유다 지파로부터 나신 예수
7:15-17 멜기세덱의 반차를 따르는 제사장 예수
7:18-19 온전하지 못하는 율법의 한계
7:20-22 맹세로써 영원한 제사장이 되신 예수, "더 좋은 언약의 보증"

7:23-25 영원하신 하늘의 대제사장 예수(영원성)
7:26-28 온전하신 하늘의 대제사장 예수(온전성)

---

2) 앞의 책, 같은 곳.
3) Anderson, *The King-Priest of Psalm 110 in Hebrews*, 204-208 참조.

앞에서, 본문 단락에 대하여 거시(巨視)적으로, 미시(微視)적으로 자리 매김을 하고, 또 본문 단락을 세부적으로 구분하였다. 이제 본문 단락의 각 절을 풀이하여, 그 진의(眞意)를 살펴보기로 하자.

III. 본문 석의

1. 본문 사역(私譯)

11 그러므로 레위 계통의 제사 직분으로 말미암아 온전함이 있었다면 (백성이 거기서 율법을 받았으니) 어찌하여 더 아론의 반차를 따르지 않고 멜기세덱의 반차를 따르는 다른 한 제사장을 세울 필요가 있다고 말해질 수 있겠느냐?

12 제사 직분이 바뀌어졌으니 율법도 반드시 바뀌어져야 하리니

13 그에 대하여 말해진 바는 이것이니, 그는 다른 지파에 속한 자로, 그[다른 지파]로부터 나온 어느 누구도 제단 일을 받들어 섬기지 않았노라.

14 우리 주는 유다로부터 나신 것이 분명하니라. 그 지파에는 모세가 제사장들에 관하여 말한 것이 하나도 없었고,

15 멜기세덱과 동등함을 따른 다른 한 제사장이 일어난 것을 보니 더욱 더 분명하니라.

16 그는 육적인 한 계명의 법을 따르지 아니하고 오직 불멸의 생명의 능력을 따라 되었으니,

17 그가 증언을 받기를, 네가 영원히 멜기세덱의 반차를 따르는 제사장이라 하였느니라.

18 전에 있던 계명은 그 연약함과 무익함으로 말미암아 폐하여지고,

19 (율법은 아무 것도 온전하게 하지 못하였음이라) 더 좋은 소망이 들어오니, 이로 인하여 우리가 하나님께 가까이 가느니라.

20 또 [예수께서 제사장이 되신 것은] 맹세함이 없이 된 것이 아닌 것과 같으니라.

21 (그들은 맹세함이 없이 제사장이 되었으되, 오직 그[예수]는 자기에게 말씀하신 이로 말미암아 맹세함으로써 되신 것이라. 주께서 맹세하셨고 후회하지 아니하시리니 네가 영원히 제사장이라 하셨도다.)
22 이와 같이 예수는 더 좋은 언약의 보증이 되셨느니라.

2. 각절 본문 풀이

가. 온전하지 못한 레위 계통의 제사장 직분(11f절)

미헬은 11-14절 단락을 "옛 제사장 직분의 무너짐"이란 주제 아래 두지만[4], 이 단락은 '온전하지 못한 레위 계통의 제사장 직분'(11f절)과 '유다 지파로부터 나신 예수'(13f절)로 구분하는 것이 '멜기세덱의 반차를 따르는 제사장 예수'(15f절)와 '온전하지 못하는 율법의 한계'(18f절)를 '교차대구(交叉對句)'(chiasm)적으로 다루는 다음 단락과의 관련성을 고려할 때 세부적으로는 적절하다.

[11절] 그러므로(οὖν) '레위 계통의 제사 직분으로 말미암아'(διὰ τῆς Λευιτικῆς ἱερωσύνης) '온전함이 있었다면'(Εἰ 'μὲν οὖν'[so, then] … τελείωσις … ἦν) (백성이 거기서 율법을 받았으니[ὁ λαὸς γὰρ ἐπ' αὐτῆς(ἱερωσύνης) νενομοθέτηται]) '어찌하여 더'(τίς ἔτι) '아론의 반차를 따르지 않고'(οὐ κατὰ τὴν τάξιν 'Ααρὼν) '멜기세덱의 반차를 따르는 다른 한 제사장을 세울'(κατὰ τὴν τάξιν Μελχισέδεκ ἕτερον ἀνίστασθαι ἱερέα) 필요가 있다고 말해질 수 있겠느냐? (Εἰ μὲν οὖν τελείωσις διὰ τῆς Λευιτικῆς ἱερωσύνης ἦν, ὁ λαὸς γὰρ ἐπ' αὐτῆς νενομοθέτηται, τίς ἔτι χρεία κατὰ τὴν τάξιν Μελχισέδεκ ἕτερον ἀνίστασθαι ἱερέα καὶ οὐ κατὰ τὴν τάξιν 'Ααρὼν λέγεσθαι;)

4) Otto Michel, 『히브리서』(*Der Brief an die Hebräer*), 강원돈 역 (「국제성서주석」 43; 서울: 한국신학연구소, 1987), 352.

'그러므로'(οὖν)는 앞 단락(1-10절)의 전체 내용에 대한 논리적 결론을 알려주는 인과(因果) 접속사이다. 곧, 레위의 조상 아브라함이 멜기세덱에게 십분의 일을 바치고 멜기세덱이 아브라함을 축복했다면, 멜기세덱의 반차를 따른 대제사장 예수 그리스도 역시 그러하고, 그리스도의 제사장 직분은 레위 후손의 제사장 직분보다 우월하다. 그렇다면, 이제 두 직분이 비교될 수 있다.

'제사 직분' 또는 '제사장직'(priesthood)으로 옮길 수 있는 '히에로쉬네'(ἱερωσύνη)는 신약성경에서 오직 히브리서에서, 그것도 오직 7장에서만 네 번(7:11, 12, 14, 24)[5] 등장하는 히브리서의 전문용어(technicus terminus)이다. 이 용어는 레위 계통의 옛 제사장 직분이 효력을 잃고 그것을 대체하는 새로운 예수 그리스도의 제사장 직분을 묘사하기 위해 사용되었으며, 히브리서의 핵심 주제이며 또한 멜기세덱에 관한 비밀을 드러내는 7장을 이해하는 열쇠어[6]다. 곧, 그리스도는 영지주의적 '신화'를 끝내며, 구약적 · 유대주의적 '율법'을 종식시키는 끝이다.[7]

여기서 '온전함'(τελείωσις)이란, 유대교적 이해에 의하면, '온전한 봉헌'이다. 곧, 유대교인들은 하나님께서 레위인들 중에서 택한 사람이 하나님께 제사 드리는 영원한 제사장으로 여겼으며(희년서 32:1), 그들은 모든 지파는 곡물과 포도주와 기름과 염소와 양들의

---

5) J.B. Smith, *Greek-English Concordance to the New Testament* (Scottdale: Herald Press, 1955), 179.

6) 앞의 책, 같은 곳.

7) 이처럼 그리스도를 신화와 율법의 끝내는 끝(τελείωσις)으로, 다시 말해 형이상학(Metaphysik)의 끝(Ende)으로 이해하는 입장에 대해서는 Ernst Käsemann, *Das wandernde Gottesvolk: Eine Untersuchung zum Hebräerbrief* (Göttingen: V. & R., [1957] ^{4}1961), 110-16, 특히 114 참조.

십분의 일을 하나님께 드려야 하는 것이 율법의 규정임을 강조하였다(희년서 13:26).[8] 11절에서 '온전함'이란 제물을 먹을 수 있는 권한을 가진 레위 계통의 제사장을 능가한 "종말론적 온전함"[9]을 가리킨다. 히브리서 저자에게 '온전함'이란 결코 제의(祭儀)의 결과가 아니라, "우리가 믿는 도리의 사도이시며 대제사장이신 예수"(3:1)를 굳게 붙잡아(4:14) '하나님의 안식'(ἡ κατάπαυσις θεου)에 이르는 것이다(이에 대하여는 제4강 참조). "백성이 거기서 율법을 받았으니"에서 '율법을 받았으니'(νενομοθέτηται)는 '율법을 만들다' 내지는 '율법으로 치장하다'는 뜻을 지닌 νομοθετέω의 3인칭 단수 현재완료 수동태 직설법이다.

이제 '아론의 반차를 따른 제사 직분'(ἡ ἱερωσύνή ἡ κατὰ τὴν τάξιν Ἀαρὼν)과 '멜기세덱의 반차를 따른 다른 제사 직분'(ἡ ἱερωσύνή ἡ κατὰ τὴν τάξιν Μελχισέδεκ)이 대조된다. 전자(前者)로 온전함을 얻을 수 있다면, 후자가 '어찌하다고 필요하다고 말해질(λέγεσθαι, λέγειν의 현재 수동태 부정사) 수 있겠느냐(τίς ἔτι χρεία, what further need?)? 하나님의 구원계획은 결코 레위 제사장 직분으로 온전하게 될 수 없다.

이로써, 히브리서 독자는 두 가지 '믿는 도리'를 확실히 고백하고 붙잡아야 한다.[10] 곧, 그들이 율법 아래 있는 유대교의 정결 관습으로 되돌아가지 말아야 하며, 또한 아론의 후손이 아닌 예수께서

---

8) 이에 대하여는 Michel, 『히브리서』, 372 참조.

9) Thomas R. Schreiner, 『토마스 슈라이너 히브리서 주석』(*Commentary on Hebrews*, 장호준 역, 서울: 복 있는 사람, 2016), 332.

10) Barnabas Lindars, 『히브리서』(*The Theology of the Letter to the Hebrew*, 장동수 역, 서울: 한들출판사, 2002), 118.

스스로 희생제물이 되셔서 새로운 구원의 시대를 열어주시고, 아들로서 하나님의 보좌 우편에 앉아 새 언약을 중재하시는 영원한 하늘의 대제사장이시라는 신앙고백을 굳게 붙잡아야 한다.

[12절] '제사 직분이 바뀌어졌으니'(μετατιθεμένης γὰρ τῆς ἱερωσύνης) '율법도 반드시 바뀌어져야 하리니'(ἐξ ἀνάγκης καὶ νόμου μετάθεσις γίνεται) (μετατιθεμένης γὰρ τῆς ἱερωσύνης ἐξ ἀνάγκης καὶ νόμου μετάθεσις γίνεται.)

'제사 직분'이 '바뀌어졌으니'(μετατιθεμένης<μετατίθημι, to change of priesthood), '반드시'(ἐξ ἀνάγκης), 곧 '필연적으로'(necessarily) 율법도 변화되어야 한다. 이때 '변화'(μετάθεσις)는 18절에서 찾아볼 수 있는데, 계명을 효력 없게 하는 '무효화'(ἀθέτησις)와 구별되게, '토대'(setting)이나 '지위'(position)를 의미하는 '테시스'(θέσις)가 없는 것이 아니라[11], 그것을 제거하고 다른 것으로 바꾸는 '제거적 변화'(removal change)를 의미한다. '메타테시스'는 칠십인 역본(LXX)에는 나타나지 않는 단어로, 신약 저자들이 인용으로는 알 수 없는 단어였으며,[12] 신약 저자 중에서는 오직 히브리서 저자만이 두 번(7:12; 11:5) 사용한 단어[13]로, 히브리서 저자의 신학을 반영하고 있는 전문술어이다.

나. 유다 지파로부터 나신 예수(13f절)

[13절] '그에 대하여'(ἐφ' ὃν) 말해진 바는 이것이니(ἐφ' ὃν γὰρ λέγεται ταῦτα),

---

11) H.G. Liddell & R. Scott, *An Intermediate Greek-English Lexicon* (Oxford: Clarendon Press, ^{7}1889), 363.

12) G. Abbott-Smith, *A Manual Greek Lexicon of the New Testament* (Edinburgh: T & T Clark, 32005), 274 참조.

13) Smith, *Greek-English Concordance*, 228.

그는 '다른 지파에 속한 자'(φυλῆς ἑτέρας μετέσχηκεν)로, 그[다른 지파]로부터 나온 어느 누구도 제단 일을 받들어 섬기지 않았노라(ἀφ' ἧς οὐδεὶς προσέσχηκεν τῷ θυσιαστηρίῳ) (ἐφ' ὃν γὰρ λέγεται ταῦτα, φυλῆς ἑτέρας μετέσχηκεν, ἀφ' ἧς οὐδεὶς προσέσχηκεν τῷ θυσιαστηρίῳ·)

그, 곧 '멜기세덱의 반차를 따른 다른 제사장'에 관하여 말해진 바는, 예수께서 레위와 '다른 지파에 속한 자'(φυλῆς ἑτέρας μετέσχηκεν)라는 점이다. 여기서 μετέσχηκεν은 '누구에게 속하다'는 의미를 지니며, 속격(屬格)을 지배하는 동사인 '메테케인'(μετέχειν)의 현재완료 능동태 직설법 동사이다. '투시아스테리온'(θυσιαστήριον)은 '제단'(altar) 또는 '제단의 일'을 뜻하며, προσέσχηκεν 역시 '제사장으로서 섬기다'(to serve as a priest)는 뜻을 지닌 προσέχειν의 현재완료 능동태 직설법 동사이다. '아들-왕'이시며 '왕-제사장'이신 예수 그리스도는 육신으로는 '레위 지파'가 아니라 '유다 지파'에서 나신 분이시다. 레위의 유언(遺言)서[14]에 의하면, "한 왕이 유다 지파로부터 나와 새로운 제사장직을 모든 이방인을 위하여 이방인의 본을 따라 세울 것이다"(βασιλεῦς ἐκ τοῦ 'Ιούδα ἀναστήσεται καὶ ποιήσει ἱερατείαν νεαύ κατὰ τοὺ τύπον τῶν ἐθνῶν εἰς πάντα τὰ ἔθνη, 8:14). 이는 구약 예언의 성취와 관련되어 있으며, 옛 언약의 폐기와 새 언약의 세움과 관련되어 있다.

[14절] '우리 주는 유다로부터 나신 것이'(ὅτι ἐξ Ἰούδα ἀνατέταλκεν ὁ κύριος ἡμῶν) 분명하니라(πρόδηλον). 그 지파에는(εἰς ἣν φυλὴν) 모세가(Μωϋσῆς) '제사장들에 관하여'(περὶ ἱερέων) '말한 것이 하나도 없었고'(οὐδὲν ἐλάλησεν) (πρόδηλον γὰρ

14) Michel, 『히브리서』, 374, 각주 9에서 재인용.

ὅτι ἐξ Ἰούδα ἀνατέταλκεν ὁ κύριος ἡμῶν, εἰς ἣν φυλὴν περὶ ἱερέων οὐδὲν Μωϋσῆς ἐλάλησεν.)

이 절에서 '나다'로 옮겨진 '아나텔레인'(ἀνατέλλειν)은 해나 별 등이 '떠오르다'나 '솟아나다'를 의미하고, 성경에서는 메시아의 활동을 나타내는 비유적인 표현[15]이다. 구약에서 '메시아'의 출현을 예언할 때 '별'(민 24:17), '다윗에게 나올 한 의로운 가지'(렘 23:5), '돋아나는 싹'(슥 3:8; 6:12) 등으로 묘사되는데, 이때 이 동사가 사용되었다. 신약에서도 예수는 '돋는 해'(눅 1:78)로, 히브리서 공동체가 '주'로 고백하는 예수는 유다 지파에서 나신 제사장, 곧 "다윗 계열의 제사장-왕이요, 메시아이신 제사장-왕"[16]으로 표현되었다. 유다 지파에는 모세가 제사장들에 관하여 말한 것이 없지만, 왕이시요 메시아이신 예수는 영원한 종말론적인 대제사장이시다. 이는 초기 기독교의 신앙전승에서도 찾아볼 수 있다. 곧, 원시 기독교의 기독론적 신앙고백(롬 1:3f)에서 예수는 '육으로는 다윗의 혈통에서 나신 분'이시며, 예수의 계보는 "아브라함과 다윗의 자손 예수 그리스도의 계보이고"(마 1:1, 2-17), 예수의 부친 요셉은 "다윗의 자손"(눅 1:27)이며, 디모데가 바울로부터 받은 신앙 유산인 복음은 "다윗의 씨로 죽은 자 가운데서 다시 살아나신 예수 그리스도"(딤후 2:8)이다. 그러니까, 초기 기독교에서 예수는, 신학적인 면으로는 구약에서 예언된 다윗의 씨, 곧 유다 지파에서 나온 메시아이며, 역사적인 면으로는 '다윗의 자손'인 요셉의 아들이다.[17]

---

15) 앞의 책, 같은 곳.

16) Schreiner, 『토마스 슈라이너 히브리서 주석』, 338.

17) August Strobel, *Der Brief an die Hebräer* (NTD 9/2; Göttingen: V. & R.,

다. 멜기세덱의 반차를 따르는 제사장 예수(15-17절)

앞 단락(11-14절)에서 예수는 레위 계통의 제사 직분과 다른 '반차(班次)'[18], 다른 '지파'에서 유래된 제사장으로, 멜기세덱의 반열(班列)과 유다 지파에서 나온 '왕-제사장'[19]이다. 이제 15-17절 단락에서는 '멜기세덱의 반차를 따르는 제사장 예수'를, 이를 잇는 18f절 단락은 '온전하지 못하는 율법의 한계'를 다룸으로써, 이런 구속사(救贖史)적 전환을 더 심화(深化)해서 전개한다.

[15절] **'멜기세덱과 동등함을 따른 다른 한 제사장이 일어난 것을 보니'(εἰ κατὰ τὴν ὁμοιότητα Μελχισέδεκ ἀνίσταται ἱερεὺς ἕτερος) '더욱 더 분명하니라'(περισσότερον ἔτι κατάδηλόν ἐστιν)** (καὶ περισσότερον ἔτι κατάδηλόν ἐστιν, εἰ κατὰ τὴν ὁμοιότητα Μελχισέδεκ ἀνίσταται ἱερεὺς ἕτερος,)

예수의 제사장 직분은 '멜기세덱과 동등함을 따른'(κατὰ τὴν ὁμοιότητα Μελχισέδεκ), "다른 한 제사장"(ἱερεὺς ἕτερος) 직분이다. 그러므로 예수께서 '더욱'(ἔτι, further, moreover) '더'(περισσότερον, περισσός[more]의 비교급) 유다 지파에서 나온 것이 '아주 분명하다'(κατάδηλος, very

---

[4]1991), 84.

18) 이는 '서열'이 아니라 제사장 직분을 차례를 섬기는 순서를 의미한다. 그러므로 한글개역성경에서 시편 110:4 중 "멜기세덱의 서열을 따라"는 '멜기세덱의 반차(반열)를 따라'로 개정되어야 한다.

19) 사해 근처에서 종말론적 공동체 생활을 하며 메시아를 대망했던 쿰란 공동체는 마지막 때 오실 다윗적 메시아를 기다렸는데, 이들은 두 메시아를 기대하였다. 그 하나는 "이스라엘에서 나온 왕적 메시아"이며, 다른 하나는 "레위-아론에서 나온 제사장적 메시아"이다(1QS IX:9ff; 1QSa 28a; 르우벤 유언서 6:7ff; 시므온 유언서 7:1ff; 유다 유언서 21:2 참조). 이에 대하여는 Strobel, *Hebräer*, 84.

evident). 여기서 '아주 분명한'(κατάδηλος)은 14절의 '분명한'(πρόδηλον) 보다 강조된 용어로, 두 절 사이에 수사학(修辭學)적 점층법(漸層法)이 드러난다. 이로써, 레위 계통의 제사 직분과 다르고 또한 탁월한 예수 그리스도의 제사장 직분을 강조하려는 저자의 의도가 나타난다.

[16절] 그는(ὃς) '육적인 한 계명의 법을 따르지'(κατὰ νόμον ἐντολῆς σαρκίνης. 아니하고 오직 '불멸의 생명의 능력을 따라'(κατὰ δύναμιν ζωῆς ἀκαταλύτου) 되었으니 (ὃς οὐ κατὰ νόμον ἐντολῆς σαρκίνης γέγονεν ἀλλὰ κατὰ δύναμιν ζωῆς ἀκαταλύτου)

예수는 '육적(肉的)인 한 계명의 법을 따라'(κατὰ νόμον ἐντολῆς σαρκίνης)가 아니라, '불멸의 생명의 능력을 따라'(κατὰ δύναμιν ζωῆς ἀκαταλύτου) 멜기세덱의 반차를 따른 제사장이 되셨다. 옛 제사 제도에서는 레위 지파 가운데서 택함을 받아, 곧 '육적인 계명의 법'을 따라 제사장이 되었다. 여기서 '육적(肉的)인'으로 옮겨진 '사르키노스(σάρκινος)'는 신약성경에서 오직 히브리서에서만 한 번 등장하는 '유일회 등장어'(hapaxlegomenon)이며, 그 단어의 -ινος는 사물의 '본질'(substance)이나 '재질'(material)을 가리키는 접미사(接尾辭)다.[20] 동일한 어근(語根) σάρξ에서 유래된 '사르키코스(σαρκικός)'는 신약성경에서 바울서신(롬 2회; 고전 5회; 고후 2회)과 히브리서(1회), 그리고 신학적으로 '바울주의'가 나타나는 베드로전서(1회, 2:11)에서만 등장[21]한다. 후자(後者)가 '육'의 본질에 관한 여러 가지 면[22]을 다룬

20) Abbott-Smith, *A Manual Greek Lexicon*, 402.
21) 이에 대하여는 Smith, *Greek-English Concordance*, 318 참조.

다면, 전자(前者)는 레위 계통의 제사장의 반차와 관련된 '육적인'을 의미한다.

"육적인 한 계명의 법을 따라"(κατὰ νόμον ἐντολῆς σαρκίνης)-어구(語句)와 대조되며, 자구(字句)적으로 대구(對句)를 이루는 '불멸의 생명의 능력을 따라'(κατὰ δύναμιν ζωῆς ἀκαταλύτου)-어구에서 멜기세덱의 반차를 따른 예수의 제사장 직분의 우월성이 드러난다. 두 어구를 비교해보면, '법'(νόμος)과 '능력'(δύναμις), '계명'(ἐντολή)과 '생명'(ζωή), '육적인'(σάρκινος)과 '불멸의'(ἀκατάλυτος, indestructible)가 대조되어 있고, 이 대조로써 예수의 이질(異質)성과 탁월성이 드러난다. 이때, '능력'이란 신약성경에서는 "새 언약, 말씀, 성령, 이적의 표징"[23]이다. 이런 점에서, '율법'이 제사 직분을 규정하는 '옛' 언약과 달리, '새' 언약의 제사 직분은 하나님의 '능력'에 의해 규정된다.

[17절] **'그가 증언을 받기를'(μαρτυρεῖται), 네가(σὺ) 영원히(εἰς τὸν αἰῶνα) '멜기세덱의 반차를 따르는 제사장'(ἱερεὺς κατὰ τὴν τάξιν Μελχισέδεκ)이라 하였느니라** (μαρτυρεῖται γὰρ ὅτι σὺ ἱερεὺς εἰς τὸν αἰῶνα κατὰ τὴν τάξιν Μελχισέδεκ.)

'불멸의 생명의 능력'을 따라 제사장이 되신 예수 그리스도는 이미 (구약)성경에서 증언을 받았다. 이를 위해, 구약성경에서 창 14:18-20 외에 '멜기세덱'이 유일하게 언급되는 시편 110:4이 인용된다. 이 구절은 히브리서에서 이미 5:6에서 인용되었다. 하지만, 5:6에서 이 구절은 예수 그리스도께서 '하나님의 아들'이면서 동시에

22) 예컨대, σαρκικός는 '육과 관련된'이라는 의미뿐 아니라, 윤리적 의미로도 사용된다. Abbott-Smith, *A Manual Greek Lexicon*, 402.

23) Michel, 『히브리서』, 376.

'멜기세덱의 반차를 따른 대제사장임'을 입증하기 위해 시편 2:7고 함께 인용되었다면, 여기서는 예수의 제사장 직분이 레위 계통의 그것과 다르고 우월함을 보여주는 맥락에서 인증되었다. 시편 110:4을 하나님께서 그 보좌 오른 편에 앉아 다스리는 아들을 선포하는 시편 110:1과 함께 고려한다면, 곧 1:5과 7:17절을 관련 짓는다면, 예수께서 '불멸의 생명'을 가진 '제사장-왕'이라는 사실이 분명하게 드러난다.[24)]

라. 온전하지 못하는 율법의 한계(18f절)

'멜기세덱의 반차를 따르는 제사장 예수'를 다루는 15-17절 단락과 함께, '온전하지 못하는 율법의 한계'를 다루는 18f절 단락은, 예수에 의한 구속사(救贖史)적 전환을 더 분명하게 보여준다. 두 절은 이전 단락(11-17절)의 결론지으며, 본문 단락에서 히브리서 저자가 의도하는 논지(論旨)를 제시한다.

[18] '전에 있던 계명이'(προαγούσης ἐντολῆς) '그 연약함과 무익함으로 말미암아'(διὰ τὸ αὐτῆς ἀσθενὲς καὶ ἀνωφελές) 폐하여지고 (ἀθέτησις μὲν γὰρ γίνεται προαγούσης ἐντολῆς διὰ τὸ αὐτῆς ἀσθενὲς καὶ ἀνωφελές -) [19] (율법은 아무 것도 온전하게 하지 못하였음이라)[οὐδὲν γὰρ ἐτελείωσεν ὁ νόμος] '더 좋은 소망'(κρείττονος ἐλπίδος)이 들어오니, '이로 인하여'(δι' ἧς) '우리가 하나님께 가까이 가느니라'(ἐγγίζομεν τῷ θεῷ) (οὐδὲν γὰρ ἐτελείωσεν ὁ νόμος - ἐπεισαγωγὴ δὲ κρείττονος ἐλπίδος δι' ἧς ἐγγίζομεν τῷ θεῷ.)

'전(前)에 있던 계명은'(προάγων ἐντολή)은 본문 단락의 첫 절인 11

---

24) 슈라이너도 그렇게 여긴다. Schreiner, 『토마스 슈라이너 히브리서 주석』, 343.

절에서 언급되었던, 이 단락의 핵심어 '온전함'(τελείωσις)과 비교해보면, '연약하고'(ἀσθενής, weak) '무익하다'(ἀνωφελής, useless). 그러므로 '계명'과 '율법'은 '설 곳이 없음(폐기)'(ἀθέτησις<ἀθέτεω<τίθημι, nullification [of the commandment], removal [of sin])에 이른다. 왜냐하면, 율법은 아무 것도 온전하게(ἐτελείωσεν, τελειόω의 부정과거) 하지 못하였기 때문이다. '전에 있던 계명의 폐함'(προαγούσης ἐντολῆς ἀθέτησις)과 대조(對照)를 이루는 것은 '더 좋은(κρείττονος<ἀγάθος의 비교급) 소망의 들어옴'(ἐπεισαγωγὴ κρείττονος ἐλπίδος)이다. 이때, '들어옴'(ἐπεισαγωγή, bringing in)이란 용어는 신약성경에서 오직 히브리서에서, 그것도 이 구절에서만 등장하는 '유일회 등장어'(hapaxlegomenon)로,[25] 이 단어는 고전(古典) 그리스어나 헬레니즘 시대의 헬라어에서는 '소개'라는 뜻으로 사용[26]되었다. 이를 고려한다면, '새 언약의 제사장은 새롭게 소개된 제사장이다. '이로 인하여'(δι' ἧς) 히브리서 신앙공동체는 하나님께로 가까이 갈 수 있게 되었고, 그들은 '가까이 가고 있는'(ἐγγίζομεν) 도상(途上)의 존재이다. '더 좋은 소망'(κρείττονος ἐλπίδος)은 뒤따르는 22절에서는 '더 좋은 언약'(κρείττονος διαθήκης)으로 묘사된다. 이런 점에서, 히브리서 저자에게 '소망'(ἐλπίς)이란 다름 아니라 '언약'(διαθηκή)이다.

'더 좋은' 용어의 용례(用例)를 히브리서 전체를 살펴보면, 이 서신의 저자는 '더 좋은'(κρείττονος)이란 용어를 사용하여 자신의 신학을 전개함을 알 수 있다. 예수는 "천사들보다 더 좋은"(κρείττων γενόμενος τῶν ἀγγέλων) 아들이며(1:4), "구원에 속한 것"이 "더 좋은 것"(τὰ κρείσσονα, 6:9)이고, 그는 "더 좋은 언약의 보증"(κρείττονος

25) Abbott-Smith, *A Manual Greek Lexicon*, 165.
26) Michel, 『히브리서』, 377.

διαθήκης ἔγγυος, 7:22)이요 "'더 좋은 약속으로'(ἐπὶ κρείττοσιν ἐπαγγελίαις) 세우신 '더 좋은 언약의 중보자'(κρείττονός διαθήκης μεσίτης)" (8:6)이며, "더 좋은 제물"(κρείττονα θυσίαι, 9:23)을 드리셨다. 그에 부합되게, 히브리서의 독자들에게는 "더 낫고 영구한 소유"(κρείττονα ὕπαρξιν καὶ μένουσα, 10:34)가 있고, 그들은 "더 나은 본향"(κρείττονος ὀρέγονται, 11:16)과 "더 좋은 부활"(κρείττονος ἀναστάσεως, 11:35)을 기다린다.[27] 그러므로 히브리서 신앙공동체는 '믿는 도리'를 굳게 잡고, 예수를 바라보고 이 신앙의 순례를 완주해야 한다. 이에 대하여는 히브리서의 '세 번째 큰 단락'(10:19[32]-13:17)이 다룰 것이다.

마. 맹세로써 영원한 제사장이 되신 예수, 더 좋은 언약의 보증 (20-22절)

저자는 11-19절 단락에서 옛 제사 직분 "교체의 불가피성"[28]을 다룬 다음, 이제 '멜기세덱의 반차를 따르는 제사장 예수'께서 '맹세'를 통하여 "더 좋은 언약의 보증"이 되심을 20-22절 단락으로써 밝힌다. 그런 다음, '하늘에 계신 영원한 대제사장 예수 그리스도'의 '영원성'(23-25절)과 '온전성'(26-28절)을 서술함으로써, 그 대제사장 직분의 우월성을 드러내며, '멜기세덱의 반차를 따르는 제사장 예수 그리스도'를 다룬 7장을 마무리 지으려 한다.

[20] 또 [예수께서 제사장이 되신 것은] 맹세함이 없이 된 것이 아닌 것과 같으니라 (Καὶ καθ' ὅσον οὐ χωρὶς ὁρκωμοσίας·) **[21] ('그들은 맹세함이 없이 제사장이**

---

27) 이에 대하여는 Schreiner, 『토마스 슈라이너 히브리서 주석』, 347 참조.

28) E. Grässer, *An die Hebräer (Hebr 7:1-10:18)* (EKK XVII/2; (Neukirchen-Vluyn: Neukirchener Verlag, 1993), 35-52 참조.

되었으되'[οἱ μὲν γὰρ χωρὶς ὁρκωμοσίας εἰσὶν ἱερεῖς γεγονότες] '오직 그[예수]는 자기에게 말씀하신 이로 말미암아 맹세함으로써 되신 것이라'[ὁ δὲ μετὰ ὁρκωμοσίας διὰ τοῦ λέγοντος πρὸς αὐτόν] '주께서 맹세하셨고'[ὤμοσεν κύριος] '후회하지 아니하시리니'[καὶ οὐ μεταμεληθήσεται], '네가 영원히 제사장이라 하셨도다'[σὺ ἱερεὺς εἰς τὸν αἰῶνα]) (ὁ δὲ μετὰ ὁρκωμοσίας διὰ τοῦ λέγοντος πρὸς αὐτόν· ὤμοσεν κύριος καὶ οὐ μεταμεληθήσεται· σὺ ἱερεὺς εἰς τὸν αἰῶνα.)

20절의 상관(相關)대명사(correlative pronoun) ὅσος가 κατά와 함께 사용된 어구(語句) καθ' ὅσον은 '~ 정도로'(to the degree that), '~와 같은 정도로'(to the same degree that), '~와 같이'(just as)라는 뜻으로 사용된다. 예수께서 제사장이 되신 것은 주 하나님의 맹세로써 된 것이다. 이때, '맹세'로 옮겨진 '호르코모시아'(ὁρκωμοσία)는 자구적으로 '맹세'(oath), '맹세함'(taking an oath)을 뜻한다. 레위 계통의 제사장은 하나님의 '맹세 없이'(χωρὶς ὁρκωμοσίας) 부름을 받았으나, 아들 예수는 아버지 하나님의 맹세를 통해서 부름을 받았다(시 110:4). 이때, '맹세'는 22절의 '언약'(διαθήκη)의 보증'과 함께 예수의 대제사장직의 구속사적인 전환과 탁월성을 드러낸다. 하나님의 '맹세'는 '보증'이다.

"말씀하신 이"(ὁ λέγων)는, 히브리서의 경우, 하나님을 우회(迂廻)적으로 가리키는 표현[29]이다(7:21; 10:30). 또 '후회하다'(μεταμέλεσθαι)는 자구(字句)적으로 '마음을 바꾸다', '뉘우치다', '회개하다'의 뜻으로, 신약성경에서 자주 나타나는 '회개하다'(μετανόειν)와 그 특징에서 구별이 쉽지 않는 동의어로 사용되기도 하였다.[30] 맹세하신 하

29) Michel, 『히브리서』, 378, 각주 2 참조.

30) Abbott-Smith, *A Manual Greek Lexicon*, 287.

나님의 말씀은 "네가 영원히 제사장이라"이다. 시편 110:4, 곧 "여호와는 맹세하고 변하지 아니하시리라 이르시기를 너는 멜기세덱의 서열[반차]을 따라 영원한 제사장이라 하셨도다"는 구절이 17절에서는 "멜기세덱의 반차를 따르는 제사장"을 입증하기 위해 인용되었다면, 21절에서는 같은 시편 구절이 '맹세로써 변하지 아니하는 말씀'임을 입증하기 위해 인용되었다.

[22절] **'이와 같이'(κατὰ τοσοῦτο) 예수는 '더 좋은 언약의 보증이'(κρείττονος διαθήκης ἔγγυος) 되셨느니라** (κατὰ τοσοῦτο [καὶ] κρείττονος διαθήκης γέγονεν ἔγγυος Ἰησοῦς.)

'이와 같이'(κατὰ τοσοῦτο)에서 τοσοῦτο는 20절에 사용된 ὅσος와 함께 상관(相關)대명사(correlative pronoun)로, '~와 같이'(just as)라는 뜻이다. 예수의 영원한 대제사장 되심은 '하나님의 맹세'로 된 것이다. 그와 같이 예수는 '더 좋은 언약의 보증'(κρείττονος διαθήκης ἔγγυος)이 되셨다. 주의 '맹세'가 '보증'의 근거라면, 그 맹세의 내용은 '언약(διαθήκη)이다.

'언약'에 대하여는, 그것이 히브리서의 주요 주제이므로 본서의 제7장 "더 좋은 언약의 중보자 그리스도(8:1-13)"에서 상세하게 다루기로 한다. '보증'(ἔγγυος)이란 용어는 히브리어 성경의 번역인 칠십인 역본(LXX)에는 나타나지 않으나, 칠십인 역본의 외경(外經)에는 등장한다(예수 시락서 29:15f; 마카비2서 10:28).[31] ἔγγυος는 자구적 의미로는 '보증인'(guarantor), '보증'(guarantee)을 의미하나, 여기서는 맹세하신 하나님의 전권(全權)에 근거를 둔 확실함을 의미한다(16절

31) Abbott-Smith, *A Manual Greek Lexicon*, 127.

풀이 참조). 모든 권세를 가지신 하나님의 맹세함으로써 세워진, 영원한 대제사장 예수는 모세의 법에 따른 레위 계통의 제사장을 능가하며 탁월하다. 맹세의 '보증인'이신 하나님에 비하면, 모세는 하나님과 인간 사이를 중재하는 '중보자'(μεσίτης)에 불과하다(갈 3:19f 참조). 이런 점에서 오직 예수만이 '보증인'이시다.[32] 예수 그리스도는 하나님의 아들로 하나님 우편에 계신 그의 맹세로써 세워진 영원한 대제사장이므로 '더 좋은 언약의 보증'이시다.

IV. 멜기세덱

'멜기세덱'(Μελχισέδεκ)이란 용어는 구약성경에서 아주 드물게 등장한다. 곧, 창세기 14:18, 20과 시편 110:4에서만 이 용어가 나타난다. 이로 인해, 구약 이후에 이에 대한 해석이 분분하였다. '멜기세덱'에 대한 구약성경, 초기 유대교, 신약성경, 비(非)기독교 문헌들의 해석을 간단하게 일별(一瞥)하면 다음과 같다.

1. 구약성경

구약성경에서 '멜기세덱'을 언급한 두 곳 중 먼저 창세기(14:17-20)를 살펴보면, 아브람이 소돔에 거주하던 그의 조카 롯이 엘람 왕 그돌라오멜에게 잡혀갔다는 소식을 듣고, 자신의 가신 318명을 거느리고 그돌라오멜과 그와 함께 한 왕들을 쳐부수고 빼앗겼던 재물과 조카 롯과 그의 재물과 또 부녀와 친척을 찾아온 후 돌아오는 길에, 지극히 높으신 하나님의 제사장이요 살렘 왕 멜기세덱이

32) Michel, 『히브리서』, 380 참조.

아브람을 영접하고 떡(진설병)과 포도주(마시는 제물)를 가지고 나와(창 14:18), 그를 위해 천지의 주재이시며 지극히 높으신 하나님께 복을 빌어 주었다(창 14:19). 이에 아브람은 대적을 물리치게 하신 지극히 높으신 하나님을 찬송하며, 자신이 얻은 것에서 십분의 일을 멜기세덱에게 주었다(창 14:20). 창세기에서 ‘멜기세덱’에 관한 언급은 이것이 전부다. 이 짧은 구절에 나타난 ‘멜기세덱’에 대해 알 수 있는 것은 그가 “살렘 왕”(βασιλεὺς Σαλημ)이며, “지극히 높으신 하나님의 제사장”(ἱερεὺς τοῦ θεοῦ τοῦ ὑψίστου)이고, 그에게 아브람이 ‘십분의 일’(δέκατος)을 주었다는 것뿐이다.

‘살렘’(שָׁלֵם)은 이스라엘의 정치와 신앙의 중심지인 ‘예루살렘’이며, ‘살렘 왕’(מֶלֶךְ שָׁלֵם) ‘멜기세덱’(מַלְכִּי־צֶדֶק)이란 이름은 ‘나의 왕’이란 의미의 히브리어 ‘말키’(מַלְכִּי)와 ‘의로운’을 뜻하는 ‘체덱’(צֶדֶק)의 합성어로, ‘나의 왕은 의로우시다’ 또는 ‘의의 왕’을 의미한다. 그는 ‘지극히 높으신 하나님을 섬기는’(לְאֵל עֶלְיוֹן) ‘제사장’(כֹּהֵן)이다.

멜기세덱은, 구약성경에서 그를 언급하는 두 번째 구절인 시편 110:4에서, 예루살렘을 정치적 · 신앙적 수도로 삼고 중앙 성소화(聖所化)한 다윗의 보좌에 앉으신 메시아의 전형(Vorbild)으로 여겨졌다.[33] 다윗은 여호와 우편에 앉아 계신 주(110:1)를 “멜기세덱의 반차를 따른 영원한 제사장”으로 노래하였고, 그가 ‘노하시는 날에 왕들을 쳐서 깨뜨리실 것’(110:5)이라고 예언하였다. 이런 관점에서 시편 110편은 히브리서 구조의 뼈대를 제공한다.

---

33) 이에 대하여는 『독일성서공회 관주 · 해설 성경전서 개역개정판』 제4판(서울: 대한성서공회, 2005), 구약성경 29, 창 14:18-20에 대한 해설 참조.

2. 고대 랍비 문헌

시편 110편에 대한 고대 랍비 문헌에 나타난 해석에 대하여는 슈트락(H. L. Strack)과 빌러벡(P. Billerbeck)이 공저(共著)한 『탈무드와 미드라쉬적 신약주석』 "특주 19: 고대 랍비 문헌의 시편 110편"[34]에서 찾아볼 수 있다. 이는 예수께서 바리새인들과 '그리스도(메시아)' 논쟁을 담은 기사(마 22:43-46)와 '영원히 멜기세덱의 반차를 따르는 제사장'을 언급하는 히 5:6에 대한 고대 랍비 문헌에 대한 특주(特註)이다. 이 특주를 요약하면, 다음과 같다.

시편 110편에 대한 고대 랍비적 해석은 크게 '비(非)메시아적 해석'과 '메시아적 해석'으로 대별(大別)된다. '비(非)메시아적 해석'으로는 '멜기세덱'이 '아브라함'(453-56)[35]이나 '히스기야'(456), '다윗'(456 f)[36]으로 해석되었고, 메시아적 해석'으로는 '멜기세덱'이 '메시아 자신'(457), '종말역사의 구원시대의 주로서 다윗'(457f)으로 여겨지다가, '영원한 제사장'(460-5)으로 해석되었다.

멜기세덱을 메시아에 적용한 해석은 Aboth RN 34에서 찾을 수 있다. 그에 따르면, 메시아는 장차 종말시대의 대제사장으로서 하나님에 의해 사랑받는 자가 될 것이라는 점을 입증을 위해 시

34) Hermann L. Strack, & Paul Billerbeck, *Kommentar zum Neuen Testament aus Talmud und Midrasch* IV/1(München: C.H.Beck'sche Verlagbuchhandlung, 1926, [7]1978), 452-65.

35) 창 14:19을 해석하면서 멜기세덱이 하나님 앞에서 아브람의 이름을 말하였기에 대제사장 직분이 멜기세덱으로부터 아브라함에게 이양되었다고 여긴다. 랍비 이스마엘에 의하면, 멜기세덱에 의해 아브라함에게 제사장직이 수여되어, 아브라함은 '제사장'과 '왕'적인 기능을 함께 가지고 있다고 여겼다.

36) 시편 110편을 다윗에 적용하여 해석할 때, 멜기세덱의 방식을 따른 제사장은 풀리지 않는 수수께끼로 남는다.

110:4가 인용된다. 이 경우, '왕' 직분과 '대제사장' 직분은 메시아 시대에 서로 분리된다고 여겨졌다. 메시아적 왕을 대제사장 직분의 담지자로 여기는 예언 말씀인 슥 6:13에 대한 타르굼(targum)에 의하면, 많은 사람들이 '다시 올 엘리야'를 메시아 시대의 대제사장으로 기다렸다(462).

학가다(Haggada)에서 멜기세덱은 노아의 아들 셈(Sem)으로 여겼다.[37] 창세기 14:18에 대한 예루살렘 타르굼에 의하면, 한 의로운 왕, 노아의 아들 셈, 예루살렘의 왕이 아브라함에게 나아가 그에게 빵과 포도주를 가져다주었고, 그때 아브라함은 그 시대에 지극히 높으신 분 앞에서 제사장으로서 섬겼다.

3. 신약성경

히브리서(5:6ff; 6:20; 7:1ff)가 보여주듯이, 초기 기독교에서는 시편 110:4을 그리스도의 대제사장직에 대한 성서적 증명구절로서 높이 평가하였다.[38] 히브리서의 저자는 멜기세덱 본문을 하나님의 아들이시며 참된 제사장-왕이신 예수 그리스도에 대한 예언으로 이해하였다. 그에 의하면, 예수 그리스도는 '멜기세덱의 반차를 따른 영원한 제사장'이시다.

이런 관점에서, 슈트로벨(A. Strobel)은 시편 110편을 히브리서 구조의 뼈대로 여겼다. 그것은 다음과 같다.[39]

---

37) 이에 대하여는 Strack, & Billerbeck, *Kommentar* IV/1, 453, 각주 2 참조.
38) 앞의 책, 460.
39) Strobel, *Der Brief an die Hebräer*, 9f.

히 1:1-3	시 110:1("주께서 말씀하시기를")
히 1:4-4:13	시 110:1("너는 내 오른쪽에 앉아 있으라")
히 4:14-6:20	시 110:4("너는 제사장이라")
히 7:1-10:18	시 110:4("영원히 멜기세덱의 반차를 따라")
히 10:19-12:29	시 110:2("주께서 시온에서부터 주의 권능의 규[왕홀]를 내보내시리니")+시 110:5(노하시는 날에 … 그들을 심판하실 것이라)

구약성경의 '멜기세덱' 진술에는 '왕'과 '제사장'의 언급이 함께 있다. 그러므로 신약 저자에 의하면, 이에 부합된 분이 바로 예수 그리스도이다. 이는 8-10장에서 계속 입증될 것이다.

V. 신학적 메시지

본문 단락(7:11-22)은, 위에서 살펴본 것처럼, 그리스도인이 믿는 도리로서 소망이 되신 '아들이신 대제사장 예수 그리스도'를 다루는 '두 번째 큰 단락(4:14-10:18[31])에서 "멜기세덱의 반차를 따른 대제사장 그리스도"를 해명하는 중심 단락인 7장에 속해 있다. 7:11-22 단락에서 저자는 "더 좋은 언약의 보증으로서 예수 그리스도"(7:22)를 논증함으로써 히브리서의 중심 교리를 다루었다. 이 논증은 제7장의 주제, "더 좋은 언약의 중보자, 예수 그리스도"(8:1-13)에서 더 심화되고, 강화된다.

제7장

더 좋은 언약의 중보자
예수 그리스도

(8:1-13)

7.
더 좋은 언약의 중보자 예수 그리스도

(8:1-13)

I. 서론

앞서 다룬 것처럼, 히브리서를 3분 구도(1:1-4:13; 4:14-10:18[31]; 10:19[32]-13:17)로 이루어진 서신으로 구분할 때, 그 가운데 단락은 이 서신의 중심 교리인 '옛 언약의 제사 직분'과 대조적인, 하늘에 계신 영원한 종말론적 대제사장 예수 그리스도를 다룬다. 8장은 '멜기세덱의 반차를 따른 대제사장 예수'를 다룬 7장을 이어서, 히브리서를 처음으로 받는 신앙공동체가 신앙적 권태주의를 이겨내고, 예상되는 임박한 박해를 극복하며, 약속된 '하나님의 안식'에 들어가도록 굳게 붙잡아야 하는 '믿는 도리'로서 교리를 전개한다. 본 장에서 필자는, 먼저, 히브리서 '두 번째 큰 단락'에서 7장과 9:1-10:18 단락을 연결하는 8장을 본문으로 삼아, 8장을 자리 매김하고, 이를 세부적으로 구분한(II) 다음, 본문을 석의(釋義)하고(III), 특주(特註)로

'언약(διαθήκη)'에 대하여 살펴본 다음(IV), 그러고 나서, 본문 단락을 이해하려는 해석자가 올바르게 해석하는 방향과 진의(眞意)를 모색(摸索)하도록, 그 신학적 메시지(V)를 밝히고자 한다.

II. 본문 단락의 자리 매김과 세부 단락 구분

본문 단락인 히브리서 8:1-13 단락은, 히브리서를 거시(巨視)적으로 구분할 때, '히브리서, 개괄적으로 살펴보기'에서 언급한 대로, 히브리서의 '3분(分) 구도(構圖)'에서 '믿는 도리'(ὁμολογία)의 소망이 되신 '아들이신 대제사장 예수 그리스도'를 다루는 '두 번째 큰 단락'(4:14-10:18[31])에 속해 있다. 히브리서의 가운데 단락인 '두 번째 큰 단락'에서 저자는 '옛 언약의 희생제사'와 '새 언약의 희생제사'를 대조하면서, '새 언약', 곧 '더 좋은 언약의 중보자가 하늘에서 멜기세덱의 반차를 따르는 영원한 대제사장이신 예수 그리스도이심을 해명하려 한다. 서두 단락(4:14-16)을 제외한 '두 번째 큰 단락'은 다시 두 단락, 5:1-6:20 단락과 7:1-10:18 단락으로 세분될 수 있다. 본문 단락(8:1-13)은 '두 번째 작은 단락'(7:1-10:18)에서 7장을 이어 대제사장 예수가 새로운 더 나은 언약임을 보여주며, '새 언약에서 드리는 더 좋은 제사'를 다루는 다음 단락과 연결되는 가운데 단락(9:1-10:18)이다. 앞서 언급한 것처럼, 이 '두 번째 작은 단락'에서 히브리서 공동체의 신앙적 권태주의를 극복하기 위해 그들이 굳게 붙잡아야할 '믿는 도리'(ὁμολογία)이신 '영원한 대제사장 예수 그리스도'를 알게 하는 것이 저자의 의도이다.

본문 단락의 전장(前章)인 7장에서 다루었던 '멜기세덱의 반차를 따른 영원한 제사장' 예수를 저자는 이제 이어지는 8장에서 '옛 언약보다 우월한 '더 좋은 새 언약의 중보자'로 해명하려 한다. 8장을 다시 두 단락으로 구분하면, '더 좋은 언약의 중보자이신 천상(天上)의 대제사장'을 다루는 단락(8:1-6)과 '옛 언약을 능가하는 새 언약'을 다루는 단락(8:7-13)으로 나누어진다. 주목할 만한 점은 '두 번째 작은 단락'(8:7-13)에서 히브리어 성경에 대한 최초의 헬라어 역본(譯本)인 칠십인경(LXX)에서 예레미야 38:31-34 단락이 인용(8:8-12)되는데, 마소라 본문으로는 예레미야 31:31-34이다.

앞에서, 본문 단락의 자리를 거시(巨視)적으로, 미시(微視)적으로 매김을 하고, 또 본문 단락의 주제와 이를 세부적으로 구분하였다. 이제 8장의 각 절을 풀이하여, 그 본래적 의미와 그 신학적 메시지를 살펴보기로 하자.

III. 본문 석의(釋義)

1. 본문 사역(私譯)

1 언급된 것들에 대한 요점은 이러한 대제사장이 우리에게 계신다는 것이라 그는 하늘에서 지극히 크신 이의 보좌 우편에 앉으셨으니
2 성소와 참된 장막을 섬기는 이시라. 그것[참 장막]은 주께서 세우신 것이요 사람이 세운 것이 아니니라
3 대제사장마다 예물과 제사 드림을 위하여 세워졌나니, 그러므로 그가 드릴 이 무엇인가도 있어야 하리라
4 그러므로 만일 그분이[예수께서] 땅에 계셨더라면, 결코 그가 제사장이 되지 아니하셨을 것이니, 이는 율법을 따라 예물을 드리는 제사 드리는 자들이 있음이라

5 이들은 하늘에 있는 것들의 모형과 그림자로 섬기느니라. 모세가 장막을
지으려 할 때에 지시하심을 받음과 같으니, 보라, 그가 말씀하시기를, 모
든 것을 산에서 네게 보였던 본을 따라 지으라고 하셨느니라
6 그러나 이제 그는 더 나은 섬기는 직분을 얻으셨으니, 그는 더 좋은 약속
위에 세워진 더 좋은 언약의 중보자와 같으니라
7 저 첫째 것[언약]이 무흠하였더라면, 둘째 것을 위하여 자리가 요구되지
않았으려니와
8 그들의 잘못을 지적하여 말씀하시기를, 주께서 이르시되, 보라 날이 이르
리니, 내가 이스라엘 집과 유다 집과 더불어 새 언약을 맺으리라
9 [또] 주께서 이르시기를, 그 언약은 '내가 그들의 조상들의 손을 잡고 애굽
땅에서 인도하여 내던 날에 그들과 맺은 언약과 같지 아니하도다. 그들이
내 언약 안에 머물러 있지 아니하므로, 나 또한 그들을 돌보지 아니하였
노라
10 또 주께서 이르시되, 그 날 후에 내가 이스라엘 집과 맺을 언약은 이것
이니, 내 법을 그들의 생각에 두고 그들의 마음에 그것들을 기록하리라.
나는 그들에게 하나님이 되고 그들은 내게 백성이 되리라
11 또 각각 자기 나라 사람과 각각 자기 형제를 가르쳐 이르기를, 주를 알
라 하지 아니할 것은 그들이 작은 자로부터 큰 자까지 다 나를 앎이라
12 내가 그들의 불의에 긍휼을 베풀 것이며 그들의 죄를 다시 기억하지 아
니하리라 하셨느니라
13 새 것[언약]이라 말씀하심으로써 첫 것은 낡아지게 하신 것이니 낡아지고
쇠하는 것은 없어져 가는 것이니라

2. 각절 본문 풀이

8장은 앞 장의 주제인 '멜기세덱의 반차를 따른 영원한 제사장 예수'를 '옛 언약을 능가하는 '더 좋은 새 언약의 중보자'로 입증한다. 이는 '더 좋은 언약의 중보자이신 천상(天上)의 대제사장'(8:1-6)

과 '옛 언약을 능가하는 새 언약(8:7-13)의 주제를 다루며, 양자는 서로 연결되어 있다.

가. '더 좋은 언약의 중보자'이신 천상(天上)의 대제사장(1-6절)

히브리서 저자는 이 단락에서 이후 단락에서 전개될, 하늘에 계신 대제사장의 세 기본 주제들을 다루는데, "이러한 대제사장에게 속해 있는 제물"(8:3), "그가 하늘에서 드리는 제사"(8:2, 4f), 그리고 "그를 지니고 있는 새로운 구원언약"(8:6)이 그것이다.[1]

[1절] **언급된 것들에 대한 요점(κεφάλαιον ἐπὶ τοῖς λεγομένοις)은 이러한 대제사장이 우리에게 계신다는 것이라(τοιοῦτον ἔχομεν ἀρχιερέα) 그는(ὃς) 하늘에서 지극히 크신 이의(τῆς μεγαλωσύνης ἐν τοῖς οὐρανοῖς) 보좌 우편에(ἐν δεξιᾷ τοῦ θρόνου) 앉으셨으니(ἐκάθισεν)** (Κεφάλαιον δὲ ἐπὶ τοῖς λεγομένοις, τοιοῦτον ἔχομεν ἀρχιερέα, ὃς ἐκάθισεν ἐν δεξιᾷ τοῦ θρόνου τῆς μεγαλωσύνης ἐν τοῖς οὐρανοῖς)

이 서신의 저자는 요점(κεφάλαιον)을 말한다. '요점'으로 옮겨진 케팔라이온은 '주요 내용' 또는 '총합'(요약)이라는 뜻을 지닌 단어다. 요약된 내용은 히브리서의 첫 번째 수신자들('우리')에게 이러한 (τοιοῦτος)[2] 대제사장이 함께 계신다는 점이다. 그는 하늘에 계시며, 그것도 '지극히 크신 이'(ἡ μεγαλωσύνη<μέγας)의 보좌 우편에(ἐν δεξιᾷ

---

1) August Strobel, *Der Brief an die Hebräer* (NTD 9/2; Göttingen: V. & R., [4]1991), 167f. 슈트로벨에 의하면, 이 세 주제는 이후 단락에서 저자가 즐겨 사용하는 '교차대구법'(chiasm)적 순서로 배치되어 8:1-10:18 단락의 마지막 단락에서 '이러한 대제사장의 제물' 단락으로 종결된다.

2) 이는 선행사(先行詞)와 연결된 '상관 관계대명사'(Korrelativa)이다. F. Blass & A. Debrunner, *Grammatik des neutestamentlichen Griechisch*, Rv. by F. Rehkopf (Göttingen; V. & R., [16]1976), §304 참조.

τοῦ θρόνου) 앉아 계신다. '지극히 크신 이'로 옮겨진 '메갈로쉬네'(μεγαλωσύνη)는 '존엄', '지존(至尊)자'를 의미하며 '지존하신 하나님'(the Majesty of God)을 가리킨다. 이 용어는 신약성경에서 유다서(1:25)에서 한 번 등장하는 것을 제외하면, 오직 히브리서에서 두 번(1:3; 8:1) 나타난다.3) 히브리서의 경우, 두 번 모두 지극히 높으신 하나님을 우회적으로 표현하는 단어이다. 하나님의 아들이 보좌 우편에 앉으셨다는 것은 시편 110:1("…내가 네 원수들로 네 발판이 되게 하기까지 너는 내 오른쪽에 앉아 있으라…")을 따라 히브리서에서 이미 여러 번 언급되었다(1;3, 13; 8:1; 10:12; 12:2). 예수께서 앉아 계시는 보좌는 믿는 자들이 나아가는 "은혜의 보좌"(4:16)이며, 또한 "지극히 크신 이의 보좌"이다. 이때, '은혜'나 '지존'은 하나님이나 그의 행위를 우회적으로 표현하는 용어4)이다. 속격(屬格) 표현인 'τῆς μεγαλωσύνης'는 '성질의 속격'(Genituvus qualitatis)으로 형용사 대신 사용된 것5)이다. 히브리서에서 예수께서 앉아 계신 보좌는, 묵시적 이해와 달리6), 그의 높으신 위엄과 초월성에도 불구하고 지상에 있는 신앙공동체를 위해 변호하는 효과적인 자리를 의미한다.

[2절] 성소(τῶν ἁγίων)와 참된 장막을(καὶ τῆς σκηνῆς τῆς ἀληθινῆς) 섬기는 이시

---

3) J.B. Smith, *Greek-English Concordance to the New Testament* (Scottdale: Herald Press, 1955), 223. 이 용어는 고전 그리스어에서는 사용되지 않으며, 신약성경에 나타나는 모든 경우는 교회사에서 인용되었다. 이에 대하여는 G. Abbott-Smith, *A Manual Greek Lexicon of the New Testament* (Edinburgh: T & T Clark, [3]2005), 281 참조.

4) Otto Michel, 『히브리서』(*Der Brief an die Hebräer*), 강원돈 역 (「국제성서주석」 43; 서울: 한국신학연구소, 1987), 396.

5) Blass & Debrunner, *Grammatik*, §165(1) 참조.

6) 이에 대하여는 Michel, 『히브리서』, 397 참조.

라(λειτουργὸς) 그것[참 장막]은 주께서 세우신 것이요(ἔπηξεν ὁ κύριος) 사람이 세운 것이 아니니라(οὐκ ἄνθρωπος) (τῶν ἁγίων λειτουργὸς καὶ τῆς σκηνῆς τῆς ἀληθινῆς, ἣν ἔπηξεν ὁ κύριος, οὐκ ἄνθρωπος)

'성소'(τὸ ἅγια)와 '참된 장막[7]'(ἡ σκηνή τῆς ἀληθινῆς)은 '땅에 있는 성소와 성막'과 대조되는 하늘에 있는 것으로 고대 유대 묵시문학적 개념이다. 예컨대, 『레위의 유언서』나 『솔로몬의 지혜서』에서 '하늘의 성소'가 언급된다.[8] '땅에 있는 성소와 성막'과 '하늘에 있는 성소와 성막'의 대조는 저자에 의해 헬라 세계의 형이상학이나 영지주의적인 관점과, 그것이 사람이 아니라 하나님의 세운 것이라는 점에서 다루어진다. 다시 말하면, '땅과 하늘'의 대조는 인간이 사는 땅의 차안(此岸)성의 평가절하,[9] 반대로, 하늘의 피안(彼岸)성에 대한 평가절상을 위해 사용되지 않았다. 여기서는 양자의 대조는 설립자의 주체에 관련되어 있다. 또 이러한 공간적 종말론의 대조에서 '땅에 있는 장막'은 궁극적인 것이 아니라는 '임시성'을 드러내는 반면, '하늘에 있는 장막'은 궁극적이며 영원한 것임을 보여준다. 이

7) '장막'에 해당하는 헬라어 '스케네'(σκηνή)는 신약성경에 나타나는 20회 중 10회가 히브리서에서 사용되었다. Smith, *Greek-English Concordance*, 321.

8) 『레위 유언서』 5절에서, "그 천사가 내게 하늘의 문들을 열어주었는데, 네가 '거룩한 성소'(τὸν ναὸν τὸν ἅγιον)를 보았으며, 또한 영광의 보좌에 앉으신 지극히 높은 자를 보았다"는 기록이 발견되며, 솔로몬의 지혜서 9:8("너는 네 거룩한 산 위에 성소를 세우라고 명하고, 네가 거주하는 성에 한 제단을 세우라 이는 '네가 처음부터 준비하였던 성막의 모형'[μίμημα σκηνῆς ἁγίας ἣν προητοίμασας ἀπ' ἀρχῆς]이니라")에서도 하늘의 성소를 찾을 수 있다. Hermann L. Strack & Paul Billerbeck, *Kommentar zum Neuen Testament aus Talmud und Midrasch* III (München: C.H. Beck'sche Verlagbuchhandlung, [1926] [7]1979), 700 참조.

9) 이에 대하여는 Michel, 『히브리서』, 398 참조.

런 점에서, '참된 장막'이 이해되어야 한다. 이때, '참된'에 해당하는 헬라어는 히브리서에서는 ἀληθινῆς 대신 ἀληθινός가 사용되었다(8:2; 9:24; 10:22). '하늘에 있는 성소와 장막'이 참된 것이라 하여, '땅에 있는 장막'이 결코 '거짓된 것'이라는 것을 의미하지는 않는다.[10] 예수 그리스도는 사람이 아니라 주께서 세우신, 하늘에 있는 성소와 참된 장막에서 '섬기는 분'(λειτουργός)이다. '레이투르고스'(λειτουργός)는 신약성경에서 사용된 다섯 번[11] 중 두 번이 히브리서에 나타난다(1:7['사역자'로서 천사]; 8:2). 1절에 언급된 '대제사장'(ἀρχιερεύς)은 '섬기는 분'이다. 이때 '섬기다'(λειτουργεῖν)란 일반적 용례로 '봉사하다'의 의미가 아니라, 칠십인 역본의 용례와 마찬가지로 '제사를 드리다'는 제의적 의미로 사용된 용어이다. 예수는 사람이 아닌 하나님이 세우신 하늘의 성소에서 성도들을 위해 섬기는 영원한 대제사장이시다.

[3절] **대제사장마다(Πᾶς γὰρ ἀρχιερεὺς) 예물과 제사 드림을 위하여(εἰς τὸ προσφέρειν δῶρά τε καὶ θυσίας) 세워졌나니(καθίσταται), 그러므로(ὅθεν) 그가 드릴 이 무엇인가도 있어야 하리라(ἀναγκαῖον ἔχειν τι καὶ τοῦτον ὃ προσενέγκῃ.)** (Πᾶς γὰρ ἀρχιερεὺς εἰς τὸ προσφέρειν δῶρά τε καὶ θυσίας καθίσταται· ὅθεν ἀναγκαῖον ἔχειν τι καὶ τοῦτον ὃ προσενέγκῃ.)

3절은 예수께서 '하늘에 있는 성소와 참된 장막'에서 '섬기는 분'이심을 설명하기 위해 대제사장의 직무에 대한 일반적인 규정(제5

10) Thomas R. Schreiner, 『토마스 슈라이너 히브리서 주석』(*Commentary on Hebrews*, 장호준 역, 서울: 복 있는 사람, 2016), 372 참조.

11) 이 용어는 히브리서 외에 롬 13:6; 15:16; 빌 2:25에 나온다. Smith, *Greek-English Concordance*, 215.

장의 해당구절 주석 참조)이 삽입된다. 이 정형(定形)의 삽입절은 앞서 5:1, "대제사장마다 사람 가운데서 택한 자이므로 하나님께 속한 일에 사람을 위하여 예물과 속죄하는 제사를 드리게 하나니"에 언급되었다. 예수께서 하늘에 계신 대제사장이시라면, 그 역시 이러한 무엇인가를 드릴 것이 있어야 한다.

[4절] **그러므로(οὖν) 만일 그분이[예수께서] 땅에 계셨더라면(εἰ μὲν οὖν ἦν ἐπὶ γῆς), 결코 그가 제사장이 되지 아니하셨을 것이니(οὐδ' ἂν ἦν ἱερεύς), 이는 율법을 따라 예물을 드리는 제사 드리는 자들이 있음이라(ὄντων τῶν προσφερόντων κατὰ νόμον τὰ δῶρα·)** (εἰ μὲν οὖν ἦν ἐπὶ γῆς, οὐδ' ἂν ἦν ἱερεύς, ὄντων τῶν προσ-φερόντων κατὰ νόμον τὰ δῶρα·)

3절을 이어 전형적인 문체로 비현실적 진술이 뒤따른다. 예수의 제사장 직분이 하늘의 것이기에, 그분이 땅에 계셨더라면, 결코 그가 제사장이 되지 아니하셨을 것이다. 왜냐하면, 땅에는 율법을 따라 제사를 위해 예물을 드리는, 레위 계통의 제사장들이 있었기 때문이다. 이때 "제사 드리는 자들이 있기에"를 의미하는 ὄντων τῶν προσφερόντων은 '이유'를 나타내는 '절대속격구문'(Genitivus absolutus)이다.

[5절] **이들은(οἵτινες) 하늘에 있는 것들의 모형과 그림자로(ὑποδείγματι καὶ σκιᾷ … τῶν ἐπουρανίων,) 섬기느니라(λατρεύουσιν). 모세가(Μωϋσῆς) 장막을 지으려 할 때에(μέλλων ἐπιτελεῖν τὴν σκηνήν) 지시하심을 받음과(κεχρημάτισται) 같으니(καθὼς), 보라(ὅρα), 그가 말씀하시기를(φησιν), [곧(γάρ),] 모든 것을(πάντα) 산에서(ἐν τῷ ὄρει) 네게 보였던 본을 따라(κατὰ τὸν τύπον τὸν δειχθέντα σοι) 지으라(ποιήσεις)고 하셨느니라** (οἵτινες ὑποδείγματι καὶ σκιᾷ λατρεύουσιν τῶν ἐπουρανίων, καθὼς κεχρημάτισται Μωϋσῆς μέλλων ἐπιτελεῖν τὴν σκηνήν· ὅρα γάρ φησιν, ποιήσεις πάντα κατὰ τὸν τύπον τὸν δειχθέντα σοι ἐν τῷ ὄρει·)

'이들'(οἵτινες)은 '땅에 있는 제사장들'을 가리킨다. 그들은 하늘에 있는 것들의 '모형'(ὑπόδειγμα)과 '그림자'(σκιά)이다. '보여주다'를 의미하는 동사 '휘포데이그누미'(ὑποδείγνυμι)에서 유래된 '휘포데이그마'(ὑπόδειγμα)는 권장의 '본'이나 경고의 '본보기'(4:11)의 의미로 사용되거나, '모형'(8:5; 9:23)의 뜻으로 사용되었다. '그림자'(σκιά)[12)]는 '모형'과 함께 하늘에 있는 것들과 대조되는 땅에 있는 것들을 묘사하는 짝말이다. 이는 10:1에서 '율법'을 "장차 올 좋은 일의 그림자"로 묘사하는 것과 관련되어 있다. '땅에 있는 제사장들'은 '모형'과 '그림자'로서 섬긴다. 이때 '섬기다'(λατρεύειν)는 8장 이전에 사용된 '레이투르게인'(λειτουργεῖν)과 비슷한 뜻을 지니며, 8:5 이후 비로소 사용된다.[13)]

"모세가 장막을 지으려 할 때에"에서 '지으려 하다'(μέλλων ἐπιτελεῖν)의 μέλλων은 부정사와 함께 사용되어 '~일(할) 것이다'(be going to)나 '막 ~하려하다'(be about to)는 뜻으로 사용된다. 이어서 '지시하심을 받다'(χρηματίζεσθαι)가 나오는데, κεχρημάτισται는 헬라 종교의 신탁(神託)과 관련하여 신(神)이 제관(祭官)에게 '가르침을 베풀다'는 의미로 사용된 χρηματίζειν[14)]의 현재완료 수동태로 '지시하심을 받았

---

12) 이는 신약성경에서 7회 등장하는데, 히브리서에서 2회, 마태, 마가, 누가의 복음서, 사도행전과 골로새서에 각 1회씩 나타난다. Smith, *Greek-English Concordance*, 321.

13) Michel, 『히브리서』, 401 참조.

14) 이 용어도 히브리서에서는 '섬기다'(λατρεύειν)과 마찬가지로 8장 이후로 사용된 용어(8:5; 11:7; 12:25)이다.

다는 뜻이다. 이제 '땅에 있는 제사장들'이 '모형'과 '그림자'로서 섬기는 것을 입증하기 위하여 출 25:40의 칠십인 역본 본문(ὅρα ποιήσεις κατὰ τὸν τύπον τὸν δεδειγμένον σοι ἐν τῷ ὄρει)이 인용된다. 모세가 장막을 지으려 할 때에 하나님으로부터 "모든 것을 산에서 네게 보였던 본을 따라 지으라"는 지시하심을 받았다. 여기서 '모형과 그림자'와 함께 '본'(τύπος)이란 용어가 등장한다.

저자는 '땅에서 섬기는 이들'과 새로운 '하늘에서 섬기는 제사장'을 설명하기 위해 땅의 것은 하늘의 원형을 따라 세워진 모형에 불과하다는 "유대적이며 알렉산드리아적인 우주론"15)이 고려된다. 이를 위해 저자는 "원형-모형 우주론"(Urbild-Abbild-Kosmologie)16)을 통해 '땅의 제사직'과 '하늘의 제사직'을 해명하려 한다. 이를 위해 사용된 용어가 '모형'(ὑπόδειγμα, Abbild)과 '그림자', 그리고 '본'(τύπος, 원형[Urbild])이다. 천상의 '본'이 '땅의 것'의 원형(原形)이며 참된 것이다. 이런 점에서, '본'(τύπος)은 율법이 "참 형상"(ἡ εἰκών τῶν πραγμάτων)이 아니라 "장차 올 좋은 일의 그림자"(σκιὰ τῶν μελλόντων ἀγαθῶν)라고 말하는 10:1에서 사용된 '형상'(εἰκών)과 동일한 뜻으로 사용되었다. '참 장막'(9:11)과 '참 성소'(9:24)에 대해서는 9장에서 해명될 것17)이다.

[6절] '그러나 이제'(νυν[ὶ] δὲ) 그는 '더 나은'(διαφορωτέρας) 섬기는 직분을(τέτυχεν λειτουργίας) 얻으셨으니, 그는 '더 좋은 약속 위에 세워진'(ἐπὶ κρείττοσιν ἐπαγγελίαις

---

15) Harald Hegermann, *Der Brief an die Hebräer* (Theologischer Handkommentar zum Neuen Testament XVI; Berlin: Evangelische Verlagsanstalt, 1988), 164.

16) 앞의 책, 같은 곳.

17) 『독일성서공회판 관주·해설 성경전서』 (서울: 대한성서공회, [4]2004)의 '히브리서 단락 안내,' 360 참조.

νενομοθέτηται) '더 좋은 언약의 중보자'(κρείττονος διαθήκης μεσίτης)와 같으니라 (νυν[ὶ] δὲ διαφορωτέρας τέτυχεν λειτουργίας, ὅσῳ καὶ[also] κρείττονός ἐστιν διαθήκης μεσίτης, ἥτις ἐπὶ κρείττοσιν ἐπαγγελίαις νενομοθέτηται.)

'그러나 이제'(νυν[ὶ] δὲ)는 문학적으로는 '논리적'으로나 '반대 명제적'으로 사용될 수 있지만, 이 구절에서는 논리적 의미뿐 아니라 시간적으로 '옛 언약'과 '새 언약'을 구분하는 '종말론적 전환'을 의미한다(2:8; 9:26; 11:16 참조). 예수 그리스도의 더 나은 제사장 되심은 이 절에 나타나는 세 가지 어구(語句)에서 설명된다.[18] 곧 그는 "더 나은 섬기는 직분"(διαφορωτέρας[διαφορωτέρος, superior, far superior <διάφορος의 비교급, different] ··· λειτουργίας)을 얻으셨으니, 그는 "더 좋은 약속 위에"(ἐπὶ κρείττοσιν ἐπαγγελίαις) 세워진(τέτυχεν< τυγχάνειν, obtain, receive, attain), "더 좋은 언약의 중보자"(κρείττονός ··· διαθήκης μεσίτης)와 같다(ἥτις: ~와 같은 정도로, to the degree that).

여기서 히브리서에서 '대제사장이신 그리스도'를 설명하는 중요한 의미를 지니고 있는 두 가지 용어가 등장하는데, '언약'(διαθήκη)과 '중보자'(μεσίτης<μέσος)이다. '언약'은 이어지는 본문 단락의 두 번째 작은 단락(7-13절)의 핵심주제이다. 예수 그리스도는 구약성경에서 약속된 새 언약이며 '더 좋은 언약'이다. 그리고 이 두 개념은 별개의 것이 아니라, 예수에게서 하나로 결합되어 있다. 그러므로 그리스도는 "더 좋은 언약의 중보자"다. '언약'에 대해서는 7-13절 단락과 아래의 "IV. 특주: '언약'(διαθήκη)"에서 더 자세하게 다루기로 하고, 여기서는 '중보자'(μεσίτης)만 다루면, 다음과 같다.

'중보자'로 옮겨진 헬라어 단어 '메시테스'(μεσίτης)는 헬라 세계에

---

18) 이에 대하여는 Schreiner, 『토마스 슈라이너 히브리서 주석』, 375 참조.

서는 법적 용어이다. 그 뜻은 둘로 나누어진 양편 간의 '중재자'나 '화해자', 또는 어느 한편을 위한 '증인'이나 '보증인'이다. 유대교에서도 '중재인'의 개념(סַרְסוֹר)이 있다.[19] 율법이 중재인의 손을 통해 전해진 것처럼, 중재인을 통해 사용(해석)되어야 한다. 이 경우 '중재인'은 해석자이다. 또 『단의 유언서』(6:2)에서는 '천사'가 하나님과 사람 사이의 중재자이다.[20] 신약성경에서 이 용어는 모두 6회 사용되는데, 바울서신(갈 3:19, 20; 딤전 2:5)과 히브리서(8:6; 9:15; 12:24)에서만 나타나고,[21] 모두 예수 그리스도와 관련되어 등장한다. 그 중 한 번은 율법을 중재한 '천사'와 관련되어 사용되었다(갈 3:19). 또 '메시테스'는 고전 헬라어에서는 나타나지 않으며, 칠십인 역본(욥 9:3)에서는 '바인'(בֵּין)의 그리스어 역어(譯語)이다.[22] 히브리서에서 이 용어는 '더 나은, 천상의, 영원한 대제사장 예수 그리스도'를 "더 좋은 언약의 중보자"(8:6)와 "새 언약의 중보자"(9:15; 12:24)로 묘사하기 위해 사용되었으며, 모든 경우 '언약'과 함께 나타나고, 둘 다 결합되어 '새(더 나은) 언약의 중보자'라는 어구로 히브리서 특유의 기독론적 용례로 사용되었다. 무엇보다도, 히브리서의 용례에서 '중보자' 용어는 '언약' 용어와 같이 헬라적 법률 용어가 아니라, 구약성경과 고대 유대교의 표상들과 관련되어 있다. 그러므로 히브리서에서 '중보자'와 '언약' 용어는 이 용어 개념의 '토대'가 아니라 '해석'이다.[23]

---

19) 이에 대하여는 Strack & Billerbeck, *Kommentar zum Neuen Testament aus Talmud und Midrasch* III, 556 참조.

20) Michel, 『히브리서』, 403 참조.

21) Smith, *Greek-English Concordance*, 227.

22) Abbott-Smith, *A Manual Greek Lexicon*, 285.

23) Michel, 『히브리서』, 404 참조.

나. '첫 언약'을 능가하는 '새 언약'(7-13절)

이제 저자는 두 번째 단락에서 '새 언약'이 '첫 언약'보다 "더 좋은 언약"(8:6)인 이유를 예레미야서(31:31-34; LXX 38:31-34)를 인용함으로써 밝히고자 한다. 이 인용절은 '인용 개시(開始) 도입문'(7-8a)으로 시작하여 '인용 종결문'(13절)로 마감된다. '새 언약'이 '첫 언약'보다 '더 좋은' 것은 하나님의 약속이 이미 예수 그리스도를 통하여 성취되었기 때문이다. 그러므로 승천하신 이후로 하나님의 보좌 우편에 앉아 계신 '영원한 대제사장' 예수께서 '새 언약의 중보자'이심으로 "새 언약의 때는 종말론적인 때"[24]이다. 하나님의 구원행위는 예전처럼 지금도 '하나님의 언약'이 그 기초가 된다.[25]

이 단락은 6절에서 저자가 세운 명제인 '예수는 더 좋은 약속으로 세워진 더 좋은 언약의 중보자시다'를 이 서신에서 가장 긴 구약성경 인용을 통해 '작은 것으로부터 큰 것으로'(a minori ad maius)라는 유대교의 성경 해석방법으로 논증[26]한다.

[7절] 저 첫째 것[언약]이 무흠하였더라면(Εἰ γὰρ ἡ πρώτη ἐκείνη ἦν ἄμεμπτος), 둘째 것[언약]을 위하여(δευτέρας) 자리가 요구되지 않았으려니와(ἐζητεῖτο τόπος) (οὐκ ἂν δευτέρας ἐζητεῖτο τόπος) (Εἰ γὰρ ἡ πρώτη ἐκείνη ἦν ἄμεμπτος, οὐκ ἂν δευτέρας ἐζητεῖτο τόπος.) [8a절] 그들의 잘못을 지적하여(μεμφόμενος αὐτοὺς) 말씀하시기를, (μεμφόμενος γὰρ αὐτοὺς λέγει·)

이는 '더 좋은 언약의 중보자'이신 예수 그리스도를 논증하기 위

---

24) Michel, 『히브리서』, 406 참조.
25) Hegermann, *Der Brief an die Hebräer*, 168.
26) Strobel, *Der Brief an die Hebräer*, 92.

하여 성경 인용을 시작하는 '개시(開始) 도입문(導入文)'이다. '저 첫째 것(언약)'(ἡ πρώτη ἐκείνη [διαθήκη])은 무흠(無欠)한(ἄμεμπτος)[27] 것이 아니다. '아넴프토스'는 '비난 받을 것이 없는', '흠이 없는'의 뜻으로 사용되었으며, 칠십인 역본에서는 주로 히브리 성경의 '탐(תָּם)이나 '타밈'(תָּמִים)을 헬라어로 옮길 때 사용한 용어[28]이다. 그러므로 이는 '온전한(τέλειος)의 뜻으로 사용되었다. '첫 언약이 무흠하지 않다. 그러했다면(ἄν은 어떤 구조에서 만일이나 가능의 사태를 가리키는 불변사다), '둘째 언약 곧 '새 언약이 요구되지도 않았다. 이에 하나님께서 이스라엘의 잘못을 지적하여(책망하여) 말씀하신다. 히브리서에 언급된 살아있는 '하나님의 말씀'(4:12f 참조)에 의하면, 그의 '첫 언약은 '새 언약을 통해서 대체되었는데, 예레미야서의 말씀은, 저자의 '하나님 말씀 신학'의 관점에서 볼 때, "하나님이 말씀하시면, 그것이 일어난다."[29]는 것을 보여주기 위해 인용된다. 8절 하반절에서 12절까지 예레미야 31:31-34 단락의 헬라어(LXX) 본문(렘 38:31-34)이 인용된다. 인용절은 '새 언약 주제를 다루고 있는데, 원래 이는 포로로 잡혀간 예레미야가 주께로부터 받은 예언으로, 포로로 사로잡힘이 이스라엘의 끝이 아니라 그들이 다시 고토(古土)로 돌아올 것이라는 희망을 담고 있는 메시지였다.

---

27) 이 용어는 신약성경에서 모두 5회 등장하는데, 빌립보서 2회, 그리고 누가복음, 데살로니가전서, 히브리서에서 각 1회에 등장하는데(Smith, *Greek-English Concordance*, 16 참조), '세례요한의 부모의 삶'(눅 1:6), '성도가 지향해야 하는 삶'(빌 2:15; 살전 3:13), '바리새인 바울'(빌 3:6), '옛 언약의 속성'(히 8:7)을 나타낸다. 히브리서에서는 오직 이 구절에서만 등장한다.

28) Abbott-Smith, *A Manual Greek Lexicon*, 24.

29) 앞의 책, 같은 곳.

[8b절] 주께서 이르시되(λέγει κύριος), 보라(ἰδοὺ) 날이 이르리니(ἡμέραι ἔρχονται), 내가 '이스라엘 집과 유다 집과 더불어'(ἐπὶ τὸν οἶκον Ἰσραὴλ καὶ ἐπὶ τὸν οἶκον Ἰούδα) 새 언약을(διαθήκην καινήν) 맺으리라(συντελέσω) (ἰδοὺ ἡμέραι ἔρχονται, λέγει κύριος, καὶ συντελέσω ἐπὶ τὸν οἶκον Ἰσραὴλ καὶ ἐπὶ τὸν οἶκον Ἰούδα διαθήκην καινήν)

'주께서 이르시되'(λέγει κύριος)는 '인용 양식문'으로 구약 인용 단락(8-12절)에서만 세 번 나타난다(8, 9, 10절). '보라(ἰδού)'는 히브리어 '힌네'(הִנֵּה)를 옮긴 헬라어로, 하나님의 종말론적 말씀에 대한 '주목(注目)'을 요구한다. '보라 날이 이르리니'(ἰδοὺ ἡμέραι ἔρχονται)는 예레미야서에서 '종말론적 양식구'이다(렘 7:32; 9:25; 16:14; 23:5, 7; 31:27, 31, 38; 48:12; 49:2; 51:47, 52). '이스라엘 집과 유다 집'(ὁ οἶκος Ἰσραὴλ καὶ ὁ οἶκος Ἰούδα)은 '온 이스라엘'을 지칭하며, 종말론적으로는 보편적 구원을 베푸시는 하나님의 은혜와 관련되어 있다. 하나님은 그의 백성과 '새 언약(διαθήκη καινή)을 맺을 것이다. 이때 '새 언약을 맺다'(συντελεῖν διαθήκη καινή)는 히브리어 '카라트 베리트 하다사'(כָּרַת בְּרִית חֲדָשָׁה)를 헬라어로 옮긴 것이다.

[9절] [또] 주께서 이르시기를(λέγει κύριος), 그 언약은 '내가 그들의 조상들의 손을 잡고'(ἐπιλαβομένου μου τῆς χειρὸς αὐτῶν) '애굽 땅에서 인도하여 내던 날에'(ἐν ἡμέρᾳ … ἐξαγαγεῖν αὐτοὺς ἐκ γῆς Αἰγύπτου) 그들과 맺은(ἣν ἐποίησα τοῖς πατράσιν αὐτῶν) 언약과 같지 아니하도다(οὐ κατὰ τὴν διαθήκην). 그들이 내 언약 안에 머물러 있지 아니하므로(ὅτι αὐτοὶ οὐκ ἐνέμειναν ἐν τῇ διαθήκῃ μου), 나 또한 그들을 돌보지 아니하였노라(κἀγὼ ἠμέλησα αὐτῶν) (οὐ κατὰ τὴν διαθήκην, ἣν ἐποίησα τοῖς πατράσιν αὐτῶν ἐν ἡμέρᾳ ἐπιλαβομένου μου τῆς χειρὸς αὐτῶν ἐξαγαγεῖν αὐτοὺς ἐκ γῆς Αἰγύπτου, ὅτι[이유] αὐτοὶ οὐκ ἐνέμειναν ἐν τῇ διαθήκῃ μου, κἀγὼ ἠμέλησα αὐτῶν, λέγει κύριος·)

한글성경은 두 번째 '주께서 이르시기를'(טַרְכָּא גָּלְגַּל) 양식어구로 9절이 시작되나 헬라어 원문에서는 말미에 놓여 있다. 이는 히브리 성경에서 '여호와의 말씀이니라'(נְאֻם־יְהוָה)로 끝나는 '예언 종결양식문'이다, 그 언약은 하나님께서 이스라엘을 애굽 땅에서 인도하여 그들과 맺은 언약과 같지 않다. '첫 언약이 파기된 것은 하나님의 언약을 받은 이스라엘이 그 언약 안에 머물러 있지 않아, 하나님께서 그들을 돌보지 않았기 때문이다. 이때, '돌보지 않다'에 해당하는 헬라어는 '아멜레인'(ἀμέλειν)으로 '경시(輕視)여기다'(disregard), '무시하다'(neglect)는 뜻을 지닌 동사이다.

[10절] 또 '주께서 이르시되'(λέγει κύριος, נְאֻם־יְהוָה) '그 날 후에'(μετὰ τὰς ἡμέρας ἐκείνας) '내가 이스라엘 집과 맺을'(ἣν διαθήσομαι τῷ οἴκῳ Ἰσραὴλ) '언약은 이것이니'(ὅτι αὕτη ἡ διαθήκη), '내 법을 그들의 생각에 두고'(διδοὺς νόμους μου εἰς τὴν διάνοιαν αὐτῶν) '그들의 마음에 그것들을 기록하리라'(ἐπὶ καρδίας αὐτῶν ἐπιγράψω αὐτούς) '나는 그들에게 하나님이 되고'(ἔσομαι αὐτοῖς εἰς θεόν) '그들은 내게 백성이 되리라'(αὐτοὶ ἔσονταί μοι εἰς λαόν) (ὅτι αὕτη ἡ διαθήκη, ἣν διαθήσομαι τῷ οἴκῳ Ἰσραὴλ μετὰ τὰς ἡμέρας ἐκείνας, λέγει κύριος· διδοὺς νόμους μου εἰς τὴν διάνοιαν αὐτῶν καὶ ἐπὶ καρδίας αὐτῶν ἐπιγράψω αὐτούς, καὶ ἔσομαι αὐτοῖς εἰς θεόν, καὶ αὐτοὶ ἔσονταί μοι εἰς λαόν·)

'그 날(αἱ ἡμέραι ἐκεῖναι)은 종말론적 구원과 심판의 때를 가리키는 묵시적 표현인데, 구원사의 결정적 시점이다. 그 날 후에 하나님은 이스라엘 집과 언약을 맺으신다. '새 언약을 통하여 이루어지는 하나님의 구원 행위는 세 가지이다.[30] 첫째, 하나님의 법이 돌판이 아니라 그들의 생각과 마음에 기록되어, 하나님과 언약을 맺은 그들과 하나님과의 새로운 관계가 맺어진다. 곧, 하나님은 그들에게 하나님이 되고 그들은 하나님의 백성이 될 것이다.

예레미야서 31:31-34의 '새 언약'에 관한 예언 말씀은 고대 미드라쉬에서 비교적 드물게 인용되었는데, 렘 31:32에 대한 '칠십인 역본'(LXX)의 헬라어 본문과 타르굼(Targum) 본문에 의하면, 다음과 같다.

> "(하나님이 말씀하시기를) 이 세상에서 내가 너희에게 토라를 주었으며, 몇 사람들이 그것[율법]에 몰두하리라. 그러나 미래에는 내가 그것을 모든 이스라엘에게 가르쳐, 이들이 그것을 가르치고 잊어버리지 않을 것이다. 곧, 이것이 이 날 이후로 내가 이스라엘 자녀들과 맺을 언약이니라는 야훼의 말씀이니라. 이르시기를, 내가 나의 율법(Tora)을 그들의 마음에 두고 그들의 마음에 기록하리라. 그 결과, 내가 그들에게 하나님이 되고, 그들은 나에게 백성이 되리라"[31]

이것이 예언된 '새 언약'이다. 여기서 특정 율법교사를 통한 율법교육이 아니라 '율법교육의 보편화' 주제가 나타난다. 또 '신명기역사서'의 주요 메시지 중 하나인 '육체의 할례'가 아니라 '마음의 할례'를 연상케 하는, '돌 판에 새겨진 십계명'이 아니라 '마음에 새겨진 율법'이 묘사된다. 이 '새 언약'으로써 하나님과 새로운 관계가 맺어진다.

---

30) 이에 대하여는 Michel, 『히브리서』, 407 참조.

31) Strack & Billerbeck, *Kommentar zum Neuen Testament aus Talmud und Midrasch* III, 704.

[11절] **또 '각각 자기 나라 사람'(ἕκαστος τὸν πολίτην αὐτου)과 '각각 자기 형제를'(ἕκαστος τὸν ἀδελφὸν αὐτοῦ) 가르쳐(διδάξωσιν) 이르기를(λέγων), '주를 알라'(γνῶθι τὸν κύριον) 하지 아니할(οὐ μή) 것은 그들이 작은 자로부터 큰 자까지 다(πάντες … ἀπὸ μικροῦ ἕως μεγάλου αὐτῶν) 나를 앎이라(εἰδήσουσίν με)** (καὶ οὐ μὴ διδάξωσιν ἕκαστος τὸν πολίτην αὐτοῦ καὶ ἕκαστος τὸν ἀδελφὸν αὐτοῦ λέγων· γνῶθι τὸν κύριον, ὅτι πάντες εἰδήσουσίν με ἀπὸ μικροῦ ἕως μεγάλου αὐτῶν) [γνῶθι: γινώσκειν 2인칭 단수 부정과거 능동태 명령법]

'새 언약을 통한 하나님의 두 번째 구원 행위는 하나님은 그들로 하여금 작은 자로부터 큰 자까지 다 주를 알게 하신다. 사람이 '주를 알라'고 가르치는 것을 통하여 하나님을 인식하는 것이 아니라, 하나님으로 말미암아 모든 사람이 주를 인식하게 된다.

[12절] **내가 그들의 불의에 긍휼을 베풀 것이며(ἵλεως ἔσομαι ταῖς ἀδικίαις αὐτῶν) 그들의 죄를 다시 기억하지 아니하리라(τῶν ἁμαρτιῶν αὐτῶν οὐ μὴ μνησθῶ ἔτι) 하셨느니라**

인용된 성경에 언급된 바, '새 언약을 통한 하나님의 세 번째 구원 행위는 하나님께서 불의(ἀδικία)를 행한 그들을 '불쌍히 여기실'(ἵλεως: merciful, 여격 지배 형용사) 것이며, 그들의 죄(ἁμαρτίαι)를 '더 이상'(ἔτι: moreover, further) '기억하지 아니 하실 것'(μνησθῶ: μιμνήσκομαι, 1인칭 단수 부정과거 수동태 가정법)이다. 히브리서에서 '하나님의 안식'[32]으로 들어가는 '새 언약의 완성은 예수의 십자가 죽음에서 시작된다. 약속된 하나님의 구원 행위는 이미 '완성'된 것이 아니지만, 지금 이 땅에서 '성취'되고 있다. 곧, 마음에 기록된

32) 이에 대하여는, 본서 제4장(히 4:1-11)을 참조하라.

'새 언약'에 순종하며, '율법교사'를 통해 하나님을 아는 것이 아니라, 하나님 자신에 의해 누구나 다 하나님을 알게 되며, 첫 언약에서 단지 약속되었던 죄 사함은 사람이 드리는 제물이 아니라 하나님의 긍휼하심으로써 받는다. 이제 8절에서 시작되었던 긴 성경 인용은 "하셨느니라"로써 마감된다.

[13절] **'새 것[언약]이라 말씀하심으로써'**(ἐν τῷ λέγειν καινὴν) **'첫 것은 낡아지게 하신 것이니'**(πεπαλαίωκεν τὴν πρώτην), **'낡아지고 쇠하는 것은 없어져 가는 것이니라'**(τὸ παλαιούμενον καὶ γηράσκον ἐγγὺς ἀφανισμοῦ. ,ἐν τῷ λέγειν καινὴν πεπαλαίωκεν τὴν πρώτην· τὸ δὲ παλαιούμενον καὶ γηράσκον ἐγγὺς ἀφανισμοῦ.)

'새 것'[언약]을 말씀하심으로써(ἐν τῷ λέγειν καινὴν), 그가 첫 것을 낡아지게 하신 것이니(πεπαλαίωκεν τὴν πρώτην), '낡아지고'(παλαιούμενον: παλαιόω의 현재 수동태 분사) '쇠하는'(γηράσκον: γηράσκω의 현재 능동태 분사, '늙어 가다, 쇠하여지다'[become old]) 것은 없어져 가는 것에(ἀφανισμός: 멸망, 사라짐) 가까이 가는 것(ἐγγύς: 속격 지배 형용사)이다. '소멸'이나 '사라 없어짐'을 의미하는'아파니스모스'는 '아파니제인'(ἀφανίζειν)에서 유래된 명사로, 신약성경에서 오직 여기서만 나타난다.[33]

13절은 어떤 '신학적 명제 진술'이라기보다는 '일반적 명제 진술'이다. 곧, 첫 것이 낡아지는 것이라면, 낡아지고 쇠하는 것은 없어져 가는 것이다. 굳이 이 진술에서 신학적 특성을 찾는다면, 첫 것이 낡아지게 하는 분이 하나님이시라는 점이다.

이 절에서 '새로운'에 해당하는 헬라어 '카이노스'(καινός) 용어[34]의

---

33) Abbott-Smith, *A Manual Greek Lexicon*, 70.

신학적 의미가 조사되어야 한다. '카이노스'는 히브리서에서 3회(8:8, 13; 9:15) 등장하는데, 모두 '기독론'의 관점에서 그리스도를 '옛 언약'과 대조된 '새 언약'과 관련되어 나타난다. 곧, 영원한 천상의 대제사장 예수 그리스도는 "더 좋은 언약의 중보자"(8:6, κρείττονός διαθήκης μεσίτης)이며, 하나님께서 이스라엘 집과 유다 집, 곧 하나님을 믿는 자들과 더불어 새 언약을 맺으리라는 예레미야의 예언(렘 31:31)을 이루신 "새 언약의 중보자"(9:15, διαθήκης καινῆς μεσίτης)이시다. 예수 그리스도는 '첫 언약' 때에 범한 인간의 죄로부터 그들을 속량하기 위해 십자가에 죽으셔서, 부르심을 받은 자로 하여금 영원한 기업의 약속을 얻게 하신다(히 9:15).

13절은 대립쌍 개념 중 한 가지가 언급되었을 때 다른 한 가지를 함께 진술하여 주제에 대한 논증을 마감하는, 전형(典型)적으로, '유대 랍비적 종결절'[35]이다. 곧, '새 언약을 맺다'(συντελείν διαθήκη καινή)라는 주제를 종결 지을 때, 그 대립쌍 주제인 '옛 언약을 낡아지게 하다'(παλαιοῦν διαθήκη παλαιά)와 함께 언급하여 논증을 마감한다.

IV. 특주: 히브리서의 '언약'(διαθήκη)

히브리서에서 '언약'은 각 절 풀이에서 다루기보다는 보설(補說)

34) 이에 대하여는 장흥길, "신약성경의 관점에서 바라보는 새 시대, 새 교회-신약성경에서의 '새로움' 관련 용어를 중심으로," 『새 시대, 새 교회』(「바른신학 균형목회 자료집」 제11집; 서울: 한지터, 2018), 60-93 (특히, 75-77) 참조.

35) 이런 추론 방식에 대하여는 F. Weber, *Jüdische Theologie*, §26, 109-18을 참조(Michel, 『히브리서』, 409, 각주 7에서 재인용).

로 다루어야 하는 히브리서의 주요 개념이다. 필자는 최근에 소논문, "신약성경의 '언약'-διαθήκη 용어를 중심으로"[36]에서 신약성경 전체에 나타난 '언약' 용어의 신학적 용례를 조사하였다. 여기서는 '히브리서'에서 사용된 이 용어의 신학적 용례를 중심으로, 요약·정리하여 살펴보기로 한다.[37] 그것은 다음과 같다.

'언약'에 해당하는 헬라어 '디아테케'는 동사 διατίθεσθαι에서 유래된 명사이다. 동사 형태는 '따로 세우다', '나누어 놓다', '배열하다', '정돈하다'는 뜻이다. 이 동사는 신약성경에서 오직 중간태로만 사용되어 '명하다/세우다'(행 3:25; 히 8:10), '맡기다'(눅 22:29), '유언하다'(히 9:16f)라는 세 가지 의미로 사용되었다[38]. 신약성경에서 명사형 '디아테케'는 일반적으로는 '유언(遺言)'이나 '유서(遺書)'(갈 3:15)의 의미로 사용되었고, 신학적으로는 히브리어 '베리트'(בְּרִית)를 옮긴 헬라어로 '언약'(행 3:25, 7:8; 롬 9:4, 11:27; 고전 11:25; 고후 3:6; 히 8:8, 9:15)의 의미로 사용되었다. 신학적 용례의 경우, 이 용어는 서로 간의 의무가 수반되는 '쌍무(雙務)'적 계약이 아니라, 하나님의 주권에 의해 일방적으로 주어진 '편무(片務)'적 언약이다.

'디아테케'는 신약성경에서 모두 33회 등장하는데,[39] 예수를 '더 좋은 새 언약의 '보증'(7:22)과 '중보자'(8:6; 9:15)로 소개하는 히브리서에서 가장 자주(17회) 나타나며, 바울서신에서 두 번째로 자주(9

36) 장흥길, "신약성경의 '언약'-διαθήκη 용어를 중심으로," 『성서마당』 128(2018), 119-29.

37) 특히, 위의 글, 126f 참조.

38) W. Bauer, 『바우어 헬라어 사전』(*Griechisch-Deutsches Wörterbuch zu den Schriften des Neuen Testaments und der frühchristlichen Literatur von Walter Bauer*, 이정의 역, 서울: 생명의 말씀사, 2017), s.v. "διατίθημι," 357f.

39) Smith, *Greek-English Concordance*, 81.

회: 롬 2회, 고전후 3회, 갈 3회, 엡 1회) 나타나고, 복음서에서는 모두 공관복음에서만 네 번, 그것도 예수의 '수난사' 중 '주의 만찬'에서 잔을 '언약의 피'로 묘사하는 말씀(마 26:28 // 막 14:24 // 눅 22:20)에서 나타난다. 동사형 '디아티테스타이'(διατίθεσθαι)는 신약성경에서 총 7회 등장하는데, 오직 히브리서에서 4회(8:10; 9:16, 17; 10:16)와 누가의 문헌에서 3회(눅 22:29[두 번]; 행 3:25) 나타난다.[40] 그러니까, 명사든 동사든 신약성경에서는 히브리서에서 가장 자주 사용된다, 그것은 이 용어들이 히브리서에서 다루어지는 '영원한 하늘 대제사장 예수 그리스도'로 말미암는 '기독론적 구원론'의 주요 개념이기 때문이다.

신약성경에서 '디아테케' 용어의 신학적 용례는, '유언(遺言)' 또는 '유훈(遺訓)'이라는 일반적 의미로 사용된 곳(갈 3:15; 히 9:16f)을 제외하고는, '칠십인역'(LXX)의 용례와 마찬가지로, 하나님께서 인간과 맺은 '언약'이라는 의미로 사용되었다. 히브리서 외에, 이 용어의 신학적 용례[41]를 간단하게 일별하고, 그러고 나서, 히브리서에서 '디아테케' 용어의 신학적 의미를 해명하면, 다음과 같다.

히브리서를 제외하고, 이 용어의 신학적 용례를 요약하면, 세 가지다. 첫째, 디아테케는 하나님께서 부르신 자기 백성을 위한 '구원 약속'이다. 둘째, '주의 만찬' 전승에서 '잔'은 인간의 죄를 사하는 '언약의 피'로, 언약은 예수 그리스도의 대속(代贖)적 은혜이다. 셋째, 바울의 경우 '새 언약'은 그리스도 사건이다.

---

40) Smith, *Greek-English Concordance*, 86.

41) 이에 대하여는, 무엇보다도 *Exegetisches Wörterbuch zum Neuen Testament* I. s.v. "διαθήκη," by H. Hegermann (Stuttgart: Kohlhammer, 1980), 720-25 참조.

이제, 히브리서에서 '언약' 용어의 용례를 살펴보면, '새 언약'의 보증이며 중보자이신 그리스도를 논증하기 위해, 앞서 언급한 것처럼, '디아테케' 용어는 신약성경에서 과반(過半)이 히브리서에서(33회 중 17회), 그것도 '영원한 종말론적 대제사장'이요 '더 좋은 언약'의 보증과 중보자'인 그리스도와 관련하여 7장 이후에 집중적으로 나타난다[42]. 바울처럼, 히브리서 저자는 예수 그리스도를 예레미야의 예언에 언급된 '새 언약'(διαθήκη καινή)과 관련지으며(8:8), 바로 그가 "새 언약의 중보자(διαθήκης καινῆς μεσίτης)"(9:15)임을 밝힌다. 이때, 하늘 제사장 예수께서 중재하는 '언약'은 단지 '새 언약'일 뿐 아니라 '더 좋은 언약'(7:22; 8:6)이다. 이런 관점에서, 하나님의 우편에 계신 예수는 "더 좋은 언약의 보증"(7:22)이며, "더 좋은 언약의 중보자(κρείττονός διαθήκης μεσίτης)"(8:6)다. 다른 신약 저자들처럼, 히브리서 저자도 '주의 만찬' 전승의 '잔'을 예수께서 십자가에서 흘리신 피, 곧 "언약의 피"(τὸ αἷμα τῆς διαθήκης, 9:20)로 여기는 모형론(模型論)적 해석을 한다. 하나님께서 모세를 통하여 이스라엘 백성에게 명하신, 첫 번째 '언약의 피', 곧 '첫 언약'은 무흠(無欠)하지 않았다(8:7). 그러므로 하나님은 예수의 "영원한 언약의 피로써"(αἵμα διαθήκης αἰωνίου) 그의 아들 예수를 믿는 자들과 '새 언약', 곧 '더 좋은 언약'을 세우셨다(13:20). 십자가상에서 피를 흘리신 예수는 '죄가 없는'(χωρὶς ἁμαρτίας) 분이시다(4:15). 그는 단지 하나님의 부르심을 받아 사람을 위하여 하나님께 예물과 제물을 드리는 '대제사장'으로 세워진 분일뿐' 아니라(8:3), 오히려 하나님의 뜻에 순종하여 친히

---

42) 7장, 12장, 13장에서 한번씩, 10장에서는 두 번, 특히, 예수 그리스도를 '새 언약의 중보자'로 밝히는 8장에서 다섯 번, '그리스도의 단회(單回)적 희생'을 강조하는 7장에서 무려 일곱 번 사용되었다.

십자가에서 죽으심으로써 단 번에 영원한 제물(5:1-10; 7:23-28; 9:1-22)이 되신 '큰 대제사장'(ἀρχιερεὺς μέγας)이다(4:14). 여기서 고대 기독교 주변세계에서는 결코 찾아볼 수 없는 '제사장'과 '희생 제물'의 일치가 나타난다. 나사렛 예수는 땅에서, 십자가상에서 자신을 모든 사람의 대속물(代贖物)로 내어주신 '희생 제물'이시며(막 10:45 참조), 동시에 그는 하늘에서 '새 언약', 곧 '더 좋은 언약'을 보증하며 중재하는 영원한 종말론적 '대제사장'이시다. 이것이 예수 그리스도의 '하늘 대제사장 직분'의 독특성이며 차별성이다.

V. 본문 단락이 주는 신학적 메시지

전술(前述)한 바, "더 좋은 언약의 중보자, 예수 그리스도" 주제를 논증하는 8장의 신학적 메시지를 요약적으로 서술하면, 다음과 같다. 첫째로, 8장이 전하고자 하는 요점은 7장에서 다루었던 바 "멜기세덱의 반차를 따르는 제사장"(7:17)으로서 "더 좋은 언약의 보증"(7:22)이 되신 예수께서 히브리서 공동체에게 계시다는 것, 그들이 바라보고 믿고 있다는 것이다(1절). 이런 점에서, '영원한 대제사장 그리스도'를 다루는 '두 번째 큰 단락'(4:14-10:18[31])은 '믿음의 순례자에 대한 신앙적 권면'을 다루는 '세 번째 큰 단락'(10:19[32]-13:17)과 밀접하게 결합된다. 둘째로, 모세를 통하여 세워진 지상에 있는 성소와 장막, 제사장은 사람이 아닌 하나님이 세우신 하늘에 있는 성소와 참 장막, 하늘의 제사장 예수 그리스도의 '모형과 그림자'이다(2-5절). 셋째로, 그는 하나님께서 '더 좋은 약속'으로 세우신 '더 좋은 언약의 중보자'시다(6절). '옛 약속'도 '좋은 약속'이었지만, 영원한 것이 아니었으며 온전하지 못했다. 이런 점에서, '새 언약'을 '옛 언약'을 폐기하고 이를 단순하게 대체하는 것으로 여기는 '대체주의'(supersessionism) 내지는 '대체신학'(replacement theology)은 신학적으로 신중한 판단이 요구된다. 넷째로, "더 좋은 언약"(6절)은 구약성경에서 예언된 "새 언약"(8절)이며, 하나님과 사람 사이에 쌍무계약이 아니라, 하나님의 은혜와 긍휼하심으로써 하나님과의 새로운 관계가 맺어지는 "내 언약"(9절)이다(8-12절). '새 언약'이 구약에서 예언되었다는 점에서 '새 언약'은 '옛 언약'의 '실현'이요 '성취'이다. 마지막으로, 성취된 예언으로서 '새 언약'은 '첫 언약'을 낡아지게 하는 것이다(13절). '첫 언약', 곧 '옛 언약'은 '새 언약'을 통해 성취된다. 이런 점에서 신약을 구약의 성취로 보는 '구속사 신학'은 정당하다. 그럼에도 불구하고, '옛 언약'과 '새 언약'은 양립(兩立)될 수 없다.[43] 왜냐하면, '새 언약'을 받은 히브리서 신앙공동체에게는 '옛 언약'이 더 이상 실행될 수 없으며, 그들 안에서 '온전성'과 '영원성'에 있어서 무흠하지 않음으로 이미 폐기되었기 때문이다. 그들은, '하나님의 안식'에 들어가도록, 본향을 찾아가는 믿음의 '나그네', '순례자'로서 멜기세덱의 반차를 따라 하늘에서 영원한 대제사장직을 수행하시는 하나님 우편에 계신 예수 그리스도가 그들에게 계신다는 '믿는 도리'를 굳게 붙잡아야 한다. 이것이 히브리서의 신앙공동체, 곧 본향을 향해 유랑하는 하나님의 백성들의 '나그네 신학'(theologia viatorum)[44]이다.

---

43) 이에 대하여는 Schreiner, 『토마스 슈라이너 히브리서 주석』, 379 참조.
44) 이에 대하여는 E. Käsemann, *Das wandernde Gottesvolk: Eine Untersuchung zum Hebräerbrief* (Göttingen: V. & R., ^{2}1957) 참조.

제8장

영혼을 구원함에 이르는 믿음을 가진 자

(10:32-11:7)

8.
영혼을 구원함에 이르는 믿음을 가진 자

(10:32-11:7)

I. 서론

히브리서를 3분 구도(1:1-4:13; 4:14-10:18[31]; 10:19[32]-13:17)로 구성된 서신으로 구분할 때, 그 '첫째 큰 단락(1:1-4:13)은 '천사나 모세보다 크신 하나님의 아들을 통해 선포된 하나님의 말씀'을 다루고, '가운데 큰 단락'(4:14-10:31)은 땅에서 옛 언약의 제사 직분을 섬긴 제사장과 대조적으로, '믿는 도리'(ὁμολογία)의 소망이 되신 '하늘에 계신 영원한 종말론적 대제사장 예수 그리스도'라는 히브리서의 독특한 중심 교리인 '대제사장 기독론'을 전개하며, 그리고 '마지막 큰 단락'(10:32-13:17)은 '하나님의 안식'에 들어가려고 본향을 향하여 믿음의 길을 걸어가는 성도들에게 담대함과 인내를 권유하는 권면을 다룬다. 본 장에서 필자는, 먼저, 히브리서의 '세 번째 큰 단락'이자 '마지막 큰 단락'(10:32-13:17)의 서두에 놓여 있는 10:32-

11:7 단락을 본문 단락으로 삼아, 이 단락을 세부적으로 구분하고 (II), 본문을 석의(釋義)한 다음(III), 특주(特註)로 '히브리서의 믿음 (pi,stij)'에 대하여 살펴본 후(IV), 그리고 나서, 본문 단락을 해석하는 독자(讀者)가 올바르게 이해하고 해석하며, 올바른 석의(釋義)의 방향과 진의(眞意)를 모색(摸索)하도록, 그 신학적 메시지(V)를 해명하고자 한다.

II. 본문 단락의 자리 매김과 세부 단락 구분

본문 단락인 히브리서 10:32-11:7 단락은, 히브리서를 거시(巨視)적 '3분(分) 구도(構圖)'로 나누어 이해할 때, '하나님의 안식'이 기다리는 영원한 안식처인 하늘의 본향(本鄕)을 향해 믿음의 길을 걸어가는 '나그네'로서 성도들에 대한 '권면의 말씀'을 담은 '세 번째 큰 단락'(10:32-13:17)의 첫머리에 놓인 단락이다. 이를 세분하면, 다음과 같은 작은 단락으로 나눌 수 있다.

10:32-39 히브리서 신앙공동체에게 촉구된 신앙자세: '담대함'과 '인내'
11:1-40 기독교 이전 시대에 살았던 믿음의 증인들
11:1-3 믿음의 본질
11:4-38 하나님의 구원사에 나타난 믿음의 증인들[1)]
4-7 원(原)역사(창 1-11장)의 증인들
8-22 족장들(아브라함, 이삭, 야곱, 요셉)

---

1) 헤거만은 11:4-38을 위에 서술한 작은 네 단락으로 구분한다. Harald Hegermann, *Der Brief an die Hebräer* (ThHNT XVI; Berlin: Evangelische Verlagsanstalt, 1988)의 목차 참조.

23-31 모세와 출애굽 세대
32-38 사사 시대에서 마카비 시대에 이르는 증인들
11:39f 결어: 믿음의 증인들에 대한 평가와 그 이유
12:1-29 시작된 세상종말에 믿음의 길을 걸어가는 그리스도인에 대한 권면
12:1-3 믿음의 길을 걸어가는 그리스도인에 대한 기본권면
12:4-11 성도들이 당하는 고난과 징계, 연단
12:12-17 "화평함과 거룩함을 따르라"는 권면
12:18-29 "삼가 말씀하신 이를 거역하지 말라"는 권면

13:1-17 여러 개별 종결권면들
[13:18-25 서신 종결: 기도 요청(18f), 축복과 문안인사(20-24), 종결축원(25)]

본문 단락은 서술 편의상 "믿음을 가진 자의 신앙자세: '확신'과 '인내'"를 다루는 10장 마지막 단락(32-39절)과, "기독교 이전 시대에 살았던 믿음의 증인들"을 전개하는 11장에서 신앙의 본질을 다루는 '서두 단락'(1-3절)과, '원역사(原歷史)에 묘사된 믿음의 증인들'(4-7절) 단락으로 구성되었다. 이제 10:32-11:7 단락의 각 절을 풀이하여, 그 올바른 본래적 의미와 신학적 메시지를 살펴보기로 하자.

III. 본문 석의(釋義)

1. 본문 사역(私譯)

32 너희가 빛을 받은 후에 많은 고난의 어려운 싸움을 견뎌낸 전날들을 기억하라

33 이는 한편으로는 비방과 환난으로써 구경거리가 되고, 다른 한편으로는 이와 같이 처신하는 자들과 사귀는 자들이 되었으니
34 너희가 갇힌 자들과 함께 고통을 나누고 너희 소유를 빼앗기는 것도 기쁘게 받아들인 것은 더 낫고 영구한 소유가 있는 줄 앎을 인함이라
35 그러므로 너희들의 담대함을 버리지 말라 그것[담대함]이 큰 상을 얻게 하느니라
36 너희에게 인내가 필요함은 너희가 하나님의 뜻을 행한 후에 약속을 받기 위함이라
37 잠시 잠깐 후면 오실 이가 오시리니 지체하지 아니하시리라
38 나의 의인은 믿음으로 말미암아 살리라 또한 뒤로 물러가면 내 마음이 그를 기뻐하지 아니하리라 하셨느니라
39 우리는 뒤로 물러가 멸망할 자가 아니요 오직 영혼(ψυχή)을 구원함에 이르는 믿음을 가진 자니라
1 믿음은 소망되는 것들의 실재요 보이지 않는 것들의 증거이니
2 선진들이 이로써 증거를 받았느니라
3 믿음으로 세계가 하나님의 말씀으로써 지어진 줄을 우리가 아나니, 이는 보이는 것이 나타난 것들로 인한 것이 아니게 하기 위함이라
4 믿음으로 아벨은 가인보다 더 나은 제사를 하나님께 드림으로써, 그로 말미암아 의롭다 하시는 증거를 받았으니, 하나님께서 그가 드린 예물들에 대하여 증언하시니라. 그가 죽었으나 그[믿음으]로써 지금도 말하느니라
5 믿음으로 에녹은 죽음을 보지 않고 옮겨졌으니, 하나님이 그를 옮기심으로 인하여 보이지 아니하였느니라 그는 옮겨지기 전에 하나님을 기쁘시게 하는 자라 하는 증거를 받았느니라
6 믿음이 없이는 하나님을 기쁘시게 하지 못하나니, 하나님께 나아가는 자는 반드시 그가 계신 것과 또한 그가 자기를 구하는 자들에게 상 주는 이 되심을 믿어야 하느니라
7 믿음으로 노아는 아직 보이지 않는 일에 경고하심을 받아, 경외함으로 방주를 준비하여 그 집을 구원하였으니 이로 말미암아 세상을 정죄하고, 믿음을 따르는 의의 상속자가 되었느니라

2. 각절 본문 풀이

본문 단락(10:32-11:6)은 예상되는 "고난의 큰 싸움"(10:32)을 앞두고 증명해야 하는 믿음의 길 도상에 있는 히브리서 신앙공동체에 대한 '믿음'을 격려하고 권면하는 '세 번째 큰 단락'(10:32-13:17)의 서두에 위치해 있다. 세부적으로 이 '마지막 큰 단락'을 구분해보면, 10:32-39 단락은 믿음의 길을 걸어가는 성도들이 구비해야 할 신앙 덕목으로서 '담대함'과 '인내'를 종말적 신앙생활의 전제로 제시하고, 이를 이어 11장은 하나님의 구원사의 관점에서 그들 이전에 '믿음으로' 살았던 "구름 같이 둘러싼 허다한 증인들"(12:1)을 소개하며, 12장은 이러한 믿음의 증인들의 격려와 응원에 힘입어 히브리서 신앙공동체가 영위해야할 신앙적 자세에 대한 '일반적 권면'을 담고 있고, 13:1-17 단락은 이 공동체를 위한 구체적인 개별 권면들과 종결권면을 제시한다.

본문 단락의 '두 번째 작은 단락'(11:1-7)은 다시 둘로 구분되는데, 그 첫 번째 단락이 1-3절은 '믿음'의 본질을 알게 하고, 4-7절은 그들 이전 구원사에서 본보기가 되는 신앙인 가운데 첫 번째 부류에 속하는 신앙의 위인들, 곧 창세기 1-11장에 서술된 '원역사(原歷史)'에 등장하는 믿음의 선조들을 그들을 위한 '믿음의 증인들'로 소개한다. 이들은 이어지는 '믿음의 족장들'(8-22절), '출애굽의 시도자 모세와 약속의 땅 들어가기 이전의 광야 세대'(23-31절), '사사들과 그 이후 히브리서 공동체에 이르기까지 고난을 이겨낸 자들'(32-38절)과 함께, 자신의 믿음을 증명하며 살았던 모범적인 믿음의 증인들이었다.

가. 히브리서 신앙공동체에게 촉구된 신앙자세: '담대함'과 '인내'(10:32-39)

이 단락의 여덟 절은 다시 다음의 작은 단락들로[2] 세분될 수 있다.

32-34절	이전에 히브리서 신앙공동체가 보여준 신앙 모범 사례: 이어지는 권고를 위한 토대로서 그들의 신앙 회상 격려
35f절	히브리서 신앙공동체에 부합된 현재적 권면
37f절	성경 예언의 혼합 인용(합 2:3f과 사 26:20)을 통한 현재적 권면 강화
39절	경고적 종결절: 히브리서 신앙공동체에게 요구되는 올바른 정체성

1) 이전에 히브리서 신앙공동체가 보여준 신앙 모범 사례: 이어지는 권고를 위한 토대로서 그들의 신앙 회상 격려(32-34절)

히브리서의 첫 번째 수신자들은 그리스도인이 된 후로 겪은 많은 고난의 어려움을 잘 이겨내었다. 저자는 지난날들을 회상시킴으로써 그들을 격려하고, 이를 이어지는 기본 권면의 토대로 삼는다.

[32-34절] 너희가 빛을 받은 후에 많은 고난의 어려운 싸움을 견뎌낸 전날들을 기억하라(’Αναμιμνῄσκεσθε δὲ τὰς πρότερον ἡμέρας, ἐν αἷς φωτισθέντες πολλὴν ἄθλησιν ὑπεμείνατε παθημάτων,) 이는 한편으로는 비방과 환난으로써 구경거리가 되고, 다른 한편으로는 이와 같이 처신하는 자들과 사귀는 자들이 되었으니

2) 이에 대하여는 Hegermann, *Hebräer*, 217 참조.

(τοῦτο μὲν ὀνειδισμοῖς τε καὶ θλίψεσιν θεατριζόμενοι, τοῦτο δὲ κοινωνοὶ τῶν οὕτως ἀναστρεφομένων γενηθέντες.) 너희가 갇힌 자들과 함께 고통을 나누고 너희 소유를 빼앗기는 것도 기쁘게 받아들인 것은 더 낫고 영구한 소유가 있는 줄 앎을 인함이라(καὶ γὰρ τοῖς δεσμίοις συνεπαθήσατε καὶ τὴν ἁρπαγὴν τῶν ὑπαρχόντων ὑμῶν μετὰ χαρᾶς προσεδέξασθε γινώσκοντες ἔχειν ἑαυτοὺς κρείττονα ὕπαρξιν καὶ μένουσαν.)

히브리서 신앙공동체는 '빛을 받은 후'(φωτισθέντες) '많은 고난의 어려운 싸움'(πολλὴν ἄθλησιν παθημάτων)을 견뎌내었다(ὑπεμείνατε). 여기서 '어려운 싸움'(ἄθλησις<ἀθλέω)은 신약성경에서 오직 여기에서만 등장하는 용어이다.3) 신학적으로 이 용어는 한편으로는 그들이 겪는 신앙적 박해를 묘사하며, 다른 한편으로는 그에 맞서 이겨내는 믿음의 신실함을 보여준다. 많은 고난의 어려운 싸움을 견뎌낸 '전 날들'(αἱ πρότερον ἡμέραι)을 '기억하라'(ἀναμιμνήσκεσθε)는 권면이면서 동시에 다음에 이어질 기본 권면의 토대이다. 이는 자구(字句)적으로는 '반복적으로'(ἀνα-) '기억하라'(μιμνήσκεσθε)이다. 기독교 신앙으로 인하여 과거에 그들이 겪은 박해에 대한 회상(回想)은 35f절에 요구되는 기본권면의 견고한 기초이다.

그들은 한편으로는 '모욕'(ὀνειδισμός)과 '환난'(θλῖψις)으로써 '구경거리가 되었으며'(θεατρίζεσθαι), 다른 한편으로는 이와 같이 처신하는 자들과 사귀는 자들이 되었다. 이로써 그들은 자신들의 신앙을 입증하였다. 이어서 그들의 신앙 입증 사례가 열거된다. 그들은 갇힌

3) 동사형 ἀθλεῖν는 딤후 2:5에서, 명사형 ἄθλησις은 히 10:32에서만 등장하는 신약성경에 단 한 번 등장하는 용어다. J.B. Smith, *Greek-English Concordance to the New Testament* (Scottdale: Herald Press, 1955), 7; G. Abbott-Smith, *A Manual Greek Lexicon of the New Testament* (Edinburgh: T & T Clark, [3]2005), 11. 명사형 ἄθλησις은 구약성경의 헬라어 역본이나 외경에서는 발견되지 않는다. 오직 히브리서에서만 한 번 발견된다.

자들(δέσμιοι)과 함께 '고통을 나누고'(συνπαθεῖν, 4:15 '동정하다' 참조) 자신의 소유(τὰ ὑπάρχοντα)를 빼앗기는 것을 '기쁘게'(μετὰ χαρᾶς) 받아들였다. 이는 그들이 '더 낫고 영구한 소유'(κρείττονα ὕπαρξιν καὶ μένουσαν)가 있는 줄 알았기 때문이다. 히브리서 신앙공동체가 받은 약속은 '더 낫고 영구한 것이다.

2) 히브리서 신앙공동체에 부합된 현재적 권면(35f)

'그러므로'(οὖν)라는 인과접속사로 시작되는 구절은 "담대함을 버리지 말라"는 부정(μή+ 가정법)으로 표현된 권면으로 인도된다. 예상되는 큰 박해 앞에서 히브리서의 첫 번째 수신자들에게 '담대함'(παρρησία)과 '인내'(ὑπομονή)가 필요하다. 그들은 '담대함'에 있어서는 그것을 버리지 말아야 하며, '인내'에 관하여는 그것이 필요하다. 전자(前者)는 부정적 진술로, 후자(後者)는 긍정적 진술로 표현된다. 그 결과, '담대함'에는 '큰 상'(μεγάλη μισθαποδοσία)이 주어지고, '인내'에는 '약속[하신 것]'(ἐπαγγελία)이 따른다.

[35-36절] 그러므로 너희들의 담대함을 버리지 말라 그것[담대함]이 큰 상을 얻게 하느니라(Μὴ ἀποβάλητε οὖν τὴν παρρησίαν ὑμῶν, ἥτις ἔχει μεγάλην μισθαποδοσίαν) 너희에게 인내가 필요함은 너희가 하나님의 뜻을 행한 후에 약속을 받기 위함이라(ὑπομονῆς γὰρ ἔχετε χρείαν ἵνα τὸ θέλημα τοῦ θεοῦ ποιήσαντες κομίσησθε τὴν ἐπαγγελίαν.)

'담대함'으로 옮겨진 '파레시아'(παρρησία)는 히브리서에서 세 번 발견되는데, 3:6에서는 '확신'(confidence)의 뜻으로, 10:19('담력'), 35에서는 '담대함'의 의미로 사용되었다. 첫 번째 권면은 "담대함을 버리지 말라"이다. '담대함을 버리다'(ἀποβάλλειν τὴν παρρησίαν)는 3:6에서 '확신을 굳게 붙잡다'(παρρησίαν κατέχειν)와 대조적인데, 그것은 인본주의적 신뢰 의지가 아니라 "그리스도가 바친 희생의 열매요, 성령의 선물"[4]이다. '담대함'에는 '보상'이 따른다. '보상'에 해당되는 '미스타포도시아'(μισθαποδοσία)는 11:6의 '상 주시는 이'(μισθαποδότης)와 함께 오직 히브리서에서만 나타나는 용어이다.[5]

게다가, 이 공동체에게 '인내'(ὑπομονή)가 절실하게 요구된다. 자구적으로는 이 단어는 '아래에'(ὑπό) '머물러 있는 것'(μένειν)인데, '인내'는 수동적으로 참아내고 견디는 것이 아니라 '하나님의 뜻'을 행하기 위해 능동적으로 꿋꿋하게 견디어 내는 것을 의미한다.[6] '담대함'에 '보상'이 따른다면, '인내'에는 종말론적 소망인 '약속'(ἐπαγγελία)이 주어진다.

3) 성경 예언의 혼합 인용(합 2:3f과 사 26:20)을 통한 현재적 권면 강화(37f절)

35f의 기본 권면 주제, 특히 '인내'에 대한 요청은 구약성경 구절(합 2:3f)의 인용으로써 강화된다. 이때, 문학적인 면에서, 35절은 38절과, 36절은 37절과 '교차대구'(chiasm)를 이룬다.

---

4) Otto Michel, 『히브리서』(*Der Brief an die Hebräer*), 강원돈 역 (「국제성서주석」 43; 서울: 한국신학연구소, 1987), 495.

5) '미스타포도시아'는 히브리서 2:2; 10:35; 11:26에 나타나며, '상 주시는 이'에 해당하는 '미스타포도테스'(μισθαποδότης)는 신약성경에서 오직 11:6에서만 등장하는, 신약성경의 '유일회(唯一回) 등장 용어'(hapaxlegomenon)이다. Smith, *Greek-English Concordance*, 234.

6) 이에 대하여는 『독일성서공회판 관주 · 해설 성경전서』 (서울: 대한성서공회, 2004) 신약 364, 32-39절 단락 해설 참조.

[37-38절] 잠시 잠깐 후면 오실 이가 오시리니 지체하지 아니하시리라(ἔτι γὰρ μικρὸν ὅσον ὅσον, ὁ ἐρχόμενος ἥξει καὶ οὐ χρονίσει·) 나의 의인은 믿음으로 말미암아 살리라 또한 뒤로 물러가면 '내 마음'(ἡ ψυχή μου)이 그를 기뻐하지 아니하리라 하셨느니라(ὁ δὲ δίκαιός μου ἐκ πίστεως ζήσεται, καὶ ἐὰν ὑποστείληται, οὐκ εὐδοκεῖ ἡ ψυχή μου ἐν αὐτῷ.)

이때, '메시아의 오심'을 예언하는 하박국 2:3f은 '칠십인 역본'(LXX)의 본문을 자구적으로 그대로 인용한 것이다. 여기에 히브리서 저자는 이사야서 26:20(LXX)의 구절인 "잠시 잠깐"(μικρὸν ὅσον ὅσον)을 덧붙여 하박국의 구절 중 '아직'(ἔτι)과 함께 "잠시 잠깐 후면"(ἔτι μικρὸν ὅσον ὅσον)으로 사용함으로써, 이사야와 하박국 두 선지자의 예언을 혼합한 인용 구절로써 35f절의 권면을 강화(强化)한다.

"나의 의인은 믿음으로 말미암아 살리라"(합 2:4b)는 이곳뿐 아니라 로마서 1:17에서 바울에 의해서 인용되었다. 그 경우, 바울은 '율법의 행위'가 사람을 의롭게 하는 것이 아니라 오직 '하나님의 의'가 나타난 복음, 곧 예수 그리스도를 믿음으로 말미암아 '의롭다 여김 받음'이 가능하다는 바울의 주장을 인증하기 위해 이 구절을 인용한다. 반면에, 히브리서 저자는 '믿음', 곧 '담대함(확신)'(35절)과 '인내'(36절)가 '본향(本鄕)'(πατρίς 11:14-16), 곧 '하나님의 안식'으로 인도한다는 것을 입증하기 위해, 하박국 2:4을 인용한다. 그러므로 바울의 경우 '의인'은 예수 그리스도를 믿음으로 말미암아 의롭다 여김을 받은 자이며, 반면에 히브리서 저자의 경우 '의인'은 '담대함'과 '인내함'으로써 하나님께 대하여 신실한 사람을 의미[7]한다.

---

7) 앞의 책, 같은 곳.

4) 경고적 종결절: 히브리서 신앙공동체에게 요구되는 올바른 정체성(39절)

이 종결절에서 히브리서 신앙공동체에 대한 경고와 구원의 약속이 회상된다.

[39절] 우리는 뒤로 물러가 멸망할 자가 아니요 오직 영혼(ψυχή)을 구원함에 이르는 믿음을 가진 자니라(ἡμεῖς δὲ οὐκ ἐσμὲν ὑποστολῆς εἰς ἀπώλειαν ἀλλὰ πίστεως εἰς περιποίησιν ψυχῆς.)

이 절의 서두에 놓인 '우리'(ἡμεῖς)는 히브리서 저자가 선호하는 문체[8]인데, 이는 "권면의 말씀"(ὁ λόγος τῆς παρακλήσεως)을 받아들여야 할 당사자로, 이들의 권면 준수에 대한 저자의 간절함이 반영되어 있는 저자의 표현법이다. '우리'로 묘사된 히브리서의 첫 수신인 신앙공동체는 뒤로 물러가 멸망할 자가 아니다. 오히려, 그들은 영혼을 구원하는 '선교 공동체'로서 '믿음'을 가진 자이다. 10장의 종결절에서 '믿음'이 언급됨으로써, 이제 '믿음의 증인'을 열거하는 11장과 자연스럽게 연결된다. 이런 점에서, '믿음'은 다음 장과 연결하는 '경첩어'이다.

나. '두 번째 작은 단락'(11:1-7)

앞 단락에서 '담대함'과 '인내'를 요청하는 기본 권면이 '경고적 종결절'로써 마감되고, 이제 그리스도인이 하늘의 본향을 찾아가는 믿음의 순례길에서 '두 신앙 덕목(德目)'으로써 참고 견뎌나갈 수

8) 히브리서에서 강조형 '우리'(ἡμεῖς) 문체가 사용되는 것에 관하여는 2:3; 3:6; 10:39; 12:1, 25 참조.

있도록, '옛 언약에 나타난 믿음의 선조들'이 범례(範例)적으로 다루어진다. 이들은 히브리서 신앙공동체 이전에 주어진 '옛 언약'에서 찾을 수 있는 '믿음의 증인들'이다. 10:32-39 단락과 11:1-12:3 단락을 결합되게 하는 주요 개념은 다름 아닌 '믿음'(πίστις)이다. 11:1-32 단락에서 거명(擧名)되면서 열거된 신앙의 조상들은 모두 16명[9]이며 그 외에도 많은 사람들이 있으나, 이들만을 언급하는 것으로 히브리서 신앙공동체를 격려하고 응원하기에 충분하다(11:32). 이들 가운데, 남자 외에 여자(사라[11절], 라합[31절])도 있고, 여자 중에서 '열국의 어머니'인 사라가 있는가 하면, 기생 라합도 언급된다. 이는 신약성경에서 찾을 수 있는 '구원의 보편주의'(Heilsuniversalism)를 보여준다. 또, 이 '신앙의 증인' 목록 가운데에는 창세기 1-11장에 언급된 원(原)역사의 신앙위인도 있고, 그 이후 역사에서 활동한 위대한 신앙위인들(족장, 출애굽 영도자, 사사, 왕, 선지자)도 있다. 이들은 갖가지 고난과 어려움 가운데서 믿음의 '담대함'과 '인내함'의 본을 보여준 '신앙의 모범'이다(11:33-38). 물론, 옛 언약의 증인들 모두는 믿음으로 말미암아 증거, 곧 하나님의 인정을 받았다. 그러나 그들은 약속된 것을 받지 못하였으며, 그로 인하여 아직 목표에 이르지 못하였다(11:39). 그것은 하나님께서 새 언약의 공동체를 위하여 그리스도의 희생을 통한 '더 좋은 언약'(8:6-13; 10:1 참조)을 예비하셨고, 그들이 아니면 옛 언약의 증인들이 온전함을 이루지 못

---

9) 이름이 언급된 인물로는 '원역사'(11:4-7)에서 세 명(아벨, 에녹, 노아), '족장사'(11:8-22)에서 다섯 명(아브라함, 사라, 이삭, 야곱, 요셉), '출애굽 기사'(11:23-31)에서 두 명(모세, 라합), '사사 시대'와 '왕국 시대'(11:32)에 여섯 명(기드온, 바락, 삼손, 입다, 다윗, 사무엘)이 열거되고, 그 외에도 11:33-38 단락에 다양한 모양으로 고난과 죽음으로써 믿음을 증명한 많은 인물들이 있었음을 알려준다.

하게 하셨기 때문이다(11:40). 물론, 그렇다고 하여, 구약에 언급된 신앙 증인이 평가절하 되지는 않는다. 그들은 '옛 언약 공동체'에서처럼 '새 언약 공동체'에게도 여전히 탁월한 신앙의 모범이 되며, 모범으로 남아 있을 것이다. 다만, '옛 언약'과 '새 언약'의 대조에서 '옛 언약'은 '새 언약'의 영속성과 온전성에 비해, 임시적이고 온전하지 못하다.[10] 이런 점에서, 옛 언약의 증인들은 아직 온전함에 이르지 못하였다. 이들은 히브리서 공동체에게는 자신들을 격려하는 "구름 같이 둘러싼 허다한 증인들"로서 여전히 의미 있고 탁월한 믿음의 증인들이다. 다만, 그들은 믿음으로 말미암아 하나님의 인정을 받았으나, 예수 그리스도의 희생으로써 주어진 '새 언약'의 '약속'을 받지 못하였다.

1) 믿음의 본질(11:1-3)

믿음의 증인들을 열거하기 전에, 먼저, 1-3절 단락에서 '믿음의 본질'이 다루어진다.

[1절] 믿음은 소망되는 것들의 실재(한글개역: '실상')요 보이지 않는 것들(πραγμάτων οὐ βλεπομένων)의 증거이니("Εστιν δὲ πίστις ἐλπιζομένων ὑπόστασις, πραγμάτων ἔλεγχος οὐ βλεπομένων.)

이제, '믿음'(πίστις)의 본질이 밝혀진다. 물론, 이 자리에서 히브리서 저자는 '믿음'을 교리적으로 정의(定義)하는 것에는 관심이 없다. 오히려, 그는 자신의 신앙공동체가 '하나님의 안식'에 들어가도록,

---

10) 이런 점에서, 히브리서의 '옛 언약'과 '새 언약'의 대조는 바울의 경우처럼 대조적 의미가 덜하다.

권면하고 이것이 지켜질 수 있도록 '믿음'의 본질이 무엇인지를 해명하는 데 그의 주안점이 있다. 히브리서에서의 '믿음' 이해에 대하여는 다음 장의 '특주'에서 다루기로 하고, 여기서는 단지 1절에 대한 석의(釋義)에 집중하면, '믿음'에 해당하는 '피스티스'(πίστις)는 성도들에 의해 '소망되는 것들의 실현'(ἐλπιζομένων ὑπόστασις)이다.

이때, 석의적 논쟁의 초점은 '확신'(confidence)인가, '실재'(reality) 또는 '현실화'(realization)인가에 있다. 종교개혁자 루터(M. Luther)는 자신의 독일어 성경역본에서 '휘포스타시스'(ὑπόστασις)를 '확실한 신뢰'(gewisse Zuversicht)로 옮겼다. 이런 번역은 이 용어에 대한 자구(字句)적 해석에서 비롯되었다. 곧, 루터 이래로, '휘포스타시스'는 '아래에'(ὑπό) '서있는 것'(στάσις)으로부터 '굳게 붙잡음'이라는 의미를 지닌 '확신'으로 여겨졌다. 그러나 1절 하반절에서 '믿음'이 '보이지 않는 것들'에 대한 '엘렝코스'(ἔλεγχος), 곧 '증거'나 '확신'이라면, '휘포스타시스'를 '확신'으로 이해하는 관습적인 해석은 적절하지 않다.[11] 그러므로 '믿음'이 '보이지 않는 것들의 증거'와 병행을 이루는 1절 상반절에서 '휘포스타시스'는, 헬라 철학의 개념에서 발전되어 나온 용례와 부합되게, '현실화'로 번역되어야 한다.[12] '믿음'이란 사람들에 의해 소망되는 것이 현실에 실제로 존재하는 '실재'(reality) 내지는 그것의 '현실화'이며, 보이지 않는 것들의 증거다.

이런 점에서, 히브리서 11장 1절은 '믿음'을 '정의'하는 것이 아니라, '믿음의 대상에 대하여 '확신'하는 것[13]이다. 이는 신앙의 본질

---

11) *Exegetical Dictionary of the New Testament* III(1983), s.v. "πίστις, πιστεύω," by Gerhard Barth, 96.

12) 이런 입장을 지지하는 학자들은 H. Dörrie, "Zu Hebr. 11,1," *ZNW* 46 (1955), 196-202; D. Lührmann, *Glaube im frühen Christentum*, 1976, 72ff; H. Köster, *TDNT* VIII, 572-89 등을 들 수 있다.

해명 이후에 예시되는 구약 신앙인물을 열거하는 11:4-38 단락에서, '믿음' 주제에 있어서는 '주관적 확신'의 문제가 아니라, 오히려 참고 견딤으로써 '믿음을 증명'하는 문제라는 점[14]에서도 드러난다(7, 8, 17, 25, 27 참조). '믿음'은 현실 세계에서는 소망하지만 보이지 않는 것, 곧 감지할 수 없는 것이다. 그러나 믿음으로써 성도들이 바라는 것은 장차 들어갈 '하나님의 안식'에 있으며, 그때에는 보게 되리라는 것을 안다. 그러므로 믿음은 현실에서는 '바라는 것'의 '실재'로 존재하고 '보이지 않는 것'의 '증거'로만 존재한다.

[2절] 선진들이 이[믿음]로써 증거를 받았느니라(ἐν ταύτῃ γὰρ ἐμαρτυρήθησαν οἱ πρεσβύτεροι.)

'선진들'로 옮겨진 '프레스뷔테로이'(οἱ πρεσβύτεροι)는 자구적으로는 '나이 많은 사람들', '장로들', '원로들'이라는 의미를 지니며, 내용적으로는 이전에 믿음으로 살았던 신앙 위인들을 가리킨다. "이로써"(ἐν ταύτῃ)의 '엔'(ἐν)은 '도구(수단)의 여격(與格)'으로, 내용적으로는 '믿음으로써'라는 의미이다. '그들이 증거를 받았다'(ἐμαρτυρήθησαν)는 '증거하다'(μαρτύρειν)의 3인칭 복수 부정과거 수동태 직설법 형태이다. 그러므로 '증거를 얻었다'가 아니라 '증거를 받았느니라'로 옮겨야 한다.

[3절] 믿음으로 세계가 하나님의 말씀으로써 지어진 줄을 우리가 아나니, 이

---

13) *EDNT* III, s.v. "πίστις, πιστεύω," 96.

14) Helmut Merkel, *Bibelkunde des Neuen Testaments* (Gütersloh: Gerd Mohn, [3]1988), 243.

는 보이는 것이 나타난 것들로 인한 것이 아니게 하기 위함이라 (Πίστει νοοῦμεν κατηρτίσθαι τοὺς αἰῶνας ῥήματι θεοῦ, εἰς τὸ μὴ ἐκ φαινομένων τὸ βλεπόμενον γεγονέναι.)

이제, 11장에서 의미 있게 사용된 "믿음으로"가 3절의 서두에 나타난다. 히브리서에서 명사형 '믿음'(πίστις) 용어가 32회 나타나는데, 그 중 24회가 소위 '믿음장'으로 알려진 11장에 등장한다. 문법적인 특징으로써 '믿음' 용어의 용례를 살펴보면, 주어(πίστις)로 한 번(1절), 전치사 어구(語句)로 다섯 번[15], 그 외에는 열여덟 번 모두 여격(與格)형인 '믿음으로'(πίστει)가 사용되었는데, 그것도 모두 절의 첫 머리에 나타난다(3, 4, 5, 7, 8, 9, 11, 17, 20, 21, 22, 23, 24, 27, 28, 29, 30, 31). 이로 보건대, 저자는 옛 언약에 나타난 신앙 선조들, 곧 '믿음의 증인'을 모범적 신앙의 본보기로 예시하면서, 그들이 "믿음으로" 하나님의 인정을 받은 자로 제시한다. 주목할 만한 점은 이 용어가 '기독론' 단락에서 교리적으로 '그리스도'가 믿음의 대상이라는 점을 밝히는데 사용되지 않고, 권면 단락에서 사용된다는 점이다. 저자의 관심과 의도는 예수 그리스도에 대한 교리적 믿음을 해명하는데 있지 않고, 오히려 그 교리적 믿음의 토대 위에 담대함과 인내로써 자신의 믿음을 증명하는 데 있다.

이 절에서 히브리서 신앙공동체가 알고 있는 것이 진술된다. 곧, 그들은 믿음으로 세계가 하나님의 말씀으로써 지어진 줄을 알고 있다. 이때, '세계'는 헬라어로는 '아이온'(αἰών)인데, '세대'(age), '세상'

---

15) 한 번은 "믿음이 없이는(χωρὶς πίστεως)"(11:6)으로, 두 번은 "믿음을 따라(κατὰ πίστιν)"(11:7, 13)로, 그리고 나머지 두 번은 "믿음으로 말미암아(διὰ πίστεως)"(11:33, 36)로 나타난다.

또는 '세상 질서'(world order), '영원(eternity)'을 의미하며, 묵시적으로 구분되는 '시대'를 의미하기도 한다.[16] 온 세계가 "하나님의 말씀으로써"(ῥήματι θεοῦ) 지어졌다. 곧, 아들이신 예수 그리스도로 말미암아, 곧 그의 말씀으로써(τῷ ῥήματι τῆς δυνάμεως αὐτοῦ) 모든 세계, 곧 '만물'(τὰ πάντα)이 지어졌다(1:3). '하나님의 말씀'에 해당하는 헬라어로 저자는 '토 레마 투 테우'(τὸ ῥῆμα τοῦ θεοῦ, 1:3; 6:5; 11:3)나 '호 로고스 투 테우'(ὁ λόγος τοῦ θεοῦ, 4;12; 13:7)를 구분함이 없이 사용한다. 바울이나 요한과 마찬가지로, 히브리서 저자 역시 '로고스'와 '레마'를 구분하지 않고 서로 대체할 수 있게 사용한다.[17] '보이는 것'은 인식할 수 있는 것을 가리킨다. '보이는 것'은 나타난 것으로 말미암아 된 것이 아니다. 앞서 8장에서 다루었던 것처럼, 땅에 있는 성소와 장막은 하늘에 있는 참 성소와 참 성막의 '모형'(Abbild)이며, 역(亦)으로, 하늘에 있는 그것은 땅에 있는 그것의 '원형'(Urbild)이다.[18]

2) '원역사(原歷史)'에 등장하는 믿음의 증인들(11:4-7)

이제, 히브리서 신앙공동체 이전의 구원사에서 10:32-39 단락의 기본권면 주제인 '담대함'과 '인내'로써 자신의 믿음을 증명해보인

---

16) 이에 대하여는 장흥길, 『신약성경 용어해설집』(서울: 한국성서학연구소, 2017), 135-42 참조.

17) 이에 대하여는 위의 책, 81-88 참조. 필로(Philo)도 역시 양자를 구분함이 없이 사용하며, 그는 자신의 저술에서 주로 '호 로고스 투 테우'를 사용한다. Michel, 『히브리서』, 524 참조.

18) 이는 '원형-모형 우주론'(Urbild-Abbild-Kosmologie)에서 그 사상적 기원을 찾을 수 있다. 이에 대하여는 『독일성서공회판 관주·해설 성경전서』, 신약 364, 11:1-3 단락 해설 참조.

'모범 신앙인' 가운데 첫 번째 부류에 속하는 신앙의 위인들이 소개된다. 이들은 모두 창세기 1-11장에 서술된 '원역사(原歷史)'에 등장하는 믿음의 선조들이다. 그들은 11:4-38 단락에서 열거되는 "하나님의 구원사에 나타난 신앙의 증인들"[19]이다.

[4절] 믿음으로(Πίστει) 아벨은 가인보다 더 나은 제사를 하나님께 드림으로써, 그로 말미암아 의롭다 하시는 증거를 받았으니, 하나님께서 그가 드린 예물들에 대하여 증언하시니라. 그가 죽었으나 그[믿음으]로써 지금도 말하느니라 (Πίστει πλείονα θυσίαν Ἄβελ παρὰ Κάϊν προσήνεγκεν τῷ θεῷ, δι' ἧς ἐμαρτυρήθη εἶναι δίκαιος, μαρτυροῦντος ἐπὶ τοῖς δώροις αὐτοῦ τοῦ θεοῦ, καὶ δι' αὐτῆς ἀποθανὼν ἔτι λαλεῖ.)

창세기 4장 첫 단락에 세상과 인간 창조 후 아담의 두 아들 가인과 아벨의 제사가 대조적으로 묘사되어 있다. 농사짓는 가인은 땅의 소산물로 제물을 삼아 여호와께 제사 드렸고, 그의 아우, 양치는 아벨은 양의 첫 새끼와 그 기름으로 하나님께 제사를 드렸다(창 4:2-4). 하나님께서 제사 드린 가인과 그가 드린 제물은 받지 않으시고, 아벨과 그의 제물은 받으셨다. 이 짧은 구절로 알 수 있는 것은 제물의 다른 종류 외에 아벨이 드린 제물이 양의 '첫 새끼'라는 점밖에 없다. 더 자세하게는 알 수 없다. 그렇기는 하지만, 히브리서 저자의 유추로는, 아벨은 '믿음으로써' 하나님께 예물을 드렸고, 그가 죽은 후에도 그 믿음으로써 오고 오는 세대에 증언하고 있다. 이로써, 아벨은 '믿음의 증인'으로서 후대에도 지속적인 신앙의 모범이 된다. 그는 더 나은 제사를 드리는 믿음으로 의롭다 여

---

19) Hegermann, *Der Brief an die Hebräer*, 226-42 참조.

김을 받았다. 주후 1세기 말 기독교에서 히브리서 신앙공동체뿐만이 아니라 요한 공동체 안에서도 아벨의 '의로운 행위'와 '의에 따른 그의 죽음'이 회상되었다(요일 3:12). 여기서, 히브리서 저자가 최초의 인간인 아담을 먼저 언급하지 않고, 그의 아들 아벨을 언급한 것은 가인과 아벨을 비교할 수 있었기 때문이다.

[5-6절] '믿음으로'(Πίστει) 에녹은 죽음을 보지 않고 옮겨졌으니, 하나님이 그를 옮기심으로 인하여 보이지 아니하였느니라 그는 옮겨지기 전에 하나님을 기쁘시게 하는 자라 하는 증거를 받았느니라(Πίστει Ἑνὼχ μετετέθη τοῦ μὴ ἰδεῖν θάνατον, καὶ οὐχ ηὑρίσκετο διότι μετέθηκεν αὐτὸν ὁ θεός. πρὸ γὰρ τῆς μεταθέσεως μεμαρτύρηται εὐαρεστηκέναι τῷ θεῷ·) '믿음이 없이는'(χωρὶς πίστεως) 하나님을 기쁘시게 하지 못하나니, 하나님께 나아가는 자는 반드시 그가 계신 것과 또한 그가 자기를 구하는 자들에게 상 주는 이 되심을 믿어야 하느니라(χωρὶς δὲ πίστεως ἀδύνατον εὐαρεστῆσαι· πιστεῦσαι γὰρ δεῖ τὸν προσερχόμενον τῷ θεῷ ὅτι ἔστιν καὶ τοῖς ἐκζητοῦσιν αὐτὸν μισθαποδότης γίνεται.)

이제, 두 번째 신앙의 증인으로 '에녹'이 등장한다. 창세기에서 에녹은 짧게 언급된다(5:18-24). 24절을 제외하고, 에녹에 관한 다른 구절들은 '계보적 묘사'이지만, 24절은 "에녹이 하나님과 동행하더니 하나님이 그를 데려가시므로 세상에 있지 아니하였다"는 '신학적 진술'이다. '에녹'에 관하여는 이 진술이 언급하는 그 이상을 알 수 없다. 이로 인하여, 유대교는 이 진술의 비밀을 해명하기 위해 여러 시도를 하였다. 예컨대, 유대 묵시문헌에 의하면, "에녹은 에덴동산으로 옮기워진 후 의의 서기관으로 임명되었다(에티오피아 에녹 12,3-4; 15:1; 슬라브어 에녹 22, 12; 희년 4,23; 10,17)."[20] 에녹이

20) Michel, 『히브리서』, 530.

죽지 않고 하나님께 옮겨진 이유는 그가 하나님과 동행하였기 때문이다(창 5:24). 주전 2~1세기에 기록된 유대교 외경인 『에녹서』가 신약의 유다서 14-15절에 인용되었다. 유다서의 인용에 의하면, 에녹은 거짓교훈을 가르치는 거짓교사들을 하나님이 심판하시기 위해 수만의 거룩한 자들과 함께 세상에 오실 것이라고 예언한다. 아무튼, 에녹에 대한 히브리서 저자의 평가는 에녹이 "하나님을 기쁘시게 하는 자"라는 점이다. 하나님께로부터 에녹은 하나님을 기쁘시게 하는 자로 인정을 받았다.

에녹에 관한 기술은 5절로 그치지 않고, 일반적인 원칙으로 추론(推論)이 확대된다. 여기서, 두 가지가 언급된다. 그 하나는 '믿음'(fides qua creditur)이 없이는 하나님을 기쁘시게 하지 못한다는 점이며, 다른 하나는 '믿음'(fides quae creditur)의 두 가지 내용이다.[21] 하나님께 나아가는 자는, 그 첫째로 반드시 그가 계신 것을 믿어야 하며, 둘째로, 그가 자기를 찾는 자들에게 '상(賞) 주시는 이'이심을 믿어야 한다. 이때, '상'은 인간의 행위에 대한 하나님의 인과응보(因果應報)적 보상(報償)이 아니라, 하나님께서 '믿음으로' 산, 그의 자녀에게 선물로 주시는 하나님의 선하심에 대한 다른 표현[22]이다.

[7절] '믿음으로'(Πίστει) 노아는 아직 보이지 않는 일에 경고하심을 받아, 경외함으로 방주를 준비하여 그 집을 구원하였으니 이로 말미암아 세상을 정죄

---

21) '믿음'은 개인이 주체적으로 믿는 '주관적 신앙태도 내지는 신앙행위'(fides qua creditur)와 '사람들에 의해 믿은바 된 것을 믿는 믿음', 곧 '객관적 기독교 교리나 메시지에 대한 믿음'(fides quae creditur)으로 양분(兩分)할 수 있다.

22) 신약성경의 '상'에 대하여는 Bornkamm, "Der Lohngedanke in das Neue Testament" 참조.

하고, '믿음을 따르는 의의 상속자'(τῆς κατὰ πίστιν δικαιοσύνης κληρονόμος)가 되었느니라(Πίστει χρηματισθεὶς Νῶε περὶ τῶν μηδέπω βλεπομένων, εὐλαβηθεὶς κατεσκεύασεν κιβωτὸν εἰς σωτηρίαν τοῦ οἴκου αὐτοῦ δι' ἧς κατέκρινεν τὸν κόσμον, καὶ τῆς κατὰ πίστιν δικαιοσύνης ἐγένετο κληρονόμος.)

세 번째 믿음의 '증인', 곧 하나님의 인정을 받은 자는 '노아'이다. 그는 아직 보이지 않는 일에 하나님의 경고하심을 받았다. 관영하고 포악한 인간의 죄악에 대해 하나님께서 노아에게 그들을 땅과 함께 멸하리라(창 6:13)고 경고하셨고, 노아는 하나님께서 자신에게 일러준 방주를 경외함으로 준비하였다(창 6:22). 그때 여호와께서 자신 앞에서 순종하는 노아의 의로움을 보았다(7:1). 그 이후로 노아는 '믿음을 따르는 의의 상속자'가 되었다. 이때 '의'는 바울처럼 은혜의 선물로 주어지는 의가 아니라, 아직 보이지 않으나 하나님의 말씀을 믿고 따른 순종으로 받은 "영광스러운 지위"[23]이다.

이처럼, '원역사'(pre-history)에 나타난 '믿음의 증인들'은 하나님의 인정함을 받은 자로, 하나님으로부터 '증거'를 받았으나, 아직 '약속된 것'을 받지 못한 자들(히 11:39)이다.

IV. 특주: 히브리서의 '믿음'(πίστις)

히브리서에서 '믿음'(πίστις) 용어는 다양한 용례를 보여준다. 이에 대하여 메르켈(H. Merkel)이 정리한 『성서적 신약입문』의 안내[24]를

---

23) 『독일성서공회판 관주 · 해설 성경전서』, 신약 365, 11:4-7 단락 해설.

24) Helmut Merkel, 『신약성서연구입문』(*Bibelkunde des Neuen Testaments*, 박창건 역, 천안: 한국신학연구소, 1999), 345f.

살펴보면, 그 용례는 다음과 같다.

첫째, 히브리서에서 '믿음' 주제를 다루는 첫 번째 단락(3:12-4:13)에서 '믿음'이란 구원의 약속을 신뢰하며 굳게 붙잡는 것이다. 이는 출애굽 후 광야에서 마음을 완고하게 하여 하나님의 말씀에 불순종했던 이스라엘 백성들과 비교해보면, 대조적이다. '하나님의 안식'에 들어가려면, 들려진 '약속의 말씀'에 순종해야 한다. '약속의 말씀'에 '믿음의 순종'이 따르지 않는다면, 하나님의 안식에 들어갈 수 없다.

둘째, 히브리서에 나타나는 두 번째 '믿음' 주제는 '소망에 대한 확신'과 관련되어 있다(6:11f). 믿음은 '소망의 풍성함'(ἡ πληροφορία τῆς ἐλπίδος)과 결합되어 있다. 그리스도인은 '넘치는 소망'을 근거로 삼아, 아브라함처럼 '믿음'(πίστις)과 '오래 참음'(μακροθυμία)으로써 약속을 기업으로 받는 자를 본받아야 한다(6:13-16). 이러한 믿음의 소망은 신뢰할 만한 '영혼의 닻'(ἄγκυρα τῆς ψυχῆς)이다(6:19f). 그 닻은 앞서 가신 '선행자'(πρόδρομος) 예수 그리스도께서 성도들을 위해 이미 들어가셨던 하늘의 성소 안에 놓여 있다.

셋째, 무엇보다도, 히브리서 저자의 '믿음 본질' 이해를 담고 있는 11:1에 의하면, '믿음'이란 관습적으로 이해한 '확고한 신뢰', 그 이상이다. 곧, 믿음은 '참고 견디는 것', 곧 지속적인 신앙생활과 관련된 신자의 믿음에 있어서 그 '증명'의 문제이다. 이는 구약성경에 언급된 신앙 증인에 대한 일련의 목록(11:3-40)에서 반복적으로 언급되었다(7, 8, 17, 25, 27).

넷째, 믿음의 내용으로서 "하나님께 대한 신앙"(6:1)도 히브리서에서 다루어진다. 그 믿음의 대상이 되는 내용은, 11:6에 의하면, '하나님이 계신다는 것'과 '그분이 자기를 찾는 자들에게 상을 주시는 이라는 것'이다. 반면에, 히브리서에는 신약성경의 여러 저자들이 다루는 그리스도 사건과 예수의 인격에 대한 믿음은 빠져 있다.[25] 이런 점에서 히브리서의 믿음 이해는 독특성을 갖는다.

마지막으로, 히브리서의 믿음은 '개별적 신앙'이라기보다는 '공동체적으로 설정된 믿음'이다. 다시 말하면, 믿음이란 히브리서 안의 '우리'-진술(3:1; 4:14; 10:19ff)에서 알 수 있는 것처럼, 공동체의 신앙고백을 굳게 붙잡는 것이며, "새 언약 아래에 있는 하나님 백성의 공동체를 떠나지 않는 것이다."[26]

V. 본문 단락이 주는 신학적 메시지

전술(前述)한바, "영혼을 구원함에 이르는 믿음을 가진 자" 주제를 논증하는 10:32-11:7 단락의 신학적 메시지를 요약적으로 서술하면, 다음과 같다. 첫째로, 장차 예상되는 고난의 큰 싸움에서 이기려고 한다면, 과거에 히브리서 신앙공동체가 겪고 견뎠던 비방과 고난을 회상하는 것이 도움이 된다(32-34절). 둘째로, 히브리서 신앙공동체가 앞에 놓여 있는 환난의 위기 상황을 극복하고 하나님께서 약속하신 것을 받으려 한려면, '담대함'과 '인내'가 절실하게 요구된다(35-36절). 셋째로, 잠시 잠깐 후면 오실 이를 기다리는 '임박

---

25) 이에 대하여는 G. Dauzenberg, "Der Glaube im Hebräerbrief," in: *BZ* N.F. 17(1973), 171 참조.

26) L. Goppelt, *Theologie des Neuen Testaments* II (Göttingen: V. & R;, 1976), 598. Merkel, 『신약성서연구입문』, 346에서 재인용.

한 종말 기대'에 부합되는 믿음은 '뒤로 물러가지 않는 믿음'이다(37-38절). 넷째로, 신앙의 위기를 극복하기 위해서는 성도 자신이 "영혼을 구원함에 이르는 믿음을 가진 자"라는 자기 정체성 이해도 유익하다(39절). 다섯 째, 믿음은 바라는 것이 현실화된 실재이며 보이지 않는 것의 증거이다(11:1). 여섯 째, 믿음은 '하나님의 말씀'과 관련되어 있다(11:3). 일곱 째, 이전에 '믿음으로' 살았던 믿음의 증인들은 '담대함'과 '인내'의 기본권면을 지원하는 격려자이며 응원단이다(11:3-38). 여덟 째, 아벨은 '믿음으로' 더 나은 제사를 하나님께 드려 의인으로 인정받은 증거이다(11:4). 아홉 째, 에녹은 '하나님을 기쁘시게 함'으로써 죽음을 보지 않고 옮겨졌던 증거이다(11:5). 열 번 째로, 하나님을 기쁘시게 하는 것은 바로 '믿음'이며, 그 믿음의 내용은 하나님이 실제로 존재하신다는 것과 그를 찾는 자에게 상 주시는 분이다(11:6). 마지막으로, 노아는 '믿음으로' 세상을 멀리하고 '믿음을 따르는 의의 상속자'가 되었다는 증거이다(11:7). 요약하면, 히브리서에서 '믿음'은 신론이나 기독론에 대한 교리적 맥락에서 다루어지지 않는다. 오히려, '믿음'은 윤리적 권면 맥락에서 언급되고 다루어진다. 히브리서 저자가 스스로 히브리서의 성격을 규정하는 것처럼, 히브리서는 "권면의 말"(τὸ λόγος τῆς παρακλήσεως, 13:22)이다. 이런 '권면' 맥락에서 '믿음'이 진술되기에, 예수 그리스도에 대한 진술 역시도 지상에서 활동하신 구원 활동에 초점이 맞추어져 있지 않다. 오히려, 천상에 계신 하늘 대제사장 예수 그리스도는 믿음의 길에 들어섰지만, '하나님의 안식'이 기다리는, 목적지인 본향에 이르기 전에 예상되는 박해 앞에서, 무기력하거나 나약해진 '나그네'와 같은 그리스도인을 격려하기 위해, 믿음의 '창시자'이신 것처럼, 그 길 끝에서 기다리시는 '온전케 하는 분'이시다(12:2). 히브리서의 종말론적 기독론은 그 자체로 독자(獨自)적 교리가 아니라, 권면의 신학적 근거로서 기능을 한다. 그러므로 히브리서의 신학적 교리는 윤리적 권면의 맥락에서 다루어진다.

제9장

믿음의 시종(始終)이신 예수를 바라보자

(12:1-11)

9.
믿음의 시종(始終)이신 예수를 바라보자

(12:1-11)

I. 서론

앞에서 밝혔듯이, 히브리서를 '3분 구도'로 짜인 서신으로 구분할 때, 그 '첫째 단락(1:1-4:13)은 '천사'보다 크고 '모세'보다 크신 '하나님의 아들'을 통하여 선포된, 초기 기독교 교회에서 살아 있는 '하나님의 말씀'을 다루고, '중간 단락(4:14-10:31)은 '옛 언약의 제사 직분을 섬긴 땅에서 활동한 제사장과 달리, 히브리서 신앙공동체가 '믿는 도리'의 소망으로 천상의 하나님 우편에 계신, '멜기세덱의 반차를 따른, 영원한 대제사장 예수 그리스도'라는 히브리서 특유의 '대제사장 기독론'을 전개하며, '마지막 단락(10:32-13:17)은 '하나님의 안식'이 기다리는 본향(本鄕)을 향하여, '믿음의 길' 도상(途上)에 있는 성도들에게 '담대함'과 '인내'를 가지고, 어제나 오늘이나 영원토록 동일하시며, 하나님 보좌 우편에 계신 예수 그리스도만을 바라볼 것을 권면한다. 앞서 제8장에서 살펴보았던, "영혼을 구원함에 이르는 믿음을 가진 자"(10:32-11:7)는 본향을 찾아가는, 믿음의 순례길에서 '담대함'과 '인내함'을 가지고, '믿음의 증인들'의 격려와 응원(11장)을 힘입어, 이제 본문단락(12:1-11)에 이르러서는 히브리서 신앙공동체에게 믿음의 '시발(始發)점'이며 '종착(終着)점'이 되시는 '예수 그리스도'만을 바라봄으로써, 죄에 대항하여 싸우고, 징계의 연단을 극복하여 '평화로운 의의 열매'를 맺을 것을 촉구한다. 제9장에서 필자는, 먼저, 히브리서의 '세 번째 큰 단락'이자 '마지막 큰 단락(10:32-13:17)의 중간에 놓여 있는 12:1-11 단락을 석의의 본문으로 삼아, 본문 단락을 세밀하게 구분하고(Ⅱ), 본문 각 절을 석의(釋義)한 다음(Ⅲ), 본문 단락을 해석하고자 하는 독자(讀者)가 이를 올바르게 이해하고 해석하며, 석의(釋義)의 올바른 방향을 찾고, 본문이 지닌 진의(眞意)를 파악하도록, 그 신학적 메시지(Ⅳ)를 밝히고자 한다.

II. 본문 단락의 자리 매김과 세부 단락 구분

본문 단락인 히브리서 12:1-11 단락은, '나그네'로서 성도들에 대한 '권면의 말씀'을 담고 있는 '세 번째 단락'(10:32-13:17)의 가운데에 놓여 있는 권면 단락이다. 이 마지막 단락을 자세하게 구분하면, 다음과 같다.

10:32-39 본향을 향해 가는 성도의 신앙자세: '담대함'과 '인내'
11:1-38 '옛 언약' 시대의 본보기가 되는 믿음의 증인들

11:39f 믿음의 증인들에 대한 평가와 그 이유
12:1-29 시작된 세상종말을 향해 다가가는 성도들에 대한 권면
　12:1-3 믿음의 길을 걸어가는 성도에 대한 기본권면
　12:4-11 연단으로서, 성도들이 당하는 고난과 징계
　12:12-17 '화평함과 거룩함'을 따르라는 권면
　12:18-29 '말씀하신 이를 거역하지 말라'는 권면
13:1-17 여러 개별 종결권면들
13:18-25 서신 종결: 기도 요청, 축복과 문안인사, 종결축원

본문 단락은 '믿음' 주제를 다루면서, 서두(序頭)의 '이러므로'로써, 직전(直前)에 놓여 있는 두 절(11:39f)과 인과(因果)관계로 연결된다. 또 뒤 따르는 두 단락, 곧 '화평함과 거룩함을 따르라'(12:12-17)는 권면 단락과 '삼가 말씀하신 이를 거역하지 말라'는 권고 단락(12:18-29)의 '기독론적 근거'와 '신론적 근거'를 제시하는 단락이다. 그랫서(E. Grässer)는 이 단락을 "믿음의 증명"이라는 제목 아래 두었고,[1] 미헬(O. Michel)은 "믿음의 창시자요 완성자인 그리스도"[2]라는 제하에서 다루었으며, 헤거만(H. Hegermann)은 1-3절을 11:39f 단락과 함께 "종말세대에 대한 촉구로서 신앙사(信仰史)"[3]로 여기고, 또 이어지는 4-11절은 "일상 가운데 믿음의 싸움에서 확고함"(12:4-17) 중에서 "고난의 길에 대한 긍정"[4]으로 다루었지만, 필자는, 앞서 언

---

1) E. Grässer, *An die Hebräer (Hebr 10:19-13:25)* (EKK XVII/3; (Neukirchen-Vluyn: Neukirchener Verlag, 1997), 225.
2) Otto Michel, 『히브리서』(*Der Brief an die Hebräer*), 강원돈 역 (「국제성서주석」 43; 서울: 한국신학연구소, 1987), 586.
3) H. Hegermann, *Der Brief an die Hebräer* (ThHNT XVI; Berlin: Evangelische Verlagsanstalt, 1988), 246.
4) Hegermann, *Hebräer*, 247.

급한 것처럼, 본문 단락은 이어지는 단락에서 다루어지는 권면의 '신학적 근거', 곧 '기독론적 근거'와 '신론적 근거'를 제시하는 단락이므로, '신앙적 권면의 신학적 근거'로서 '믿음의 처음과 끝이 되신 예수 그리스도'를 다루는 단락으로 여기는 것이 적절하다고 본다. 이제, 12:1-11 단락의 본문을 사역(私譯)한 다음, 각 절을 풀이하여, 그 본래적 의미를 찾고, 본문 단락으로써 히브리서 저자가 전하고자 하는 신학적 메시지를 살펴보기로 하자.

III. 본문 석의(釋義)

1. 본문 사역(私譯)

1 이러므로 우리가 우리에게 구름 같이 둘러싼 많은 증인들을 가지고 있으니, 모든 장애물과 잘 얽매이게 되는 죄를 벗어 버리고, 인내로써 우리 앞에 놓여 있는 경주를 경주하며

2 믿음의 창시자이시며 또 온전하게 하시는 이인 예수를 바라보자 그는 그 앞에 있는 기쁨을 위하여 십자가를 참으시어 부끄러움에 개의하지 아니하시더니 하나님 보좌 우편에 앉으셨느니라

3 너희는 죄인들에 의해 자기에게 행해진 거역한 일을 이같이 참으신 이를 깊게 생각하라 이는 무력해져 너희 마음이 낙심하지 않도록 하려함이라

4 너희가 죄와 싸우되 아직 피 흘리기까지는 대항하지 아니하고

5 또 아들들에게 권하는 것 같이 너희에게 권면하신 말씀을 잊었도다. 일렀으되, 내 아들아, 주의 징계하심을 가볍게 여기지 말며, 그[주]에게서 꾸지람을 받을 때에 낙심하지 말라

6 주께서 사랑하시는 자를 징계하시고, 그가 받아들이는 아들마다 채찍질하심이라 하였으니

7 너희가 징계를 받기 위하여 참으라. 하나님께서 너희를 아들들과 같이 대

우하시는 것처럼 어찌 아버지가 징계하지 않는 아들이 있겠느냐?
8 모두가 다 받는 징계가 너희에게 없다면, 너희가 사생자요 아들이 아니니라
9 만약에 우리가 우리 육신의 아버지들을 훈육자로 가졌는데, 우리가 공경하였다면, 하물며 더욱 모든 영의 아버지께 우리가 복종하며 살려고 하지 않겠느냐?
10 그들은 잠시 자기들에게 여겨지는 생각대로 [우리를] 징계하였거니와, 오직 그[하나님]는 [우리의] 유익을 위하여 그의 거룩하심에 참여하게 하시느니라
11 무릇 모든 징계가 당시에는 즐거움으로 보이지 않고 슬픔으로 보이나, 후에는 그[징계]로 말미암아 연단 받은 자들에게 평화로운 의의 열매를 맺게 하느니라

2. 각절 본문 풀이

앞서 밝힌 바, 이 단락은 두 개의 작은 단락으로 구분할 수 있다. 그 첫째 단락(12:1-3)은 히브리서 저자가 그의 첫 번째 독자가 되는 신앙공동체에게 하나님의 안식을 위해 본향을 향해 찾아가도록 호소하는, 구체적 권면의 '기독론(基督論)적 근거'로서 기본 권면을 다루며, 둘째 단락(12:4-11)은 그 권면의 '신론(神論)적 근거'를 다룬다.

가. 구체적 권면의 '기독론(基督論)적 근거'(12:1-3)로서 기본 권면

12:1-3 단락[5]은 히브리서 신앙공동체에게 권유하는 구체적 권면

5) 이에 대하여는 장흥길, "바른 일터신학과 균형 일터목회에 대한 신약성경적 기초로서 믿음-신약성경에서 사용된 '믿음' 용어의 용례를 중심으로," 장흥길·홍인종 편, 『워라밸 시대의 행복한 일터목회』 (서울:

을 위한 '기본권면'이다. 그 내용은 '예수를 바라보고, 자신에 대하여 죄인들의 거역한 일을 참으신 이를 깊이 생각하라'는 것이다. 이는 본향을 찾아 가는 하나님의 백성들이 세상에서 겪는 고통과 환난을 극복하기 위한 '기본권면'이면서, 동시에 모든 구체적 권면의 '기독론적 근거'가 된다.

[1-2절] 이러므로 우리가 우리에게 구름 같이 둘러싼 많은 증인들을 가지고 있으니(Τοιγαροῦν καὶ ἡμεῖς τοσοῦτον ἔχοντες περικείμενον ἡμῖν νέφος μαρτύρων,), 모든 장애물과 잘 얽매이게 되는 죄를 벗어 버리고, 인내로써 우리 앞에 놓여 있는 경주를 경주하며(ὄγκον ἀποθέμενοι πάντα καὶ τὴν εὐπερίστατον ἁμαρτίαν, δι' ὑπομονῆς τρέχωμεν τὸν προκείμενον ἡμῖν ἀγῶνα) 믿음의 창시자요 또 온전하게 하시는 이인 예수를 바라보자(ἀφορῶντες εἰς τὸν τῆς πίστεως ἀρχηγὸν καὶ τελειωτὴν Ἰησοῦν,) 그는 그 앞에 있는 기쁨을 위하여 십자가를 참으시어 부끄러움에 개의하지 아니하시더니 하나님 보좌 우편에 앉으셨느니라(ὃς ἀντὶ τῆς προκειμένης αὐτῷ χαρᾶς ὑπέμεινεν σταυρὸν αἰσχύνης καταφρονήσας ἐν δεξιᾷ τε τοῦ θρόνου τοῦ θεοῦ κεκάθικεν.)

첫 절은 추정 불변사(particle) '이러므로'(τοιγαροῦν)로 시작된다. 1a절을 직역(直譯)하면, "우리가 우리에게 구름 같이 둘러싼 많은 증인들을 가지고 있으니"이다. 이를 매끄럽게 옮기면, "우리에게 구름 같이 둘러싼 많은 증인들이 있으니"이다. "구름 같이 둘러싼 많은 증인들"은 11:1-38 단락에 언급되었던 바, '믿음으로(πίστει) 살다가 죽은 증인들'이다. 이때, '구름'(νέφος)은 신약성경에서 오직 이 구절에서만 등장하는 용어로,[6] '둘러싼'(περικείμενον)이란 분사와 함께 증

한지터, 2019), 50-96, 특히, 히브리서 12:1-3 주석에 대하여는 81-96 참조.

인들의 많음을 나타내는 비유어이다. 허다한 증인들의 위로와 격려를 받고 있는 '우리'(ἡμεῖς)는 '우리에게'(ἡμῖν), '우리를'(ἡμᾶς), '우리의'(ἡμῶν)와 함께 히브리서에서 자주 등장하는 인칭대명사이다.7) 이는 히브리서를 받아보는 일차적 수신인인 신앙공동체를 가리키는데, 그들은 한때 박해를 잘 견뎌낸 적도 있지만, 예상되는 큰 박해에 직면해서 공동체 안에 만연되어 있는 무기력함과 나태함, 신앙의 경시와 배교의 위험을 극복해야 하는 과제를 안고 있다. '증인들'(μαρτύρες)은 '옛 언약 아래에서 신실하게 믿음으로 살았던 경건한 사람들로, 믿음으로 말미암아 '증거'를 받았지만 '약속된 것'을 받지 못하고 기다렸던 신앙 위인들이다(11:39f 참조). 이때, '증거'는 그들의 믿음으로 하나님께로부터 받은 '인정'을 의미한다. 그들은 자신의 믿음으로 하나님의 인정을 받았지만, 아직 목표에는 이르지 못하였다.8) 이는 하나님께서 '새 언약(8장 참조)을 받은 히브리서 신앙공동체를 약속의 완성에 참여시키기를 원하셨고, 이로 인해 그들은 '더 좋은 언약의 보증'(7:22)이신 그리스도의 영원한 속죄제사가 단번에 드려지기까지 기다려야 했다(10:1). 그들은 이미 죽었으나, 현 세대와 다음 세대에도 여전히 증언한다.9) 이들은 하나님의 구원사 가운데 믿음으로 산 증인들이다. 바로 이들이 히브리서 공동체

6) Smith, *Greek-English Concordance*, 239.

7) 히브리서에서 '우리'(ἡμεῖς)는 5회(2:3; 3:6; 10:39; 12:1, 25), '우리에게'(ἡμῖν)가 8회(1:2; 4:13; 5:11; 7:26; 10:15, 20; 12:1), '우리를',ἡμᾶς)는 3회(2:1, 3; 13:6), '우리의'(ἡμῶν)가 13회(1:3; 3:1; 4:15; 6:20; 7:14; 9:24; 10:26; 11:40; 12:9, 29; 13:18, 20) 나타난다. Smith, *Greek-English Concordance*, 166-68 참조.

8) 이에 대하여 『독일성서공회판 관주 · 해설 성경전서』(서울: 대한성서공회, 2004), 신약, 366 참조.

9) Michel, 『히브리서』, 589 참조.

의 '신앙 경주'를 지켜보며, 마치 객석에서 이들을 격려하는 응원단과도 같다. 여기서 주목할 만한 것은 증인이 어떤 사건으로 인해 죽은 순교자가 아니라, 사는 날 동안 끝까지 '믿음으로' 살다가 죽은 사람이라는 점이다. 그러므로 1절 상반절에 언급된 구속사의 증인들은 이어지는 기본 권면의 동기(動機)로서 역할을 한다.

이제, '증인' 언급에 이어 '앞에 놓여 있는 경주를 경주하며, 예수를 바라보자'(1b-2a)라는 첫 번째 '기본 권면 지침'이 뒤따른다. 이는 두 부분으로 이루어져 있다. 하나는 '경주'에 관한 것이고, 다른 하나는 '예수를 바라보는 것'이다. 우선, '앞에 있는 경주를 경주하는 것'(τρέχειν τὸν προκείμενον ἀγῶνα)을 살펴보자. '경주하다'(τρέχειν)란 인생을 '길을 걷다', '다니다'로 표현하는 구약성경의 전통[10]을 따른 것으로, 신약성경에서도 '페리파테인'(περιπατεῖν)으로 표현되었는데, 그리스도인의 삶은 '경주하다'(τρέχειν)로 묘사된다. 이는 주로 바울이 신자들의 삶을 가리켜 그것을 '운동장에서 뛰는 달음질'(고전 9:24, 26)에 비유하고, 단순한 인생살이가 아니라 믿음으로써 '죄'와 싸워 이겨야 하는 그리스도인의 삶을 묘사하는 용어이다(고전 9:25; 히 12:1, 4 참조).[11] 특히, 히브리서에서 이 용어는 그들이 이미 겪

---

10) 구약성경에서는 '할라크'(הלך)로 묘사된다. 이 동사에서 유래된 '할라카'(Halakah)는 유대교 랍비 아키바에 의해 만들어진, 모든 구전(口傳)법을 담은 삶의 지침(Halakhot)의 첫 번째 체계적인 수집물을 가리킨다. Philip Birnbaum, *Encyclopedia of Jewish Concepts* (New York: Hebrew Publishing Company, 1991), 163.

11) '트레케인'(τρέχειν)은 신약성경에 모두 20회 나오는데, 사복음서(각 복음서 2회로 총 8회)와 요한계시록(1회, 9:9)에서는 주로 일반적 용례로 '달리다'의 의미로 사용되었고, 바울(10회)과 히브리서(12:1)에서는 주로 그리스도인의 삶을 묘사할 때 쓰인다. Smith, *Greek-English Concordance*, 351 참조.

었던 "고난의 큰 싸움(ἄθλησις)"(히 10:32)이 예상되는 바, 그런 싸움에서 이기도록 '경주'(ἀγών)[12]를 경주하는' 삶을 묘사한다. 이는 모든 종류의 세력 다툼에서 생기는 위험을 이기는 삶을 가리킨다.[13]

히브리서 공동체가 경주하려면, 달리기 전에 먼저 모든 '장애물'과 '쉽게 얽매이게 되는 죄'를 벗어 버려야 한다. '장애물'(ὄγκος)[14]은 길을 가는데 '장애가 되는 무거운 것'으로, 한글개역성경 난하주에서는 '거리끼는 것'으로 옮겨졌고, 그와 함께 사용된 용어는 성도들을 쉽게 얽매이게 하는 '죄'(ἁμαρτία)이다[15]. '옹코스'와 함께 '쉽게 얽매이게 되는'이란 의미를 가진 유페리스타토스(εὐπερίστατος)도 신약성경에서 이 구절에서만 등장하는 용어로, '쉽게'(εὐ)와 '곁에서'(περί)와 '서다'(ἵσταναι)가 함께 이루어진 합성동사(compound verb)에서 유래된 형용사다. 이는 자구(字句)적으로는 '곁에 서서 쉽게 넘어뜨리는'으로, '함정에 빠뜨리는'을 뜻한다. '무거운 짐'은 '죄'보다는 폭이 넓은 포괄적 개념[16]이다. '경주자'가 거추장스러운 옷을, 특히 땅에 질질 끌리는 긴 통옷을 벗어버리는 것처럼, 경주자에 비유된 성도들은 모든 '무거운 짐'과 '쉽게 얽매이게 하는 죄'를 벗어버려야 한다.

---

12) 이 용어는 신약성경에서 모두 6회 등장하는데, 히브리서(12:1)와 바울서신(빌 1:30; 골 2:1; 살전 2:2; 딤전 6:12; 딤후 4:7)에서만 등장하는 용어다. Smith, *Greek-English Concordance*, 5 참조.

13) E. Riggenbach, *Der Brief an die Hebräer* (Kommentar zum Neuen Testament 14; 서지 사항), 387.

14) 이는 신약성경에서 이 구절에서만 등장하는 용어로 '장애물' 또는 '길에 놓여 있는 무거운 것으로 통행에 걸림돌이 되는 짐'을 의미한다. Smith, *Greek-English Concordance*, 243.

15) *EWNT* III(1983), s.v. "πίστις, πιστεύω," by G. Barth, 229.

16) Michel, 『히브리서』, 591.

경주자가 경주할 때, 모든 무거운 것을 벗어버린 다음에는, 그는 경주에 전념해야 한다. 이는 '경주를 경주하다'는 표현에 잘 나타나 있다. 경주하는 자세의 핵심어는 히브리서에서 중요한 용어인 '인내'(ὑπομονή)이다. '휘포모네'[17]는 '아래'를 의미하는 접두어(接頭語) '휘포'(ὑπό)와 '머무르다'를 뜻하는 동사 '메네인'(μενεῖν)에서 유래되어 나온 '모네'(μονή)의 합성어다. 이는 1절에서는 명사형으로, 2절과 3절에서는 동사형으로 사용되었다. 경주에 있어서 '인내'는 신앙의 주요 덕목이며, 여기서는 "신앙의 보존"[18]을 의미한다. 경주자에게 필요한 것은 '인내로써'(δι' ὑπομονῆς) 목표를 바라보고 결승점에 이를 때까지 경주하는 것이다.

이제, 저자는 신앙의 경주를 위해 소극적으로 '무거운 짐'과 얽매이게 하는 '죄'를 벗어버릴 뿐 아니라, 적극적으로 '예수를 바라보자'라고 권유한다. 예수는 '믿음의 창시자'이시며 또 '온전하게 하시는 이'이시다. 여기서 '바라보다'(ἀφορᾶν)[19]란 '눈을 어디에 고정시키다'(fix one's eyes on), 곧 '주목하다'를 의미한다. '바라보다'로 옮겨진 '아포라오'(ἀφοράω)는 '분리'를 나타내는 접두어 '아포'(ἀπό)와 '보다'를 의미하는 '호라오'(ὁράω)를 합한 합성동사로, '눈을 떼서 무엇을 응시

---

17) 이 명사는 신약성경에서 32회 나타나는데, 그중 7회가 박해상황에서 신앙의 절개를 지키는 것이 절실하게 요구되는 요한계시록에 나타나고, 16회는 바울서신(그중 롬 6회)에서 나타난다. *EWNT* III(1983), s.v. "ὑπομονη," by W. Radl, 969.

18) *EWNT* III(1983), s.v. "ὑπομονή," 971.

19) 이 용어는 신약성경에서 2회 등장하고, 오직 히브리서(12:2)와 빌립보서(2:23)에서만 나타난다. Smith, *Greek-English Concordance*, 59. 후자(後者)의 경우, 바울의 형편과 관련하여(빌 2:23), 전자(前者)의 경우 믿음의 길에서 바라보아야 할 대상이신 예수 그리스도와 관련하여 사용되었다. *EWNT* I(1980), s.v. "ἀφοράω," by Ulrich Kellermann, 442.

하다(fix one's eyes on)는 의미이다. 그러므로 이 동사는 성도가 믿음으로 걸어가는 구원의 길 도상에서 이곳저곳 기웃거릴 수 있는 시선(視線)을 떼서, 신앙의 시작과 끝, 출발점과 결승점이 되신 예수를 주목할 것을 권면하는 용어이다.

주목할 대상인 예수는 '믿음의 창시자'요 '온전하게 하시는 분'이시다. 여기서, '믿음의 창시자'(ὁ τῆς πίστεως ἀρχηγός)를 한글개역성경에서는 '믿음의 주'로 옮겼는데, 이 구절에서 '아르케고스'(ἀρχηγός)[20]란 '주인'이나 '주님'을 의미하는 '퀴리오스'(κύριος)가 아니라, '창시(創始)자'나 '토대'를 의미한다. 이는 신약성경에서 오직 사도행전과 히브리서에서 발견되는데,[21] 뮐러(P.-G. Müller)는 이를 오직 하늘에 오르시어 거기에 계신 예수에 대한 기독론적 칭호로 여기는데, 히브리서에서 이 용어는 예수를 "구원의 창시자"(ἀρχηγός τῆς σωτηρίας, 2:9)나 '믿음의 창시자'를 묘사할 경우에만 사용된다. 하나님의 아들 예수 그리스도는 '구원의 창시자'이며, 동시에 그것을 가능하게 하는 '믿음의 창시자'이기도 하다[22]. 예수는 약속에 이르게 하는 '믿음'의 길을 열어주신 시발(始發)자이시며, 또한 '온전하게 하시는 분'이시다. '온전하게 하시는 분'에 해당하는 헬라어 '텔레이오테스'(τελειωτής)는 주후 1세기 당시 비(非) 기독교 문헌에서는 나타나지

20) '시작'(ἀρχή)은 신약성경 전체에서 55번 등장하는데, 그 중 18번은 요한문헌(요한복음 8회, 요한1서 8회, 요한2서 2회)에서 나타나고, 7번은 누가의 글에서, 그리고 6번은 히브리서에서 나타난다. 세 가지 용례로 사용되는데, '시간적 시작'이나 '근원', '장소적 출발점'이나 '원점', '지위적 권세'나 '통치'를 의미한다. *EWNT* I(1980), s.v. "ἀρχή," by Konrad Weiss, 388-92.

21) 사도행전의 '베드로 설교'(행 3:15; 5:31)와 히브리서(2:10; 12:2)에서 각 두 번 등장한다. Smith, *Greek-English Concordance*, 42.

22) Hegermann, *Der Brief an die Hebräer*, 245.

않는다. 그것은 오직 기독교 문헌에서만 등장하고[23], 그것도 히브리서의 이 구절에서만 나타난다[24]. 그 뜻은 '완성하는 이'(perfecter)로, 그리스도를 가리키는 용어로 사용되어, 문맥상으로는 '목표에 이르게 하는 분'이다. 그것은 하늘에 계신 예수께서 영원한 대제사장으로서 그를 믿는 자들을 온전하게 하는 권세를 가지고 계신 분이시기 때문이다(7:19; 10:1, 14 참조)[25]. 2절 상반절에서 믿음의 '창시자'와 '온전하게 하시는 분'이신 예수 그리스도는 '시작'과 '끝'이시다. 이는 '대조'가 아니라, 요한계시록에서 '알파와 오메가', '처음과 마지막', '시작과 마침'이신 다시 오실 예수 그리스도(계 22:13)처럼, 시종(始終)을 관장하시는 구원의 주님을 가리킨다. 신앙인의 삶을 '경주자'에 빗대어, 목표를 향해 달려간 사람에 대한 '상'이나 '면류관'을 언급한 바울(고전 9:24-26)과 달리, 히브리서 저자는 신앙 경주의 출발점으로서 예수 그리스도가 곧 결승점이다. 그러므로 히브리서 공동체에게 예수 그리스도를 바라보고 경주하는 것은 그들의 과제이며, 또한 그들이 도달해야할 목표이기도 하다. 이때, 예수는 단순히 결승점에서 경주자를 바라보고 있는 것이 아니라, 그들이 신앙의 경주에서 완주(完走)할 수 있도록 신앙의 '본보기'가 되며, 또한 응원하고 격려하며, 끝까지 달릴 수 있는 힘을 공급하시는 원천이다. 히브리서 공동체에게 있어서, "구름 같이 둘러싼 허다한 증인"(11:39, 12:1)들은 믿음으로써 증거를 받은 '옛 언약의 증인들이

---

23) *ThWNT* VIII(Studienausgabe, 1990), s.v. "τελειωτής κτλ.," by G. Delling, 87f.

24) 신약성경에서 이 용어는 오직 이 구절에서만 사용되는 신약성경 내 유일회 등장하는 용어이다. Smith, *Greek-English Concordance*, 340.

25) 『독일성서공회 관주·해설 성경전서 개역개정판』, 367.

나, 예수는 '더 좋은 언약의 '보증'(7:22)과 '중재자'(8:6)이며, '신앙의 본보기'로 약속에 도달할 수 있는 유일한 길이다. 이처럼, 히브리서 저자는 예수 그리스도가 '믿음의 근거'이며 '믿음의 본보기'로서 목표에 서서 믿음의 길을 인도하여 신앙의 경주를 온전하게 하실 분이라 것을, 한마디로, "믿음의 창시자요 또 온전하게 하시는 이"로 묘사하였다[26].

관계대명사 ὅς는 '그는'의 뜻으로, 선행사(先行詞)인 '예수'를 가리킨다. 여기서 예수 그리스도가 '믿음의 창시자'와 '온전하게 하시는 이'가 되신 이유가 설명된다. 그가 '믿음의 창시자'인 것은 그 앞에 놓여 있는 기쁨을 위하여 십자가를 참아 부끄러움도 상관하지 않았기 때문이요, '온전하게 하시는 이'인 것은 하나님의 보좌 우편에 앉아 계시기 때문이다. 예수는 자신의 앞에 있는 기쁨을 위하여 십자가를 참으셨다. 이때, '기쁨'(χαρά)이란 "이 땅의 삶을 고난 없이 향유하는 것"[27]을 의미한다. 그리고 그는 부끄러움에 개의하지 아니하셨다. '부끄러움'에 해당하는 헬라어 '아이스퀴네'(αἰσχύνη)[28]는 신약성경에서 오직 이 구절에서만 나타나며, 그것도 기독론적으로 사용되었다. 초기 기독교 신앙에서 지금 예수 그리스도께서 계시는 곳은 "하나님 보좌 우편에"(ἐν δεξιᾷ τε τοῦ θρόνου τοῦ θεοῦ) 이다.

[3절] 너희는 죄인들에 의해 자기에게 행해진 거역한 일을 이같이 참으신 이

---

26) August Strobel, *Der Brief an die Hebräer* (NTD 9/2; Göttingen: V. & R., 41991), 160.

27) Michel, 『히브리서』, 599.

28) 이 용어는 신약성경에서 6회 등장하고, 히브리서 외 누가복음, 고린도후서, 빌립보서, 유다서, 요한계시록에서 각 1회 사용된다. Smith, *Greek-English Concordance*, 8.

를 깊게 생각하라(ἀναλογίσασθε γὰρ τὸν τοιαύτην ὑπομεμενηκότα ὑπὸ τῶν ἁμαρτωλῶν εἰς ἑαυτὸν ἀντιλογίαν,) 이는 무력해져 너희 마음이 낙심하지 않도록 하려함이라 (ἵνα μὴ κάμητε ταῖς ψυχαῖς ὑμῶν ἐκλυόμενοι)

두 번째 기본 권면은 "자기에게 행해진 거역한 일을 참으신 이를 깊게 생각하라"는 것이다. 첫 번째 기본 권면과 같이 두 번째 것도 마찬가지로 '예수를 바라보고, 깊이 생각하라'는 것이다. 이때 직접적인 권면어는 '아나로기사스테'(ἀναλογίσασθε)인데, 이는 '아나로기제스타이'(ἀναλογίζεσθαι)의 2인칭 복수 부정과거 명령법 형태이다. 원래 이 동사는 '면밀하게 고려하다'(consider closely)나 '~에 대하여 생각하다'(think of)의 의미를 지니는데, 이는 신약성경에서 오직 이 구절에서만 사용되는 신약성경의 유일회 등장용어(hapaxlegomenon)이다[29]. '깊게 생각하라'는 권면 내용의 대상은 '참으신 이'(ὑπομεμενηκότα)[30]로서 예수 그리스도이다. 예수께서 참으신 것은 죄인들이 자기에게 '거역한 일'(ἀντιλογία)[31]이다. 예수께서 '이같이(τοιαύτην) 참으신 거역한 일'이란 2절에 언급된 '십자가'이다.

이어서 'ἵνα로 인도되는 절은 목적절로, '이는 ~함이라'로 옮길 수 있으며, μὴ κάμητε(가정법)은 '금지명령'을 나타내어 '낙심하지 말라'

29) Smith, *Greek-English Concordance*, 21.

30) 이는 '참다'(ὑπομενέω)의 현재완료 능동태 분사형이다. 이 용어는 신약성경에서 17회 등장하는데, 히브리서에서 가장 많이(4회, 10:32; 12:2, 3, 7) 등장하며, 공관복음서 저자들과 바울서신(롬, 고전, 딤후)에 각 4회, 야고보서와 베드로전서에서 각 2회 사용된다. Smith, *Greek-English Concordance*, 361.

31) 이 용어는 신약성경에서 4회 등장하는데, 히브리서에서 가장 많이(3회, 6:16; 7:7; 12:3) 등장하고, 한 번만 유다서(1:11)에서 발견된다. Smith, *Greek-English Concordance*, 27.

를 의미한다. 관용어구 ἐν ψυχῇ κάμνειν[32]는 '낙심하다'의 뜻으로 사용된다. '낙심하지 말라'에 분사로 연결된 ἐκλυόμενοι의 부정사 ἐκλύεσθαι[33]는 '무력해지다'나 '기진맥진하다'의 뜻으로 사용되었으며, 잠언 3:11을 인용한 12:5의 '낙심하지 말라'와 관련되어 있다.

나. 권면의 '신론(神論)적 근거'(12:4-11)

앞 단락에서 '기본 권면'이 권면의 '기독론적 근거로서 제시되었다면, 이제 4-11절 단락은 권면의 '신론적 근거'를 다룬다. 이때, 하나님과 히브리서 공동체의 관계는 '아버지와 아들'의 관계이다. 예수 그리스도를 바라보고 달려가는 신앙길에 죄가 여전히 역사하고, 성도들은 이에 대하여 싸우면서 때로는 고난을 당하지만, 그 고난은 '연단을 위한 징계'이며, 만일 그것이 없다면, 사생자이지 친 아들이 아니다. 하나님이 아버지가 되시고 성도들이 하나님의 아들이 되었다는 사실은 징계를 능히 이기게 하며, 나아가 '평화로운 의의 열매'를 맺게 한다.

[4절] '너희가 죄와 싸우되'(πρὸς τὴν ἁμαρτίαν ἀνταγωνιζόμενοι) '아직 피 흘리기까지는 대항하지 아니하고'(Οὔπω μέχρις αἵματος ἀντικατέστητε. Οὔπω μέχρις αἵματος ἀντικατέστητε πρὸς τὴν ἁμαρτίαν ἀνταγωνιζόμενοι.)

---

32) 이 용어는 신약성경에서 3회 등장하는데, 히브리서와 야고보서(5:15), 요한계시록(2:3)에서 각 1회 나타난다. Smith, *Greek-English Concordance*, 192.

33) 이 용어는 신약성경에서 6회 등장하며, 마태복음(9:36; 15:32)과 히브리서(12:3, 5)에서 각 2회, 마가복음(8:3)과 갈라디아서(6:9)에서 한 번씩 사용되었다. Smith, *Greek-English Concordance*, 117.

4절은 '아직 아닌'의 의미를 지닌 '우포'(οὔπω)로 시작된다. 히브리서 공동체는 예수를 믿은 이후로 죄에 대항하여 싸워왔다. 이때, '죄'(ἁμαρτία)란 이 공동체가 싸우고 있는 적대적 세력을 의미하며, 1절에서 인간의 본질과 연약함과 관련된 '죄'와는 구분된다.[34] 그리고 '~에 대항하여 싸우다'를 의미하는 '안타고니제스타이'(ἀνταγωνίζεσθαι)의 분사형은 신약성경에서 오직 이 구절에서만 사용되는 신약성경의 유일회 등장하는 용어이다.[35]

히브리서 공동체는 죄와 싸워왔지만, 아직 피 흘리기까지는 대항하지 않았다. '피를 흘리다'는 '목숨을 걸 정도로 싸우다'를 의미한다. 세네카(Seneca)에 의하면, 진정한 경주자는 "목표를 바라보면서 피를 흘리며 뛰어가는"(qui sanguinem suum vivit)[36] 사람이다. 이런 점에서 12:1-3 단락의 '경주자' 상(像)은 계속된다. '죄와 싸우다'(ἀντικαθίστημι πρὸς τὴν ἁμαρτίαν) 어구에 사용된 '싸우다'(ἀντικαθίστημι)는 '대항하다'(resist)의 뜻으로 사용되었으며, 이 동사는 신약성경에서 오직 이 구절에서만 사용된 용어이다.[37]그러므로 이는 '죄와 피 흘리기까지 싸우라'는 히브리서 저자 특유의 권면을 담고 있는 용어다. 이제 5f절에서 '낙심하지 말라'는 권면의 성경적 근거로 잠언 3:11f이 인용된다.

[5-6절] 또 아들들에게 권하는 것 같이 너희에게 권면하신 말씀을 잊었도다(καὶ ἐκλέλησθε τῆς παρακλήσεως, ἥτις ὑμῖν ὡς υἱοῖς διαλέγεται·). 일렀으되, '내 아들아'(υἱέ μου), 주의 징계하심을 가볍게 여기지 말며(μὴ ὀλιγώρει παιδείας κυρίου),

34) Michel, 『히브리서』, 603.

35) Smith, *Greek-English Concordance*, 26.

36) Seneca, *Ep*. 13. Michel, 『히브리서』, 603에서 재인용.

37) Smith, *Greek-English Concordance*, 27.

그[주]에게 꾸지람을 받을 때에(ὑπ' αὐτοῦ ἐλεγχόμενος) 낙심하지 말라(μηδὲ ἐκλύου) (καὶ ἐκλέλησθε τῆς παρακλήσεως, ἥτις ὑμῖν ὡς υἱοῖς διαλέγεται· υἱέ μου, μὴ ὀλιγώρει παιδείας κυρίου μηδὲ ἐκλύου ὑπ' αὐτοῦ ἐλεγχόμενος·) 주께서 사랑하시는 자를(ὃν ἀγαπᾷ κύριος) 징계하시고(παιδεύει), 그가 받아들이시는 아들마다(πάντα υἱὸν ὃν παραδέχεται) 채찍질하심이라(μαστιγοῖ) 하였으니(γὰρ) (ὃν γὰρ ἀγαπᾷ κύριος παιδεύει, μαστιγοῖ δὲ πάντα υἱὸν ὃν παραδέχεται.)

'또'(καί)로써 히브리서 신앙공동체의 현재 영적 상태가 묘사된다. 그들은 죄와 싸우고 있지만 아직 피 흘리기까지는 싸워보지 않았으며(4절), 또한 권면하신 말씀도 잊었다(5절). 그 잊은 '권면의 말씀'은 5절의 도입절, "또 아들들에게 권하는 것 같이 너희에게 권면하신 말씀도 잊었도다 일렀으되"로써 공동체가 잊고 있는 성경(구약) 말씀의 인용에서 나타난다. '권면'(παράκλησις)[38]은 당시 그리스-로마 세계에서 통용되던 '권면'(παραίνεσις)[39]과 달리, 예수 그리스도를 믿음으로 말미암은 하나님의 구원에 참여한 자에게, 이러한 구원의 신적 근거에 기초하여 요구되는 권유, 곧 '신적(神的) 권면'이다. 다시 말하면, 하나님께서 은혜로 베푸신 구원('구원의 직설법'[Heilsindikativ])에 근거를 두고, 그 구원에 참여한 자에게 요구되는 권면('구원의 명령법'[Heilsimperativ])이다. 이에 대하여는 제10장의 '특주:

38) 이는 동사, παρακάλειν에서 유래된 명사로, 신약성경에서 모두 29회 등장하며, 그것도 누가의 문헌(눅 2회; 행 4회)과 바울서신(20회, 그중 고린도후서에서만 11회)과 히브리서(3회, 6:18; 12:5; 13:22)에서만 나타난다. Smith, *Greek-English Concordance*, 275.

39) 이는 동사, παραίνειν에서 유래된 명사로, 누구에게 '충고하다'나 '권유하다', 또는 '추천하다'의 뜻을 지니며, 그 명사형은 신약성경에서 나타나지 않는다. H.G. Liddell & R. Scott, *An Intermediate Greek-English Lexicon* (Oxford: Clarendon Press, [7]1889), 596.

히브리서의 권면(παράκλησις)'에서 다루기로 한다. 권면은 '아들들에게'(υἱοῖς) 주어진다. 구약 전통에 의하면, '아들'은 지혜교사의 아들로서 지혜를 배우는 사람을 지칭하는 말이고, 히브리서 신앙공동체 안에서 그 공동체에 속해 있는 구성원은 하나님의 자녀이다. "아들들에게 권하는 것 같이"에서 '권하다(διαλέγεσθαι)[40]는 '디포넌트 동사로, '교훈적으로 대화하다'라는 뜻을 지니며, 사도행전에서는 바울이 선교현장에서 행했던 '강론'(행 17:2; 18:4; 19:8, 9; 20:7, 9; 24:25)이나 반대자들에 대한 '변론'(행 17:17; 18:19; 24:12)을 나타낸다. 히브리서 공동체는 자신들에게 권면하신 말씀을 잊었다(ἐκλέλησθε: ἐκλανθάνεσθαι의 현재완료). 여기서 '잊다'(ἐκλανθάνεσθαι)는 '완전히 잊다'는 뜻으로, 신약성경에서 오직 이 구절에서만 나타나는 용어이다.[41] 히브리서 공동체가 잊어버려서 저자가 회상하도록 인용하는 구약성경은 그와 히브리서 공동체에게는 '살아 있는 말씀'(4:12; '오늘' 진술, 3:7, 13, 15; 4:7 등)이다. 이제, 그들이 상기해야 할 성경 말씀이 인용된다.

인용되는 잠언 3:11f의 칠십인 역본(LXX)의 말씀은, '아들아'(υἱέ)를 제외하고, 자구(字句)적으로 정확하게 일치하게 그대로 인용되었다. 히브리서 저자는 '아들아'(υἱέ)를 '내 아들아'(υἱέ μου)로 바꾸어 인용함으로써, 히브리서 공동체를 '오늘' 그들에게 주시는 '살아 있는 말씀'이라는 의미에서 이런 권면적 호칭으로 부른다. 인용된 권면은 그들에게 '주의 징계하심[42]'(παιδεία κυρίου)을 '가볍게 여기지 말

---

40) 디포넌트 동사 διαλέγεσθαι는 신약성경에서 13회 등장하는데, 사도행전에서 바울의 연설에서 10회(최다) 사용되고, 그 외 4회(막, 히, 유 각 1회)한다. Smith, *Greek-English Concordance*, 84

41) Smith, *Greek-English Concordance*, 116.

라'(μὴ ὀλιγώρει)로 시작한다. 이는 현재명령으로 '지속적 행위'에 대한 권면이다. '가볍게 여기다(think lightly of)를 뜻하는 '올리고레인' (ὀλιγωρεῖν)은 자구(字句)적으로는 '관심'(ὥρα)과 '적은/작은'(ὀλίγος)의 합성어이다. 이 동사 역시도 '완전히 잊다'(ἐκλανθάνεσθαι)처럼 신약성경에서 오직 이 구절에서만 나타나는 용어(hapaxlegomenon)이다.[43] '파이데이아'(παιδεία)는 단지 '양육'만이 아니라, 신체적 매질을 요구하는 징계, 곧 '체벌'의 의미로 사용되었다.[44] 또 그[주님으]로부터 '꾸지람을 받을 때에'(ἐλεγχόμενος) '낙심하지 말라'(μηδὲ ἐκλύου)는 두 번째 권면이 '주의 징계하심을 가볍게 여기지 말라'는 권면을 뒤따른다. 여기서 '꾸짖다'(ἐλέγχειν)는, '파이데이아'가 체벌적 징계를 의미한다면, 단지 "책망하는 훈계"뿐만이 아니라 요한계시록 3:19과 마찬가지로 "벌하다"는 의미로 사용되었다.[45] '낙심하지 말라'(μηδὲ ἐκλύου)의 ἐκλύου도 '가볍게 여기지 말라'(μὴ ὀλιγώρει)의 경우처럼, 2인칭 단수 현재 중간 명령법으로, 지속적으로 낙심하지 않을 것을 권면한다.

6절은 5절의 두 권면에 대한 이유이다. 곧, 이 절은 왜 주의 징계하심을 가볍게 여기지 말아야 하는지, 또 왜 징계 받을 때에 낙심하지 말아야 하는지에 대한 이유를 서술한다. 주께서 사랑하시기 때문에 징계하심이 그 이유다. 여기서 '징계하다'(παιδεύειν)[46]는 뒤따

42) 이는 신약성경에서 6회 등장하는데, 대부분(4회) 히브리서(12:5, 7, 8, 11)에서 나타나고, 에베소서와 디모데후서에서 각 1회 나타난다. Smith, *Greek-English Concordance*, 271.

43) Smith, *Greek-English Concordance*, 246.

44) Hegermann, *Hebräer*, 248.

45) 앞의 책, 같은 곳.

46) 이 동사는 신약성경에서 13회 등장하며, 히브리서에서 3회(최다) 등장

르는 '채찍질'을 고려하면, 신체적 고통이 따르는 행위로 추정된다. 그[주님]는 받아들이는(παραδέχεται<παραδέχεσθαι)[47] 아들마다 채찍질하신다(μαστιγοῖ<μαστιγόω)[48]. 고통이 따르는 징계가 하나님께서 사랑하신다는 증거라는 사상은 '구약성경'(신 8:5; 잠 13:24; 29:15)뿐 아니라 '초기 유대교 문헌'(시락서 22:3; 솔로몬의 지혜서 11:10; 솔로몬의 시편 10:1-3; 13:7-9; 18:4)에서도 나타나는 사상이며, 바울서신(고전 11:32)에서도 찾아볼 수 있다.[49] 그러므로 이런 사상은 기독교 이전에도 이미 있었다. 그러나 신약성경의 차별성은 구원이 징계과정에서 하나님의 자녀 됨이라는 관계에서 비로소 이루어지는 것이 아니라, 예수 그리스도로 말미암은 '하나님의 은혜'로 이루어진다는 점에 있다.

[7절] 너희가 징계를 받기 위하여 참으라(εἰς παιδείαν ὑπομένετε,). 하나님께서 너희를 아들들과 같이 대우하시는 것처럼(ὡς υἱοῖς ὑμῖν προσφέρεται ὁ θεός) 어찌 아버지가 징계하지 않는 아들이 있겠느냐?(τίς γὰρ υἱὸς ὃν οὐ παιδεύει πατήρ;) (εἰς παιδείαν ὑπομένετε, ὡς υἱοῖς ὑμῖν προσφέρεται ὁ θεός. τίς γὰρ υἱὸς ὃν οὐ παιδεύει πατήρ;)

7절 첫머리에서 석의적 문제가 나타난다. 곧, '휘포메네테'(ὑπο-

하고, 그것도 모두 12장에서 나타난다(12:6, 7, 10). Smith, *Greek-English Concordance*, 271,

47) 이 용어는 신약성경에 5회 나오는데, 사도행전에서 2회 등장하며, 마가복음과 디모데전서 및 히브리서에서 각 1회 나타난다. Smith, *Greek-English Concordance*, 274.

48) 이는 신약성경에서 7회 등장하는 용어로, 마태복음에서 3회(최다) 등장하며, 다른 복음서에서 각 1회 나타나고, 그 외는 히브리서에서만 1회 사용되었다. Smith, *Greek-English Concordance*, 222.

49) 이에 대하여는 Hegermann, *Hebräer*, 249 참조.

μένετε)는 2인칭 복수인 '너희'에 대한 현재 능동태 직설법 형태와 현재 능동태 명령법 형태가 동일하다. 이로 인해, 이를 '직설법'으로 보아야 할지, 아니면, '명령법'으로 보아야 할지, 석의적 문제가 생긴다. 한글 개역 성경이나 일부 학자들은 이를 직설법으로 보아, '너희가 참느니라'로 옮겼다. 그러나 이는 명령법으로 보아야 하며, '너희가 참으라'로 이해해야 한다.[50] 왜냐하면, 이는 문맥상 히브리서 신앙공동체가 겪고 있는 '현 상태'를 묘사하는 것이 아니라, 이 공동체가 신앙의 나태함에 빠져 있는 것을 감안한다면, 그것을 극복하도록 주어지는 '권면'으로 보아야 적절하기 때문이다. 게다가, 이는 '징계를 받기 위하여'(εἰς παιδείαν)와 함께 사용된 것을 보면 더욱 그러하다. 그러므로 이 절에서는 '징계를 받기 위하여 참으라'는 세 번째 권면이 주어진다고 여겨야 한다. 하나님께서 그들을 아들들과 같이 대우하시는 것처럼, 아버지는 아들을 징계하신다. 여기서 '대우하다'에 해당하는 헬라어는 '프로스페레인'(προσφέρειν)인데, 이는 수동태로 사용되어 '취급하다'나 '대우하다'의 뜻을 지닌다. 이는 신약 서신에서는 히브리서에서만 나타나는 전문술어[51]이다.

[8절] 모두가 다 받는 징계가 너희에게 없다면(εἰ δὲ χωρίς ἐστε παιδείας ἧς μέτοχοι γεγόνασιν πάντες,), 너희가 사생자요 아들이 아니니라(ἄρα νόθοι καὶ οὐχ

---

50) 미헬(O. Michel), 헤거만(H. Hegermann), 슈트로벨(A. Strobel), 슈라이너(Th. Schreiner) 등도 그렇게 해석한다. 영미(英美)권에서 이 견해에 대한 찬반(贊反) 입장을 가진 주석가들에 대하여는 Thomas R. Schreiner, 『토마스 슈라아니 히브리서 주석』(*Commentary on Hebrews*, 장호준 역, 서울: 복 있는 사람, 2016), 564, 각주 623 참조.

51) 이 동사는 신약성경에서 48회 등장하며, 히브리서에서 20회(최다) 나타나고, 마태복음에서(15회) 등장하며, 서신에서는 오직 히브리서에서만 사용되었다. Smith, *Greek-English Concordance*, 311.

υἱοί ἐστε) (εἰ δὲ χωρίς ἐστε παιδείας ἧς μέτοχοι γεγόνασιν πάντες, ἄρα νόθοι καὶ οὐχ υἱοί ἐστε.)

이 절은 히브리서 공동체를 위하여 '징계를 참으라'는 권면의 신론(神論)적 근거를 제시한다. 하나님이 그들의 아버지가 아니고, 그들이 하나님의 아들이 아니라면, 이런 징계는 따르지 않는다. 그들에게 징계가 없다면, '사생자들'(νόθοι)[52]이지 '아들들'(υἱοί)이 아니다. 징계를 받지 않은 사람은 하나님의 아들로 인정받지 못한다는 논증 방식은 '대당법(對當法)'(e contrario)[53]이다. 여기서 "모두가 다 받는 징계가 너희에게 없다면"에서 "너희가 다 받는"(ἧς μέτοχοι γεγόνασιν πάντες)은 직역(直譯)하면. '너희가 다 참여하는'이다. 속격(屬格)과 같이 사용되는 '메토코스'(μέτοχος)[54] 역시도 '사생자'처럼 히브리서의 전문술어(technicus terminus)이다.

[9절] 만약에(εἶτα) 우리가 '우리 육신의 아버지들을'(τοὺς τῆς σαρκὸς ἡμῶν πατέρας) 훈육자로(παιδευτὰς) 가졌는데, '우리가 공경하였다면'(καὶ ἐνετρεπόμεθα), '하물며 더욱'(πολὺ μᾶλλον) '모든 영의 아버지께'(τῷ πατρὶ τῶν πνευμάτων) '우리가 복종하며 살려고 하지 않겠느냐?'(οὐ … ὑποταγησόμεθα … καὶ ζήσομεν;) (εἶτα τοὺς μὲν τῆς σαρκὸς ἡμῶν πατέρας εἴχομεν παιδευτὰς καὶ ἐνετρεπόμεθα· οὐ πολὺ [δὲ] μᾶλλον ὑποταγησόμεθα τῷ πατρὶ τῶν πνευμάτων καὶ ζήσομεν;)

---

52) 이는 신약성경에서는 오직 이 구절에서만 나타나는 용어이다. Smith, *Greek-English Concordance*, 239.

53) Michel, 『히브리서』, 610.

54) 이 용어는 신약성경에서 모두 6회 등장하는데, 누가복음에서 한 번(5:7) 나타나는 것을 제외하면, 모두 히브리서에서만 사용된다(1:9; 3:1, 14; 6:4; 12:8). 또 동사 μετέχειν은 고린도전서(5회)와 히브리서(3회, 2:14; 5:13; 7:13)에서만 사용된다. Smith, *Greek-English Concordance*, 228f.

9절에서 '육신의 아버지들'(οἱ πατρές τῆς σαρκὸς)과 '영들의 아버지'(ὁ πατήρ τῶν πνευμάτων)가 대조된다. 양자(兩者)는 '훈육자' 또는 '징계자', 곧 '파이듀테스'(παιδευτής)[55] 라는 점에서 공통적이며, '육신과 영'의 '아버지'라는 점에서 구별된다. 이 대조는 용어적으로뿐 아니라 구문론(構文論)적으로도, '하물며 더욱'(πολὺ μᾶλλον)으로써 '작은 것에서 큰 것으로'(a minori ad maius)라는 유대교의 논증방식을 따른다. 이때 '육신'(σάρξ)은 히브리어 '바사르'(בָּשָׂר)를 헬라어로 옮긴 히브리어적 표현이다. 이때 '영들의 아버지'는 '하나님의 칭호'로 사용되었다. 그 구약적 기원은 민수기에서 찾아볼 수 있다. 즉, 민수기의 관련구절(16:22; 27:16)에 의하면, 하나님은 "모든 육체의 영들(한글개역성경에서는 '생명')의 하나님"(אֱלֹהֵי הָרוּחֹת לְכָל־בָּשָׂר)이다. 이를 칠십인역(LXX)은 "영들과 모든 육체의 하나님"(θεὸς τῶν πνευμάτων καὶ πάσης σαρκός)으로 옮겼다. '엘로헤 하-루아호트'(אֱלֹהֵי הָרוּחֹת)는 유대 묵시문헌(에녹서 37:2)에도 나타나는데, 그 경우 '천사들을 지배하는 하나님'으로 나타난다.[56] 성경의 전통(창 2:7)에 의하면, 하나님이 흙으로 사람을 지으시고 생기를 그 코에 불어넣으셔서 사람이 생령이 되었기 때문에, 인간에게 생명을 부여하신 하나님은 아버지시다. 그러므로 사람이 '육신의 아버지'를 공경한다면, '모든 영들의 아버지'께 복종하며 사는 것이 '믿는 도리'이다. 이때 '복종하다'(ὑποτάσσεσθαι)[57]는 '공경하다'(ἐντρέπεσθαι)[58]보다 더 강화된 의미로

55) 이 용어는 신약성경에서 오직 히브리서(12:9)와 로마서(2:20)에서 한 번씩 등장한다. Smith, *Greek-English Concordance*, 271.

56) 이에 대하여는 Michel, 『히브리서』, 611 참조.

57) 이 용어는 신약성경에 40회 나오고, 복음서에는 누가복음(3회)에만 나타나고, 공동서신에는 베드로전서(7회)와 야고보서(1회)에 등장하며, 히브리서에 5회(2:5, 8[3회]; 12:9), 그리고 나머지 24회(고전 9회; 롬 6회)

사용되었다. 또 이 절에서 '2인칭 복수'(너희)-진술은 '1인칭 복수'(우리)-진술로 '권면의 화법(話法)'이 바뀌었다. 이는 저자가 권면의 직접적 호소를 강화하는 의도에서 비롯된 것이다.

[10절] 그들은 잠시 자기들에게 여겨지는 생각대로 [우리를] 징계하였거니와(οἱ μὲν γὰρ πρὸς ὀλίγας ἡμέρας κατὰ τὸ δοκοῦν αὐτοῖς ἐπαίδευον), 오직(δὲ) 그[하나님]는(ὁ) [우리의] '유익을 위하여'(ἐπὶ τὸ συμφέρον) '그의 거룩하심에'(τῆς ἁγιότητος αὐτου) '참여하게 하시느니라'(εἰς τὸ μεταλαβεῖν) (οἱ μὲν γὰρ πρὸς ὀλίγας ἡμέρας κατὰ τὸ δοκοῦν αὐτοῖς ἐπαίδευον, ὁ δὲ ἐπὶ τὸ συμφέρον εἰς τὸ μεταλαβεῖν τῆς ἁγιότητος αὐτοῦ.)

이제 10절에서 저자는, 9절에서 언급되었던, '육신의 아버지께 공경하는 것'과 '영들의 아버지께 복종하는 것'로부터의 기대효과를 언급함으로써, 간접적으로 '영들의 아버지'께 복종해야 하는 권면을 받아들이기를 바란다. '육신의 아버지'는 그들의 뜻대로 징계하고 그로부터 얻어지는 기대효과는 제한적이나, '영들의 아버지'는 그들의 '유익을 위하여'(ἐπὶ τὸ συμφέρον) '그의 거룩하심에'(τῆς ἁγιότητος αὐτου) 참여하게 하신다. '유익'(συμφέρον)[59]은 기대효과를 나타낸다. '영들의 아버지'께 복종할 때 기대되는 효과는 하나님의 거룩하심에

는 모두 바울서신에 나타난다. Smith, *Greek-English Concordance*, 362.

58) 이 용어는 신약성경에 모두 9회 나오는데, 공관복음(5회), 바울서신(3회, 고전 4:14; 살후 3:14; 딛 2:8), 히브리서에만 나타난다. Smith, *Greek-English Concordance*, 132.

59) 동사 συμφέρειν은 분사로 사용되어, 단수 τὸ συμφέρον은 '이익(유익)'이나 '이점'을 나타내며, 또 복수 τὰ συμφέροντα는 '(네게) 좋은 것들'을 의미한다. G. Abbott-Smith, *A Manual Greek Lexicon of the New Testament* (Edinburgh: T & T Clark, [3]2005), 423 참조.

참여하는 것이다. 이 경우, '거룩하심'(ἁγιότης)은 신약성경에서는 오직 이 구절에서만 나타나는 용어이다.[60] 하나님께서 그의 백성을 자신의 거룩하심에 참여하게 한다는 사상은 이미 구약성경(레 11:44; 19:2; 20:7)에 나타나는 사상이며, 이는 신약성경의 저자들에게서도 수용된 사상(마 5:48; 벧전 1:16)이다. 아들에 대한 하나님의 징계는 '유익'을 목표로 하고, 그 유익은 하나님의 거룩함에 참여함을 의미한다.[61]

[11절] '무릇(δὲ) 모든 징계가'(πᾶσα παιδεία) 당시에는(πρὸς μὲν τὸ παρὸν) '즐거움으로 보이지 않고 슬픔으로 보이나'(οὐ δοκεῖ χαρᾶς εἶναι ἀλλὰ λύπης), 후에는(ὕστερον δὲ) '그[징계]로 말미암아 연단 받은 자들에게'(τοῖς δι' αὐτῆς γεγυμνασμένοις. '평화로운 의의 열매를'(καρπὸν εἰρηνικὸν … δικαιοσύνης) 맺게 하느니라(ἀποδίδωσιν) (πᾶσα δὲ παιδεία πρὸς μὲν τὸ παρὸν οὐ δοκεῖ χαρᾶς εἶναι ἀλλὰ λύπης, ὕστερον δὲ καρπὸν εἰρηνικὸν τοῖς δι' αὐτῆς γεγυμνασμένοις ἀποδίδωσιν δικαιοσύνης.)

4-11절 단락의 종결절인 11절은 일종의 '지혜격언'으로 마감된다. 11절은 지혜 말씀의 형식에 적절하게 '당시에는'(πρὸς τὸ παρὸν)과 '후에는'(ὕστερον)의 용어와 함께 '대조적인 평행절'을 이루며, 이는 구문론(構文論)상으로도 '대조평행절'에 부합된 'μὲν … δέ'-구문으로 구성되었다 Μέν과 함께 사용된 전치절(前置節)은 '당시에는'(πρὸς τὸ παρὸν) 또는 '현재에는' '즐거움'(χαρά)으로 보이지 않고 '슬픔'(λύπη)[62]

60) Smith, *Greek-English Concordance*, 3.

61) 이에 대하여는 Michel, 『히브리서』, 613 참조.

62) 신약성경에서 이 용어는 16회 등장하는데, 고린도후서에서 6회, 요한복음에서 4회 나타나며, 히브리서에서는 오직 이 구절에서만 발견된다. Smith, *Greek-English Concordance*, 218.

으로 보인다(οὐ δοκεῖ χαρᾶς εἶναι ἀλλὰ λύπης)라고 말한다. 그러나 '후에는'(ὕστερον)과 '하지만(δέ)으로 인도되는 후치절(後置節)은, 이와는 대조적으로, 징계로 말미암아 연단 받은 자들에게 '평화로운 의의 열매'를 맺게 함을 서술한다. 그러니까, '징계'는 '연단'을, '연단'은 '의의 열매'를 맺게 한다. 이는 마치 바울이 로마 교회에 예수를 믿음으로써 의롭다 여김 받은 자가 구원의 확신을 가져도 되는 것은 부어진 바 된 '하나님의 사랑' 때문임을 서술할 때, "우리가 환난 중에도 즐거워하나니 이는 환난은 인내를, 인내는 연단을, 연단은 소망을 이루는 줄 앎이로다"(롬 5:3f)라고[63] 기록한 것과 같다. '당시에는'과 '후에는'의 대조는 궁극적으로는 묵시적 세대 구분, 곧 '옛 세대'와 '새 세대'의 대조와도 관련되어 있다.[64] 히브리서 공동체가 '옛(현) 시대'에 징계를 받더라도, 이는 연단을 이루어 '새 시대'에는 열매를 맺게 될 것이다. 그 열매는 '평화로운 의의 열매'(καρπὸς εἰρηνικὸς δικαιοσύνης)'이다. 이 어구(語句)에 대한 주석적 논란의 문제가 있다. 본문에서 '평화로운 의의 열매' 어구를 이루는 '의'와 '평화'는 성수격(性數格)이 일치(agreement)하지만, '의'는 '열매'를 한정적으로 수식하는 속격(屬格)이다. 그러므로 이 어구는 한글개역성경의 번역처럼 '의와 평강의 열매'라고 옮길 수 없다. 오히려, 그것은 '평화로운 의의 열매'로 옮기는 것이 적절하다.[65] 이 열매는 묵시적 '새 세대'에 맺게 될 것이다. 이 경우 '의'(δικαιοσύνη)와 '평화'(εἰρήνη)는 이미 7장에서 멜기세덱을 묘사한 용어이다. 그는 "의의 왕"이며 "살렘 왕" 곧 "평강의 왕"이다(7:2). '의'와 '평화'는 멜기세덱의 왕권

63) Strobel, *Der Brief an die Hebräer*, 251 참조.

64) Michel, 『히브리서』, 614.

65) 이에 대하여는 Schreiner, 『토마스 슈라이너 히브리서 주석』, 567 참조.

을 표현하는 용어이며[66], 곧 이는 하나님의 보좌 우편에 계신, 멜기세덱의 반차를 따른 영원한 대제사장, 예수 그리스도의 왕권을 나타내는 개념이다. 예수는 '새 언약', 곧 '더 좋은 언약'의 '보증'(7:22)이며, '중보자'(8:6; 9:15)이시다. '의의 열매'(καρπὸς δικαιοσύνης) 진술은 신약의 다른 저자들, 곧 바울(빌 1:11)이나 야고보(3:18)나 마태(7:15-20 참조)에게서도 찾을 수 있다. 특히, 야고보의 경우, 3:18에서 '평화', '의', '열매' 용어가 함께 등장한다. 곧, "화평하게 하는 자들은 화평으로 심어 의의 열매를 거두느니라"(약 3:18). 히브리서 신앙공동체가 비록 고통과 환난을 당한다고 하더라도 '살아있는 하나님의 말씀'을 따라 현재 주어진 권면대로 따른다면, 그들은 자신들의 신앙의 권태로움과 위태로움을 극복할 뿐 아니라 마지막 날 '하나님의 안식'에 참여할 때 '평화로운 의의 열매'를 향유하게 될 것이다. 그것은 마치 요한이 그의 묵시록에서 에베소 교회의 이기는 성도들에게 약속한 "하나님 낙원에 있는 생명나무의 열매를 주어 먹게 하리라"는 말씀을 떠오르게 한다.

IV. 본문 단락이 주는 신학적 메시지

전술(前述)한바, "믿음의 시종(始終)이신 예수를 바라보자" 주제를 논증하는 12:1-11 단락의 신학적 메시지를 요약적으로 서술하면, 다음과 같다. 첫째로, 이 단락은 '기본 권면' 단락이며, 동시에 이 단락 이후에 전개될 권면 단락(12:12-13:17)의 근거를 대는 단락이다. 둘째로, 그 권면의 근거는 두 가지, 곧 '권면의 기독론적 근거'(12:

66) Michel, 『히브리서』, 616.

1-3)와 '권면의 신론적 근거'(12:4-11)이다. 셋째로, '권면의 기독론적 근거'는 예수 그리스도가 믿음의 '창시자'요 또 '온전하게 하시는 이'라는 점이다(12:1-3). 넷째로, '권면의 신론적 근거'는 하나님이 히브리서 공동체 구성원의 영적인 아버지가 되시며, 그들은 그의 아들이라는 점이다(12:4-11). 다섯 째, 첫 번째 기본 권면은 믿음의 '창시자'요 또 '온전하게 하시는 이'인 예수를 바라보고, 죄인들이 자기에게 거역한 일을 참으신 그를 깊이 생각하라는 것이다(12:1-3). 여섯 째, 예수를 바라보고 깊이 생각할 때 가장 절실하게 요구되는 덕목은 '인내'이다(12:1-3). 일곱 째, 예수는 신앙의 본보기이며, 약속에 이르는 유일한 길이다(12:1-3). 곧, 그는 믿음의 '근거'요, '본보기'요, '목표'이다(12:1-3). 여덟 째, 두 번째 기본 권면은 '권면의 신론적 근거'에 입각하여 죄와 피 흘리기까지 싸워야 한다(12:4). 하나님이 아버지시고 히브리서 공동체가 그 아들들이라면, 고난, 곧 징계가 따른다. 징계가 없으면, 아들이 아니다(12:5-8). 아홉 째, 그러므로 영의 아버지께 더욱 복종하며 살아야 한다(12:9). 열 번 째로, 징계를 받는 것은 그 자녀의 유익, 곧 하나님의 거룩하심에 참여하기 위함이다(12:10). 마지막으로, 징계가 당시에는 슬퍼 보이지만 징계로 연단을 받은 후에는 평화로운 의의 열매를 맺을 것이다(12:11). 요약하면, 히브리서에서 '권면'의 신학적 근거는 기독론과 신론이다. 그러므로 '인내함'으로 예수를 바라보고, 하나님의 자녀로서 당하는 고난을 자녀에게 주시는 '징계'로 여기고. '연단'을 받아 결국 '평화로운 의의 열매'를 맺어야 한다. 이것이 본문 단락 이후로 요구되는 구체적 권면의 신학적 토대요 근거요 기초이다.

제10장

마지막 권면 말씀

(13:1-17)

10.
마지막 권면 말씀

(13:1-7)

I. 서론

본문 단락은 히브리서를 3분 구도(1:1-4:13; 4:14-10:18[31]; 10:19[32]-13:17)로 구분할 때, 그 '마지막 큰 단락'(10:32-13:17)의 종결 단락으로 개별적인 권면들을 다룬다. '세 번째 큰 단락'에서 저자는 시작된 세상 종말의 때에 '하나님의 안식'이 기다리고 있는 본향을 향하여 믿음의 길을 걸어가는 히브리서 신앙공동체에게 '담대함'과 '인내함'을 촉구하고(10:32-39), 이전 시대에 살았던 수많은 믿음의 증인들의 격려(11:1-40)와 함께, 기본 권면의 기독론적, 신론적 근거를 제시한 다음(12:1-11), 그에 근거하여 지켜야 될 기본적인 두 권면, 곧 "화평함과 거룩함을 따르라"는 권면(12:12-17)과 "삼가 말씀하신 이를 거역하지 말라"(12:18-29)는 권면을 한 후, 이 공동체에 관련된 세부적인 여러 개별 권면들을 요청함(13:1-17)으로써, 이 단락을 마무리 짓는다. 마지막 제10장에서는 10:32-13:17 단락의 말미에 놓여 있는 13:1-17 단락을 본문 단락으로 삼아, "마지막 권면 말씀"

이라는 제목 아래, 이 단락의 자리 매김과 함께 세부적으로 구분하고(II), 본문을 석의(釋義)한 다음(III), 특주(特註)로 '히브리서의 권면(para,klhsij)'에 대하여 살펴본 후(IV), 그러고 나서, 본문 단락을 해석하는 독자(讀者)가 올바르게 이해하고 해석하며, 올바른 석의(釋義)의 방향과 진의(眞意)를 모색(摸索)하도록, 그 신학적 메시지(V)를 해명하고자 한다.

II. 본문 단락의 자리 매김과 세부 단락 구분

본문 단락인 히브리서 13:1-17 단락은, 앞서 밝힌 것처럼, 히브리서를 '3분(分) 구도(構圖)'로 구분하여 이해할 때, 앞의 두 큰 단락(1:1-4:13; 4:14-10:18[31])에서 십자가를 지셨으나 하늘에 오르시어 하나님 보좌 우편에 앉아계신, 하늘이 성소의 멜기세덱 반차를 따른 영원한 대제사장 예수 그리스도에 대한 가르침(기독론)과, 히브리서 신앙공동체가 그리스도를 믿음으로 말미암아 시작된 종말에 참여하여 '하나님의 안식'이 기다리는 영원한 안식처인 하늘의 본향(本鄕)을 향해 가는 '나그네' 신앙에 대한 종말에 대한 가르침(종말론)이 다루어졌다면, 이제 '마지막 큰 단락'인 '세 번째 큰 단락'(10:32-13:17)은 히브리서 신앙공동체에 대한 종결권면을 다룬다. 그 세분적인 단락은, 제9장(II)에서 다루었던 것처럼, 다음과 같다.

10:32-39	히브리서 신앙공동체에게 촉구된 신앙자세: '담대함'과 '인내함'
11:1-40	기독교 이전 시대에 살았던 믿음의 증인들

12:1-29 시작된 세상종말에 믿음의 길을 걸어가는 그리스도인에 대한 권면
12:1-3 권면의 기독론적 근거: 믿음의 시종이신 예수를 바라보라
12:4-11 권면의 신론적 근거: 아들들이 당하는 연단으로서 고난과 징계
12:12-17 "화평함과 거룩함을 따르라"는 기본 권면
12:18-29 "삼가 말씀하신 이를 거역하지 말라"는 기본 권면
13:1-17 여러 개별 종결권면들
[13:18-25 서신 종결: 기도 요청(18f), 축복과 문안인사(20-24), 종결축원(25)]

'단락 개요'에서처럼, 권면의 '기독론적 기초'(12:1-3)와 '신론적 기초'(12:4-11)에 근거를 둔 두 기본 권면(12:12-17, 18-29) 다음에, 최초로 히브리서를 받는 신앙공동체 상황에 따른, 일상생활에서 지켜져야 할 '여러 개별 권면들'(13:1-17)과 '서신 종결 주제들'(13:18-25)이 다루어지는 히브리서 13장은 저자가 전체 히브리서에서 자신의 서신 수신자 공동체에게 최종적으로 권고하는 권면이다. 그러므로 히브리서의 마지막 장을 "권면의 말씀"(ὁ λόγος τῆς παρακλήσεως)인 히브리서에 덧붙은 '후기'(epilog)로 여기기는 것[1)]은 적절하지 않다. 오히려 13장은, 구조적인 관점에서 보면, 히브리서 전체에서 이 서신을 마감하는 '종결 권면' 단락으로 보는 것이 적절하다. 여러 개별 종결권면들을 다루는 본문 단락을 세부적으로 구분하면, 다음과 같

1) Thomas R. Schreiner, 『토마스 슈라이너 히브리서 주석』(*Commentary on Hebrews*, 장호준 역, 서울: 복 있는 사람, 2016), 597f. 슈트로벨도 13장을 "서신부록"(Briefanhang)으로 여긴다. August Strobel, *Der Brief an die Hebräer* (NTD 9/2; Göttingen: V. & R., [4]1991), 173.

이 크게 두 작은 단락으로 구분할 수 있다.

1. 1-6 세상의 일상에서 지켜져야 할 구체적인 개별 권면들
 (1) 1f 형제사랑과 손님 대접을 계속하라
 (2) 3 갇힌 자와 학대 받는 자를 생각하라
 (3) 4 혼인과 침소를 더럽히지 말라
 (4) 5f 돈을 사랑하지 말고 족한 줄로 알라

2. 7-17 최종 종결권면: 인도자들의 믿음을 본받고, 성문 밖에서 고난을 받으신 예수 그리스도를 본받으라
 (1) 7 권면: 인도하는 자들의 믿음을 본받으라
 (2) 8 권면의 기독론적 근거: 동일하신 예수 그리스도
 (3) 9 권면: 여러 가지 다른 교훈에 끌리지 말라
 (4) 10-12 권면의 기독론적 근거: 성문 밖에서 고난을 받으신 예수 그리스도
 (5) 13 권면: 그의 치욕을 짊어지고 영문 밖으로 그에게 나아가자
 (6) 14 권면의 종말론적 근거: 장차 올 영구한 도성
 (7) 15 권면: 항상 찬송의 제사를 하나님께 드리자
 (8) 16 종결권면: 오직 선을 행함과 서로 나누어 주기를 잊지 말라
 (9) 17 권면: 인도하는 자들에게 순종하고 복종하라

이제, 위의 구분을 따라, 13:1-17 단락의 각 절을 풀이하여, 그 본문의 올바른 의미와, 그에 부합된 신학적 메시지를 살펴보기로 하자.

III. 본문 석의(釋義)

1. 본문 사역(私譯)

1 형제 사랑이 지속되게 하라
2 손님 대접하기를 잊지 말라 이로써 알지 못하는 중에 천사들을 대접한 이
들이 있었느니라
3 너희가 함께 갇힌 자 된 것 같이 갇힌 자들을 생각하고 너희 자신도 몸
안에 있는 것처럼 학대 받는 자들을 생각하라
4 모든 사람은 혼인을 귀히 여기고 침소를 더럽히지 않게 하라 음행하는 자
들과 간음하는 자들을 하나님이 심판하시리라
5 돈을 사랑하지 말고 있는 것들로써 충분하다고 여기라 그가 친히 말씀하
셨던 바, 내가 결코 너를 떠나지 아니하고 너를 버리지 아니하리라 하셨
느니라
6 그러므로 우리가 담대히 말하기를, 주는 나를 돕는 이시니 내가 무서워하
지 아니하겠노라 사람이 내게 어찌하리요 하노라
7 하나님의 말씀을 너희에게 일러 주고, 너희를 인도하는 자들을 생각하라.
그들의 행실의 결말을 주의하여 보고 그들의 믿음을 본받으라
8 예수 그리스도는 어제나 오늘이나 영원토록 동일한 분이시니라
9 여러 가지 낯선 교훈에 끌려가지 말라 마음은 은혜로써 굳게 됨이 아름답
고 음식으로써 할 것이 아니니 음식으로 말미암아 행한 자는 유익을 얻지
못하였느니라
10 우리가 제단을 가졌는데 장막에서 섬기는 자들은 거기(제단에)서 먹을 권
한이 없나니
11 이는 죄를 위한 짐승의 피는 대제사장을 통해서 성소에 들어가고, 그 몸
은 영문 밖에서 불사름이라.
12 그러므로 예수도 자신의 피로써 백성을 거룩하게 하려고 성문 밖에서 고
난을 받으셨느니라
13 그런즉 우리도 그의 치욕을 짊어지고 영문 밖으로 그에게 나아가자

14 우리가 여기에는 지속적으로 머무를 도성이 없으므로 장차 올 것을 찾나니

15 그러므로 우리가 그[예수]로 말미암아 항상 찬송의 제물을 하나님께 올려드리자 이는 그 이름으로써 찬양하는 입술들의 열매니라

16 오직 선을 행함과 서로 나누어 주기를 잊지 말라. 하나님은 이같은 제사를 기뻐하시느니라

17 너희를 인도하는 자들에게 순종하고 복종하라. 그들은 너희 영혼을 위하여 경성하기를 자신들이 청산할 자인 것 같이 하느니라. 그들로 하여금 즐거움으로 이것을 하게 하고 근심으로 하게 하지 말라. 그렇지 않으면 너희에게 유익이 없느니라

2. 각절 본문 풀이

대부분의 바울 서신이 '종결 권면'으로 마감되듯이, 히브리서도 그러하다. 그것은 당시 사회의 소수 집단으로서 기독교 공동체 구성원을 결속하는 강한 유대(紐帶)나 연대(連帶)가 요구되었기 때문이다.[2] 앞서 살펴보았듯이, 본문 단락은 저자가 히브리서 신앙공동체에게 권고하는 '여러 개별 권면들'(1-6절)과, 이 권면들을 지킬 수 있도록 '인도하는 자들'과 '예수'를 본받을 것을 권면한다(7-17절). 이로써, 이 본문 단락에서 신약윤리의 특징으로서 '구체적 윤리'와 '본(本)의 윤리'가 다루어진다.

가. 일상생활에서 지켜져야 할, 구체적인 개별 권면들(1-6절)

이 단락에 묘사된 개별 권면들은 서로 결합되어 있지 않고 서로

2) 이에 대하여는 Knut Backhaus, "How to Entertain Angels: Ethics in the Epistle to the Hebrews," in *Hebrews: Contemporary Methods－New Insight*, ed. by G. Gelardini (Leiden: Brill, 2005), 149-75 참조.

의지하지도 않아, '자체 완결적'[3]인 독자(獨自)적인 단락으로 여겨질 수 있어, 헤거만(H. Hegermann)은 이 단락의 권면들을 "작은 권고목록"(kleiner Mahnkatalog)으로 여긴다. 이는 히브리서 저자가 초기 기독교 공동체 안에서 형성된 권면들이 수집된 '권면목록' 전승으로, 전해진 것을 전해 받은 것일 수 있고, 혹은 단편적으로 신앙공동체에서 통용되던 권면들을 저자가 모아 '권면목록'을 만든 것일 수도 있다.

1) 형제사랑과 손님 대접을 계속하라(1f절)

[1-2절] **형제 사랑이 지속되게 하라('Η φιλαδελφία μενέτω.) 손님 대접하기를 잊지 말라(τῆς φιλοξενίας μὴ ἐπιλανθάνεσθε,) 이로써(διὰ ταύτης) 알지 못하는 중에 천사들을 대접한 이들이 있었느니라(ἔλαθόν τινες ξενίσαντες ἀγγέλους.)** (τῆς φιλοξενίας μὴ ἐπιλανθάνεσθε, διὰ ταύτης γὰρ ἔλαθόν τινες ξενίσαντες ἀγγέλους.)

명사로 개념화된 '형제 사랑'(φιλαδελφία)이란 용어는 신약성경에서 모두 6회 등장하며, 그것도 서신서(롬 12:10; 살전 4:9; 히 13:1; 벧전 1:22; 벧후 1:7[2회])에서만 나타난다.[4] 이는 초기 기독교 공동체가 예배를 위한 독자적인 건물 없이 가정이나 공개되지 않은 장소에서 모인 사회의 소수 집단으로서 공동체의 결속을 위해 가족과 같은 '형제 사랑'의 유대(紐帶)가 절실하게 요구되었기 때문이다. 비울의 경우, 몇 서신의 결미(結尾) 단락에서 "너희는 거룩하게 입맞춤으로 서로 문안하라"('Ασπάσασθε ἀλλήλους ἐν φιλήματι ἁγίῳ, 롬 16:

---

3) Otto Michel, 『히브리서』(*Der Brief an die Hebräer*), 강원돈 역 (「국제성서주석」 43; 서울: 한국신학연구소, 1987), 662.

4) Smith, *Greek-English Concordance*, 366.

16; 고전 16:20; 고후 13:19; 살전 5:14)고 요청한다. '입맞춤'(φίλημα)[5])이란 예수 시대(눅 7:45; 22:48)와 바울 시대뿐 아니라 그 이후의 신앙 공동체 안(벧전 5:14)에서도 통용되던 인사의 관습이었고, '형제 입맞춤'(Bruderkuss)은 '형제 사랑' 안에서 오해 없이 거룩하게 지속되어야 한다.[6]) 그러므로 '형제 사랑'은 바울서신에서뿐 아니라 1세기 후반의 서신인 히브리서와 베드로서신에서도 등장하며, 초기 기독교 운동의 차별화된 특징으로서 기독교적 사랑을 나타낸다.[7]) 이러한 '형제 사랑'은 공동체의 유대와 결속만을 위한 '이웃 사랑'의 축소가 아니다. 그것은 개방적 '이웃 사랑'을 실천하기 위해, 먼저 신앙공동체 안에서 구체적으로 실행되는 '이웃 사랑'이다. '형제 사랑'이 축소된, 폐쇄적 이웃 사랑이 아니라, 개방적 이웃 사랑의 실천을 위한 공동체 내의 적용이다. 이는 이어지는 2절의 "손님 대접하기를 잊지 말라"는 권면에서 밝히 드러난다. '손님 접대'(φιλοξενία)[8])와 '형제 사랑'은 원수까지도 포함하는 '이웃 사랑'에 대한 예수의 가르침(마 5:43-47)을 따라, 또 알지 못한 중에 하나님의 천사들을 대접한 아브라함(창 18:1-8)이나 그의 조카 롯(창 19:1-9)의 선행을 보여주는 구약성경의 가르침을 따라, 예수(마 7:12)나 바울(롬 12:13)뿐 아니라

---

5) 이 용어는 신약 성경 전체에서 일곱 번 등장하며, 대개 바울서신에서 나타난다. Smith, *Greek-English Concordance*, 366.

6) Strobel, *Hebräer*, 175.

7) Harold W. Attridge, *Hebrews: A Commentary on the Epistle to the Hebrews* (Hermeneia; Philadelphia: Fortress, 1989), 385.

8) 신약성경에 드물게 단지 2회 등장하며, 그것도 로마서(12:13)와 히브리서(13:2)에만 나타난다. Smith, *Greek-English Concordance*, 366. 이 용어는 구약의 헬라어 역본과 구약 외경에는 나타나지 않는다. G. Abbott-Smith, *A Manual Greek Lexicon of the New Testament* (Edinburgh: T & T Clark, 32005), p. 470.

히브리서 저자도 요구한 신앙의 미덕(美德)으로, 양자(兩者)는 그리스도인에게 불가분(不可分)의 것이다.

'손님 접대'에 해당하는 헬라어 '필로크세니아(φιλοξενία)는 자구(字句)적으로는 '나그네(ξενός) 사랑(φιλία)'을 의미하며, 신약성경에서 두 번 등장한다. 그 한 번은 바울이 로마교회에게 성도들의 쓸 것을 공급할 뿐 아니라 '손 대접하기'를 힘쓸 것을 권면하는데(롬 12:13) 나타나고, 다른 한번은 히브리서의 이 구절에서 나타난다. 용어의 빈도(頻度)상으로는 신약성경에서 드물게 나타나는 용어이지만, 그 내용은 결코 신약성경에서 낯설지 않다. 이 주제는 하나님 나라를 전하시는 예수의 활동에서 아주 중요한 역할을 하였다.[9] 무엇보다도, 누가복음(7:36ff; 9:51ff; 10:38ff; 14:1ff 등)에서 이는 특별한 의미를 지니고 있으며, 예수의 '종말 세상 심판' 비유(마 25:31-46)에서는 구체적으로 묘사된 '손님 환대'를 찾을 수 있다(마 25:35f). '손님 환대'는 초기 기독교 공동체에서 중요한 신앙덕목 중 하나였는데, 사도행전(행 10:6, 18, 32)에서 '숙소를 마련해주다'나 '유숙하다' 진술에서 잘 드러나며, '영접하다'-진술(요삼 8)에서도 찾을 수 있다. 또 목회서신에서도 '나그네를 대접하는 것'은 '과부 자격 규정'(딤전 5:10)이나 '감독 자격 규정'(딤전 3:2; 딛 1:8)에 들어 있는 항목 중 하나였다.

2) 갇힌 자와 학대 받는 자를 생각하라(3절)

[3절] 너희가 함께 갇힌 자 된 것 같이 갇힌 자들을 생각하고(μιμνήσκεσθε τῶν δεσμίων ὡς συνδεδεμένοι,) 너희 자신도 몸 안에 있는 것처럼 학대 받는 자들을

---

9) 이에 대하여는 *ThWNT* V, s.v. "φιλοξενία κτλ.," by Gustav Sthälin, 1-36 (특히, 19f) 참조.

생각하라(τῶν κακουχουμένων ὡς καὶ αὐτοὶ ὄντες ἐν σώματι)

이제 사랑의 대상은 '형제'(1절)나 '손님'(2절)을 넘어 '갇힌 자들'(δέσμιοι)과 '학대 받는 자들'에게로 확대된다. 히브리서 신앙공동체는 이미 고난의 큰 싸움을 견디면서 '갇힌 자들'을 동정한 적이 있다(10:32-34). 이 구절은 그들에게 예상되는, 다가오는 고난과 박해에 대하여 그들이 고난을 피하고 세상에 동화되어 이들을 외면하지 말고 관심을 가지고 생각하라는 권면이다. 히브리서 공동체는 바울이 로마 성도들에게 "즐거워하는 자들과 함께 즐거워하고 우는 자들과 함께 울라"(롬 12:15)고 권면한 것처럼 '운명공동체'이며, 한 몸의 지체로서 형제의 운명을 자신의 운명처럼 여겨야 한다(고전 12:26 참조). 그리스도인이 세례를 받음으로써 예수와 '운명공동체'가 되었듯이(롬 6:1-11), '그리스도의 몸'인 교회의 구성원들 역시 '운명공동체'다. '학대 받는 자들'(κακουχούμενοι)은 '카쿠케인'(κακουχεῖν) 동사의 현재 수동태 분사형인데, 이 동사는 신약성경에서 오직 히브리서에서만 두 번 등장하는 용어로, 한 번은 '고문하다'(11:37)의 뜻으로, 다른 한번은 이 구절에서 '박해하다'는 뜻으로 사용되고,[10] 그것도 모두 수동태로 사용되어, 신앙적 박해로 인하여 그리스도인의 "몸에"(ἐν σώματι) 가해지는 '신체(身體)적으로 고난 받음'[11]을 묘사하는 히브리서의 전문술어(technicus terminus)이다.

---

10) Smith, *Greek-English Concordance*, 190.

11) *Exegetisches Wörterbuch zum Neuen Testament* II(1981), s.v. "κακουχέω," by Michael Lattke, 590.

3) 혼인과 침소를 더럽히지 말라(4절)

[4절] 모든 사람은 혼인을 귀히 여기고(Τίμιος ὁ γάμος ἐν πᾶσιν) 침소를 더럽히지 않게 하라(καὶ ἡ κοίτη ἀμίαντος,) 음행하는 자들과 간음하는 자들을 하나님이 심판하시리라(πόρνους γὰρ καὶ μοιχοὺς κρινεῖ ὁ θεός) (Τίμιος ὁ γάμος ἐν πᾶσιν καὶ ἡ κοίτη ἀμίαντος, πόρνους γὰρ καὶ μοιχοὺς κρινεῖ ὁ θεός.)

4절 상반절에는 동사가 생략되어 있기 때문에 석의적 문제가 따른다. 이곳에서 3인칭 현재 단수 직설법 동사인 '에스틴'(ἐστίν)이 생략되었는지, 아니면 3인칭 단수 현재 명령법 동사인 '에스토'(ἔστω)가 생략되었는지에 따라 해석이 달라진다. 전자(前者)일 경우는 직설법 화법이므로 '선언'이나 '주장'으로 여겨야 하고, 후자(後者)일 경우는 명령법 화법이므로 '권면'으로 보아야 한다. 여기서는 "음행하는 자들과 간음하는 자들을 하나님이 심판하시리라"는 4절 하반절과의 문맥에서 판단한다면, '명령법'으로 보아 '주장'이 아닌 '권면'으로 여기는 것이 적절하다. '모든 사람은 혼인을 귀히 여겨야 한다'는 사상은 구약의 '십계명' 가운데 '간음하지 말라'(출 20:14; 신 5:18)에서 비롯되었으며, 예수의 가르침에서도 이러한 '혼인 엄격주의(rigorism)'을 찾을 수 있다(마 5:27-28; 15:19). 그러므로 부부의 침소는 더럽히지 말아야 한다. 이때, '침소'에 해당하는 헬라어 '코이테'(κοίτη)[12]는 '침상'을 의미하기도 하는데, 여기서는 부부생활의 '침소'를 가리킨다. '침소를 더럽게 하지 말라'는 권면에서 '더러워지지 않은'에 해당하는 헬라어 '아미안토스'(ἀμίαντος)는 신약성경에서 모

12) 신약성경에 드물게 나타나는데, 모두 바울의 서신이나 바울과 관련성이 있는 책에 4회(눅 11:7; 롬 9:10; 13:13; 히 13:4) 등장한다. Smith, *Greek-English Concordance*, 205.

두 4회 등장하는데, 악이 없고 더러움이 없는 대제사장인 예수(히 7:26)에 대해 기독론적 용례로 사용된 것을 제외하면, 권면적 맥락에서 나타난다(히 13:4; 약 1:27; 벧전 1:4).[13)]

그 권면의 근거는 '음행하는 자들과 간음하는 자들을 심판하시는 하나님'이라는 신론(神論)이다. 음행하는 자들과 간음하는 자들을 하나님께서 심판하시기 때문에, 성도들은 부부 간 외의 성교로 침소를 더럽히지 않게 해야 한다. '음행'(πορνεία)이란 혼인 관계 안에서 이루어지는 성행위 외에 부적절한 모든 종류의 포괄적인 성행위를 가리킨다. 그에 비해, '간음'(μοιχεία)이란 '혼인' 관계를 깨뜨리는 부적절한 성행위이다. 그러니까, 유대교에서 '간음'이란 결혼한 여인이나 약혼한 여인을 범하는 성관계를 의미하고, 유대인 남편의 아내와 간음한 경우에만 형사처벌의 대상이 되었다.[14)] 성경의 가르침에 따르면, 성행위는 오직 합법적 혼인 공동체, 곧 부부 관계에서만 가능하였으나, 서기 1세기 당시 그리스-로마 세계에서는 성적 방임(放任)이 사회에 용인되어 있었다. 기독교인들은, 성경과 예수의 가르침을 따라, 사회에 만연한 성적 '방임주의'(libertinism)를 지양(止揚)하고, '음행'과 '간음'을 신앙공동체 안에서 배제시킴으로써 차별화된 성(性)윤리를 지향(指向)하였다. '음행하는 자는 하나님의 심판을 받을 것이며, "하나님 나라를 유업으로 받지 못할 것"(고전 6:9)이다.

---

13) Smith, *Greek-English Concordance*, 17 참조.

14) 이에 대하여는 Hermann L. Strack & Paul Billerbeck, *Kommentar zum Neuen Testament aus Talmud und Midrasch* I (München: C.H. Beck'sche Verlagbuchhandlung, 1926, [7]1978), 297.

4) 돈을 사랑하지 말고 족한 줄로 알라(5f절)

[5-6절] 돈을 사랑하지 말고(Ἀφιλάργυρος ὁ τρόπος,) 있는 것들로써 충분하다고 여기라(ἀρκούμενοι τοῖς παροῦσιν.) 그가 친히 말씀하셨던 바(αὐτὸς γὰρ εἴρηκεν·), 내가 결코 너를 떠나지 아니하고(οὐ μή σε ἀνῶ οὐδ᾽) 너를 버리지 아니하리라(οὐ μή σε ἐγκαταλίπω) 하셨느니라 그러므로 우리가 담대히 말하기를(ὥστε θαρροῦντας ἡμᾶς λέγειν·), 주는 나를 돕는 이시니(κύριος ἐμοὶ βοηθός,) 내가 무서워하지 아니하겠노라([καὶ] οὐ φοβηθήσομαι,) 사람이 내게 어찌하리요 하노라(τί ποιήσει μοι ἄνθρωπος;)

'돈을 사랑하지 말라'(ἀφιλάργυρος ὁ τρόπος)는 구절도, 본문 단락이 권면 단락인 점을 감안한다면, 4절 상반절처럼 3인칭 단수 현재 명령법 동사인 '에스토'(ἔστω)가 생략된 '권면'으로 여겨야 한다. '돈'에 해당하는 헬라어는 '아르구리온'(ἀργύριον)으로, '은(銀)'이나 '은전' 또는 '은조각'을 의미한다. 주전 2세기에는 '은'을 '금'보다 더 가치 있게 여겼기 때문에, 구약성경이나 신약성경(행 3:6; 20:33; 벧전 1:18)에서 은과 금을 함께 언급할 때 은을 금보다 앞세우며, 신약 시대의 경제 사회에서는 은전(銀錢)인 데나리온의 구매력이 아주 컸다(마 20:2-13; 26:15 등).[15] '돈을 사랑함'(φιλαργυρία)이란 '탐심'을 뜻하며, 신약성경에서 바울이 디모데에게 그것이 "일만 악의 뿌리"가 됨을 경계한 말씀(딤선 6:10)에서 유일하게 등장하는 용어[16]이다. 히브리서 저자는 주후 1세기 말의 기독교 공동체 내 통용되던 일반적인 가르침 중 하나(눅 16:14; 딤후 3:2)였던 '돈을 사랑하지 말라'고 권면을 자신의 서신 수신자들에게도 요구한다. '돈을 사랑하지

15) *EWNT* I(1980), s.v. "ἀργύριον," by Benedikt Schwank, 360.

16) Smith, *Greek-English Concordance*, 366.

않는'(ἀφιλάργυρος) 용어는 '돈을 사랑하는'(φιλάργυρος) 용어와 함께 신약성경에서는 드물게 등장하는 용어이지만[17], '탐욕'은 초기 기독교 안에서 '음행'과 함께 이름조차도 부르지 말아야 할 경계의 대상이었다(엡 5:5). 그러므로 여기서 '음행'을 이어 '돈을 사랑함'의 주제의 권고가 함께 언급되는 것은 우연이 아니다.

'돈을 사랑하지 말라'는 권면의 근거는 신론(神論)적이다. 곧, "주는 나를 돕는 이"시다. 이때 '돕는'(βοηθός)은 신약성경에서 오직 이 구절에서 나타나는 용어(hapaxlegomenon)[18]다. 히브리서 저자가 돕는 이로서 하나님을 강조하는 것은 현재 있는 것으로 족한 줄 아는 '지족(知足)' 권면을 위해서 이다. 물론, 저자가 말하는 '지족'(αὐτάρκεια)[19]이란 헬라 철학, 이를 테면, 견유(犬儒)학파나 스토아 금욕(禁慾)주의자들이 주장하듯이,[20] 내면적 평화나 행복 추구를 위한 자아(自我) 실현적 생활률이 아니다. 오히려 '지족'은 하나님께 대한 신뢰에서 비롯된 것이며, 시작된 하나님 나라에 참여한 신자들이 세속적 소유에서 벗어나 누리는 세상 안에서의 자유이다.

5f절에서 "돈을 사랑하지 말고 있는 것들로써 충분하다고 여기라"는 권면의 근거를 대기 위해 두 구약성경 말씀이 인용되었다. 첫 번째 구약 인용의 경우, 5절 하반절에서 모세가 모압 평지에서

---

17) '아필라구로스'는 신약성경에 2회 등장하며, 그것도 디모데전서(3:3)와 히브리서(13:5)에만 나타나고, '필라구로스' 역시 신약성경에 2회 등장하는데, 누가복음과 디모데전서에만 나타난다. Smith, *Greek-English Concordance*, 59, 366.

18) Smith, *Greek-English Concordance*, p. 66.

19) 이는 신약성경에서 바울서신(고후 9:8; 딤전 6:6)에만 두 번 등장하며, 그 형용사 형태인 '아우타르케스'(αὐτάρκης)는 오직 빌립보서(4:11)에만 나타난다. Smith, *Greek-English Concordance*, 46.

20) Michel, 『히브리서』, 668f 참조.

이스라엘 백성들에게 담대함을 요구하면서 하나님께서 "결코 너를 떠나지 아니하시며 버리지 아니하실 것임이라(οὐ μή σε ἀνῇ οὔτε μή σε ἐγκαταλίπῃ)"(신 31:6)가 인용되었는데, 이를 히브리서에 인용된 구절과 비교해보면, '우테'(οὔτε)가 '우드'(οὐδ')로, 3인칭 단수 형태인 '아네'(ἀνῇ)나 '엥카타리페'(ἐγκαταλίπῃ)가 1인칭 단수 형태인 '아노'(ἀνῶ)나 '엥카타리포'(ἐγκαταλίπω)로 바뀌어져 있어 내용적인 차이는 없다. 두 첫 번째 구약을 인용한 6절의 경우, 이는 '메시아 시편'으로 알려져 신약성경(마 21:42; 막 12:10f; 눅 20:17; 행 4:11; 벧전 2:7)에서 자주 인용[21]되는, 칠십인 역본(LXX)의 시편 117:6(히브리어 성경 시 118:6)을 자구(字句)적으로 그대로 옮긴 것인데, 다만 저자가 인용절에서 의문부호(;)를 붙여 '사람이 어찌할 수 없을 것이라'를 '사람이 어찌 할 수 있을까?'로 바꾸어 '수사(修辭)의문문'의 효과를 노렸다.

나. 최종 종결권면: '인도자들'의 믿음을 본받고, 성문 밖에서 고난을 받으신 '예수 그리스도'를 본받으라(7-17절)

이제 히브리서에서 '권면'을 마감하면서, 신약성경윤리의 한 특징인 '본(本)의 윤리'(mimesis ethics)가 다루어진다. 신약성경에서 '제자도'란 다만 예수 그리스도를 믿을 뿐 아니라 또한 그를 '따르는 것'(ἀκολουθεῖν)이다. 십자가를 지신 예수는 죽음에서 부활하고 승천(昇天)하시어 하나님의 보좌 우편에 앉아 계신 이래로, 그를 따르는 자들은 역사적 발자취를 따를 수 없었고, 다만 신앙적으로 그를 '본받는 것'(μιμεῖσθαι)만이 가능하였다. 그러므로 '예수를 믿고 따른다는 것'은 1세기 후반의 그리스도인들에게는 '그리스도를 본받는

---

21) 이에 대하여는 Schreiner, 『토마스 슈라이너 히브리서 주석』, 604 참조.

것'의 문제였다. "믿음의 창시자요 온전케 하시는 이"(히 12:2)인 예수 그리스도가 바로 신앙의 '본보기'(τύπος)이며, 바울이 고린도 교회 성도들에게 "내가 그리스도를 본받는 자가 된 것 같이 너희는 나를 본받는 자(μιμηταί)가 되라"(고전 11:1)고 권면하였던 것처럼, 히브리서 저자도 자신의 서신을 받는 신앙공동체에게 그들을 "인도하는 자들"(ἡγούμενοι)을 본받을 것을 권유한다. 이런 '본의 윤리' 관점에서 본문 단락을 구분해보면, 다음과 같이 작은 단락들로 세분할 수 있다.

7절 권면: 인도하는 자들의 믿음을 본받으라
8절 권면의 기독론적 근거: 동일하신 예수 그리스도
9절 권면: 여러 가지 다른 교훈에 끌리지 말라
10-12절 권면의 기독론적 근거: 성문 밖에서 고난을 받으신 예수 그리스도
13절 권면: 그의 치욕을 짊어지고 영문 밖으로 그에게 나아가자
14절 권면의 종말론적 근거: 장차 올 영구한 도성
15절 권면: 항상 찬송의 제사를 하나님께 드리자
16절 종결권면: 오직 선을 행함과 서로 나누어 주기를 잊지 말라
17절 권면: 인도하는 자들에게 순종하고 복종하라

이 두 번째 단락은 7절과 17절에서 '인도자' 주제(motif)로써 '문학적 장치'(literary device)로 '수미상관(首尾相關)' 방식(inclusio)을 이루고 있다. 곧, 시작할 때에 '인도하던 자들'의 믿음을 본받을 것을 요구하고, 마감할 때에도 '인도하는 자들'에 대한 순종과 복종이 요구됨으로써 종결권면이 더 강조되어 있다. 이는 여러 가지 다른 교훈에

끌릴 수 있는 상황이 일어나는 히브리서 신앙공동체의 상황을 알게 하는 실례(實例)이다.

1) 권면: 인도하는 자들의 믿음을 본받으라(7절)

[7절] 하나님의 말씀을 너희에게 일러 주고(οἵτινες ἐλάλησαν ὑμῖν τὸν λόγον τοῦ θεοῦ,) 너희를 인도하는 자들을 생각하라(μνημονεύετε τῶν ἡγουμένων ὑμῶν). 그들의 행실의 결말을 주의하여 보고(ὧν ἀναθεωροῦντες τὴν ἔκβασιν τῆς ἀναστροφῆς) 그들의 믿음을 본받으라(μιμεῖσθε τὴν πίστιν)

이 구절에 히브리서 공동체 내 특이한 무리로서 '인도하는 자들'(ἡγούμενοι)[22]이 등장한다. 원래, 이는 헬라적 유대교에서 유래된 용어이다. 칠십인 역본(LXX)에서 '헤구메노이'[23]는 '지도자'를 가리키는 말이었다. 집회서 30:27에서 이 용어는 "백성의 지도자들"(μεγιστᾶνες λαοῦ)과 대조적 평행구로서 "회중의 대표자들"(ἡγούμενοι ἐκκλησίας)에 사용되었다. 신약성경에서도 앞선 용례들처럼, 세속적 의미에서 '지도자'(눅 22:26; 행 7:10)라는 용례와 함께 신앙적 의미에서 '교회 내 인도자'(행 15:22)를 가리키는 말로 사용되었다. 이는 집사나 감독 등의 직분처럼 교회 내 직분을 의미하는 용어는 아니다. 이들은 히브리서 공동체 안에서 구성원들에게 '하나님의 말씀'(ὁ λόγος τοῦ θεοῦ)을 전하는 권위를 가진 자들로, 히브리서 13장에 집중적으로 언급되었다(13:7, 17, 24). 그러므로 '인도하는 자들'이란 하

22) 이들에 대하여 자세하게는 Michel, 『히브리서』, 675f, 부설 '지도자들'을 참조하라.

23) 이는 이스라엘 각 지파의 '수령'(신 1:13; 5:23)이나 '사사'(삿 11:6. '장관') 또는 '왕'(삼상 15:17; 25:30)을 가리키기도 하고, 이방 나라의 군주(수 13:21)를 의미하기도 하였다.

나님의 말씀을 그들에게 전하여 준 사람들이다. 여기서 '하나님의 말씀을 전하다'(λαλεῖν τὸν λόγον τοῦ θεοῦ)란 초기 기독교 선교 과정에서 '복음을 전하다'를 나타내는 정형(定型)적인 공식(公式)어구이다(행 4:29, 31; 8:25; 13:46; 16:32; 빌 1:14; 벧전 4;11; 히 5:12; 6:1). 권면의 내용은 "너희가 인도하는 자들을 생각하라"(μνημονεύετε τῶν ἡγουμένων ὑμῶν)이다.

하나님의 말씀을 전하는 인도자의 믿음을 본받기 전에, 그들의 행실의 결말을 주의하여 보아야 한다. 저자는 인도자가 '말씀을 전하는 것'과 '행실'이 함께 할 때, 그들을 본받으라고 권면한다. '행실'(ἀναστροφή)이란 칠십인 역본에서는 발견되지 않고[24], 오직 신약성경에서, 그것도 서신에서만 나타나는 용어[25]이다. 초기 기독교에서 신앙의 본보기는 '말씀 전함'과 '행함'을 함께 실천해야 한다(마 23:1-12). "믿음을 본받으라(μιμεῖσθε τὴν πίστιν)"는 권면에서 '본받다'(μιμεῖσθαι)에서 '믿음'은 히브리서의 경우 '인내'로써 규정되어 있다(히 6:12).[26] '참는 믿음'을 보여준 믿음의 증인들(11장)과 인도하는 자들은 히브리서 신앙공동체가 본 받아야 할, 믿음의 지도자들이다.

2) '인도하는 자의 믿음을 본받으라'는 권면의 기독론적 근거: 동일하신 예수 그리스도(8절)

[8절] **예수 그리스도('Ιησοῦς Χριστὸς)는 '어제나 오늘이나 영원토록'(ἐχθὲς καὶ σήμερον καὶ εἰς τοὺς αἰῶνας) 동일한 분이시니라(ὁ αὐτὸς)**

---

24) Abbott-Smith, *A Manual Greek Lexicon*, 34.

25) 이는 신약성경에서 13회 등장하는데, 주로 베드로서(8회) 나타나고, 그 외에는 바울서신(갈 1:13; 엡 4:22; 딤전 4:12)과 히브리서(13:7)와 야고보서(3:13)에서 사용되었다. Smith, *Greek-English Concordance*, 23.

26) Michel, 『히브리서』, 346 참조.

하나님의 말씀을 전하여 준 '인도자들'은 죽었으나, 그들이 전해 준 '예수 그리스도'는 과거, 현재, 미래, 영원토록 동일하시다. 이 '신앙고백적 진술'은 신앙의 교리를 가르치기 위함이 아니라, 이미 믿고 있는 사람들이 하나님의 말씀을 전하여 준 인도자들 본받아야 하는 권면의 근거를 제시한다. 그들이 비록 세상에 없다할지라도, 그들이 전하여준 하나님의 말씀, 그리고 복음이신 예수 그리스도는 영원하시다(7:17). 예수는 영원히 계시므로, 그의 하늘 대제사장 직분도 바뀌지 않으며 영원하다(7:24). 그러므로 예수 그리스도는 "항상 살아 계셔서 그들[하나님께 나아가는 자들]을 위하여 간구하신다"(7:25). 그리고 예수는 늘 동일하시다. 그러므로 여기서 그리스도의 '영원성'과 '동일성'은 '그리스도의 본성(本性)'에 대한 '기독론적 진술'이 아니라, 7절 권면의 기독론적 기초(근거)이다.

3) 권면: 여러 가지 다른 교훈에 끌리지 말라(9절)

[9절] 여러 가지 낯선 교훈에 끌려가지 말라(Διδαχαῖς ποικίλαις καὶ ξέναις μὴ παραφέρεσθε) 마음은 은혜로써 굳게 됨이 아름답고(καλὸν γὰρ χάριτι βεβαιοῦσθαι τὴν καρδίαν,) 음식으로써 할 것이 아니니(οὐ βρώμασιν) 음식으로 말미암아 행한 자는 유익을 얻지 못하였느니라(ἐν οἷς οὐκ ὠφελήθησαν οἱ περιπατοῦντες)

7절의 '인도하던 자들의 믿음을 본받으라'는 적극적이고 긍정적인 권면은 이제 "여러 가지 낯선 교훈에 끌리지 말라"는 소극적이고 부정적인 권면으로 계속된다. '여러 가지 낯선 교훈'(διδαχαί ποικιλαί καὶ ξεναί)이란 신앙공동체 안에 유입된 반(反)기독교적인 가르침인데, 9절 하반절-10절에서 '음식' 문제가 거론되는 것을 고려한다면, 기독교 신앙을 강화하는 수단으로써 주장된 유대교적인 엄격한 음식 규정을 동반한 유대주의적 가르침(딤전 4;1-5:8)[27]으로 추정된다. 신약성경은 종종 '음식'(βρῶμα) 문제로 신앙적 갈등과 대립이 일어나는 상황을 진술하는데, 갈등하는 그 대상에 따라 세 가지 경우를 들 수 있다.[28] 그 첫째는 유대교인과 유대인 기독교인 간의 갈등(막 7:19)이며, 둘째 경우는 기독교 신앙공동체 내부에서의 갈등(롬 14:15, 20; 고전 8:8, 13; 히 13:9)이고, 마지막 경우는 기독교 공동체를 엿보는 특정 거짓 교사(딤전 4:3)이다. 여기서 '음식을 먹는 것'이 '제의적 식사'에 대한 문제인지 아니면 '금욕주의적인 요구'인지 석의적 해명이 필요하다. 이를 뒤따르는 10절을 고려하여 문맥 안에서 판단한다면, '제의적 식사'로 여기는 것이 적절하다. 또 저자가 9:10에서 '먹고 마시는 것'이 단지 임시적 효과를 가지는, '옛 언약에 속해 있는 "육체의 예법"에 불과하고 개혁할 때 까지 맡겨 둔 것이라고 서술한다는 것을 감안한다면, 이는 히브리서 공동체의 예배와 관련된 식사로 여겨야 한다.

'마음'(καρδία)은 곧 신앙을 강화하고 영적으로 강화되는 것은 '음식으로써'(βρώμασιν)가 아니라 '은혜로써'(χάριτι) 굳게 되며, 그것이 신앙에 부합된 '아름다운 것'(καλόν)이다. 히브리서에서 '은혜'는 추상적인 개념이지만 매우 구체적 의미를 지니고 있다. '은혜'(χάρις)란 "예수의 죽음을 통해 모든 사람들에게 주어진 하나님의 선물"[29]이다. 예컨대, 히브리서에서 '은혜'는 사람을 죽음의 권세에서 벗어나

---

27) 이에 대하여는 『독일성서공회판 관주 · 해설 성경전서』(서울: 대한성서공회, 2004), 신약 369, 히 13:9에 대한 해설안내 참조.

28) 이에 대하여는 *EWNT* I (1980), s.v. "βρῶμα," by H.-J. van der Minde, 547-50, 특히, 548 참조.

29) Michel, 『히브리서』, 684.

게 하며(2:9, 15), 때를 따라 도움을 받을 수 있도록 은혜의 보좌에 담대히 나아가게 하고(4:16), 사람을 죄로부터 해방시킨다(10:28). 그리고 은혜는 신자의 마음, 곧 '믿음'과 '영성'을 굳게 한다. 그리스도인에게 유익을 주는 것은 '음식으로' 말미암는 것이 아니라, '은혜로써' 말미암는다.

4) 권면의 기독론적 근거: 성문 밖에서 고난을 받으신 예수 그리스도(10-12절)

[10-12절] 우리가 제단을 가졌는데(ἔχομεν θυσιαστήριον) 장막에서 섬기는 자들은(οἱ τῇ σκηνῇ λατρεύοντες) 거기[제단에]서 먹을 권한이 없나니(ἐξ οὗ φαγεῖν οὐκ ἔχουσιν ἐξουσίαν) 이는 죄를 위한 짐승의 피는(ζῴων τὸ αἷμα περὶ ἁμαρτίας) 대제사장을 통해서 성소에 들어가고(ὧν γὰρ εἰσφέρεται … εἰς τὰ ἅγια διὰ τοῦ ἀρχιερέως,), 그 몸은 영문 밖에서 불사름이라(τούτων τὰ σώματα κατακαίεται ἔξω τῆς παρεμβολῆς.) 그러므로 예수도(Διὸ καὶ Ἰησοῦς,) 자신의 피로써 백성을 거룩하게 하려고(ἵνα ἁγιάσῃ διὰ τοῦ ἰδίου αἵματος τὸν λαόν,) 성문 밖에서 고난을 받으셨느니라(ἔξω τῆς πύλης ἔπαθεν)

10-12절 단락에 일련의 구약 제사 용어들이 언급된다. 곧, '제단'(θυσιαστήριον), '장막'(σκηνή), '섬기다'(λατρεύειν), '먹다'(φαγεῖν), '짐승의 피'(ζῴων τὸ αἷμα), '대제사장'(ἀρχιερεύς), '성소'(ἅγια) 등이 그것이다. 9절과의 문맥에서 이 단락을 고려한다면, 여기서는 '옛 제사'와 '새 언약 아래의 예배' 그 자체가 비교대조 되기보다는 히브리서 공동체 예배 안에서 행해지는 '먹는 것', 곧 '성찬' 문제가 다루어진다. 그 배후에는 분명히 성만찬에 대한 다른 교훈으로써 교인들을 미혹하는 자들이 있다.

구약 전통에서 '제단(θυσιαστήριον)'이란 제사장에 의해 '(희생) 제물'(θυσία)을 봉헌하고 봉헌된 제물을 나누어 먹는 장소이고, '장막(σκηνή)'은 구별된 레위인들에 의해 섬겨지는 제반 제사 행위가 이루어지는 곳이다. 제단에서 섬기는 제사장들은 제물을 바친 다음, 그 제물을 나누어 먹을 수 있는 권한이 있으나, '장막에서 섬기는 자들'(οἱ τῇ σκηνῇ λατρεύοντες)은 제단에서 먹을 권한이 없다. 그러니까 제물을 바치고 봉헌된 제물을 나누어 먹을 수 있는 '제단'은 히브리서 공동체에게는 종말론적이고 영속(永續)적인 의미를 가지지만, '장막'은 그렇지 않다. '장막'은 단지 '그림자'일 뿐이다.[30] 이런 점에서, 구약의 제사장들은 한편으로는 '선택받은 자'이지만, 다른 한편으로는 제단에서 제물을 먹을 수 있는 권한을 가진 '특권층'이기도 하다. 이는 기독교 공동체 예배 안에서 신앙을 고백하고 세례 받은 누구에게나 허락되는 '성찬'과는 다른 점이다. 여기서 기독교 교회 안에서 여전히 신앙적 특권 의식을 내세우며 먹을 권한을 제한하려는 다른 교훈의 미혹을 엿볼 수 있다.

11절은 제물을 먹을 권한이 장막을 섬기는 자들에게는 없고 오직 제단을 섬기는 자에게만 있는 이유(γάρ)를 밝힌다. 속죄의 제사를 드릴 때, 희생 제물이 되는 짐승을 잡아서 대제사장이 '죄를 위한 짐승의 피'(ζῴων τὸ αἷμα περὶ ἁμαρτίας)를 성소에 가지고 들어가고, 짐승의 몸은 영문 밖에서 불사른다. 대(大)속죄일에 대제사장은 속죄제 수송아지와 염소의 피를 성소로 가지고 들어가 속죄하고 그 고기는 밖(진영)으로 내다가 소각하였다(레 16:27). 그러니까 대속죄일에는 대제사장이 제물을 먹지 않고 '영문 밖에서'(ἔξω τῆς

---

30) 이에 대하여는 Michel, 『히브리서』, 693 참조.

παρεμβολῆς) 불사른다.

이어지는 12절은 '그러므로'(διό)로써 인과(因果)적 문장의 귀결문이다. 여기서 예수도 대속죄일의 희생제물 짐승처럼 자신의 피로써 백성을 거룩하게 하려고 '성문 밖에서'(ἔξω τῆς πύλης ἔπαθεν) 고난을 받으셨다고 진술된다. 대속죄일에 대제사장조차도 제단에서 제물을 먹을 수 없다는 '제물식사 금지규정'은 이 제물이 지니는 특별한 '거룩성' 때문에 주어진 것이다[31]. 여기서 '성문'(πύλη)은 예루살렘의 한 성문(城門)을 의미하는데, 예수께서 십자가에 못 박히신 골고다 언덕은 오늘날과 달리 당시에는 예루살렘성(城) 밖에 있었다(마 21:39, "포도원 밖에"; 요 19:20, '성에서 가까운 곳'). 예수는 성문 밖에서 고난을 받으셨다(ἔπαθεν). 히브리서에서 '고난 받다'(πάσχειν)는 '영문 밖에서' 속죄제물의 고기가 불살라 부정(不淨)한 것을 깨끗하게 하듯이, 죄인들의 성결(聖潔)과 정결(淨潔)을 위하여 '성문 밖에서' 십자가를 지신 예수께서 겪은 '고난의 과정'과 '죽음'을 포괄적으로 함의(含意)하는 신앙고백적 용어[32]다(2:18; 5:8; 9:26; 13:12 등).

5) 권면: 그의 치욕을 짊어지고 영문 밖으로 그에게 나아가자(13절)

[13절] **그런즉(τοίνυν) 우리도 그의 치욕을 짊어지고(τὸν ὀνειδισμὸν αὐτοῦ φέροντες) 영문 밖으로 그에게 나아가자(ἐξερχώμεθα πρὸς αὐτὸν ἔξω τῆς παρεμβολῆς)**

'그런즉'(τοίνυν)은 '권면 도입(導入)' 접속사이다. 예수께서 '영문 밖으로' 나가셔서 십자가에서 죽으신 것처럼, 히브리서 저자는 예수

31) 이에 대하여는 Michel, 『히브리서』, 700 참조.
32) 이에 대하여는 Michel, 『히브리서』, 701 참조.

를 믿고 따르는 자신의 공동체에게도 "영문 밖으로 그에게 나아가자"고 권면한다. 그들이 나아가야 할 목표는 '예수 그리스도'다(12:2 참조). 이때, '치욕'(ὀνειδισμός)은 히브리서의 전문술어이다. 예수께서 '수치'를 당하신 것처럼, 히브리서 신앙고동체도 '수모'를 당하는 처지에 놓여 있다. 저자는 이를 '기독론적 근거'를 가진 권면으로써 극복하려 한다.

6) 권면의 종말론적 근거: 장차 올 영구한 도성(14절)

[14절] 우리가 여기에는 지속적으로 머무를 도성이 없으므로(οὐ γὰρ ἔχομεν ὧδε μένουσαν πόλιν) 장차 올 것을 찾나니(ἀλλὰ τὴν μέλλουσαν ἐπιζητοῦμεν)

이제 저자는 권면의 '기독론적 근거'에 이어 '예수의 치욕을 짊어지고 영문 밖에 계시는 그에게로 나아가자'는 권면의 '종말론적 근거'를 댄다. 권면을 따라야 하는 이유는 '여기에는'(ὧδε), 곧 '이 세상에는' 지속적으로 머무를 도성(πόλις)이 없기 때문에, 장차 올 것을 구하고 찾는다.

7) 권면: 항상 찬송의 제사를 하나님께 드리자(15절)

[15절] 그러므로([οὖν]) 우리가 그[예수]로 말미암아(δι' αὐτοῦ) 항상(διὰ παντὸς) 찬송의 제물을 하나님께(θυσίαν αἰνέσεως τῷ θεῷ,) 올려 드리자(ἀναφέρωμεν) (Δι' αὐτοῦ [οὖν] ἀναφέρωμεν θυσίαν αἰνέσεως διὰ παντὸς τῷ θεῷ,) 이는 그 이름으로써 찬양하는 입술들의 열매니라(τοῦτ' ἔστιν καρπὸν χειλέων ὁμολογούντων τῷ ὀνόματι αὐτου)

저자는 권면의 '기독론적 근거'(13절)와 '종말론적 근거'(14절)를 댄

다음, 자연스럽게 그 결말로 이어지는 '찬양'을 권면'한다. 13절에 '그런즉(τοίνυν)'이라는 인과(因果) 접속사로 권면이 제시되는 것처럼, 여기서도 '그러므로'(οὖν)라는 인과 접속사로 권면이 이어진다. 그러므로 "우리가 예수로 말미암아 항상 '찬송의 제물'(θυσία αἰνέσεως)을 하나님께 올려 드리자(ἀναφέρωμεν)"는 권면이 주어진다. '찬송'(αἴνεσις)은 신약성경에서 오직 이 구절에서만 등장하는 히브리서의 전문술어이다.[33] 히브리서 신앙공동체의 예배에서 더 이상 희생제물을 드리는 제사는 없다. 그들이 예배 시간에 드리는 '찬송'이 곧 '제물'(θυσία)이다. 그것은 예수의 이름으로써 찬양하는 '입술들의 열매'(καρπὸς χειλέων)이다. 신앙의 '열매'는 인간에 의해 만들어지는 것이 아니라 하나님의 은혜로 말미암아 맺혀지는 것이다. 마찬가지로, 공동체가 부르는 찬송인 '입술들의 열매'는 예수 그리스도의 십자가 은혜로 말미암아 공동체 구성원에 의해 불리는 '열매'이다.

8) 종결권면: 오직 선을 행함과 서로 나누어 주기를 잊지 말라(16절)

[16절] 오직 선을 행함과 서로 나누어 주기를 잊지 말라(τῆς δὲ εὐποιΐας καὶ κοινωνίας μὴ ἐπιλανθάνεσθε·) 하나님은 이같은 제사를 기뻐하시느니라(τοιαύταις γὰρ θυσίαις εὐαρεστεῖται ὁ θεός)

이제, 저자는 권태로우며 무기력해지고, 피곤하며 낙심한 히브리서 신앙공동체에게 '종결권면'으로써 자신의 권면을 마무리하려 한다. 그들이 잊지 말아야 하는 것은 오직 '선을 행함'(εὐποιΐα)과 '서로 나누어 주기'(κοινωνία)이다. '선을 행함'에 해당하는 헬라어 '유포이

33) Smith, *Greek-English Concordance*, 7.

이아'(εὐποιΐα)는 신약성경에서 오직 이 구절에서만 등장하는 히브리서의 전문술어이다.[34] '서로 나누어 주기'란 의미를 지닌 '코이노니아'(κοινωνία)는 '동무'나 '반려자', '참여자' 또는 '동참자'를 뜻하는 '코이노노스'(κοινωνός)에서 유래되었으며, 그것은 '공통의', '공중의', '일반적인','보통의'를 의미하는 '코이노스'(κοινός)에서 유래된 용어이다.[35] 그러니까, '코이노니아'란 '함께 하기'라는 자구적 의미를 지니고 있다. 진정한 의미에서 '코이노니아'는 영적 영역과 육적 영역을 포괄하는 제반 영역에서 '함께 서로 나누는 것'을 의미한다. 이는 초기 기독교 공동체의 생활상으로서, 다 함께 있어 모든 물건을 통용하고 자신의 소유를 팔라 각 사람의 필요에 따란 누어 주고 날마다 마음을 같이 했던 '유무상통(有無相通)'(행 2:44-46; 4:32)과 무관하지 않다. 이러한 '선을 행함'과 '서로 나누어 주기'는 하나님께서 기뻐하시는 '제사' 또는 '제물'인 '투시아'(θυσία)로 여겨진다. 이는 '옛 언약 아래서 드린 제사'의 모형을 끌어들인 저자가 '새 언약의 백성'이 드리는 예배를 이해하는, 유대교 제사와의 명백한 차별성이다.

9) 권면: 인도하는 자들에게 순종하고 복종하라(17절)

[17절] 너희를 인도하는 자들에게 순종하고 복종하라(Πείθεσθε τοῖς ἡγουμένοις ὑμῶν καὶ ὑπείκετε,) 그들은 너희 영혼을 위하여 경성하기를 자신들이 청산할 자인 것 같이 하느니라(αὐτοὶ γὰρ ἀγρυπνοῦσιν ὑπὲρ τῶν ψυχῶν ὑμῶν ὡς λόγον ἀποδώσοντες,) 그들로 하여금 즐거움으로 이것을 하게 하고 근심으로 하게 하지 말라(ἵνα μετὰ χαρᾶς τοῦτο ποιῶσιν καὶ μὴ στενάζοντες·) 그렇지 않으면 너희에게

---

34) Smith, *Greek-English Concordance*, 158.

35) Abbott-Smith, *A Manual Greek Lexicon*, 250f.

유익이 없느니라(ἀλυσιτελὲς γὰρ ὑμῖν τοῦτο)

이제, 두 번째 본문 단락의 마지막 절에서 그 첫 절의 '인도자' 주제가 다시 다루어진다. 여기서는 그들의 믿음을 본받아야 할 뿐 아니라, '인도하는 자들에게 순종하고 복종하라'는 중복 표현으로 된, '교회(직분)론적인 권면'이 주어진다. 이때, '복종하다(ὑπείκειν)'는 '순종하다'(πείθεσθαι)보다 강화된 의미로, 신약성경에서 오직 이 구절에서만 등장하는 히브리서의 전문술어이며, 히브리서 특유의 교회 지도자에 대한 복종을 위해 사용된 용어이다.[36] 이어서 그 권면의 근거가 진술된다. 히브리서 신앙공동체가 '인도하는 자들'에게 복종해야 할 이유는 바로 그들이 공동체 구성원들의 영혼을 위하여 '깨어 살피기'(ἀγρυπνεῖν)를 자신들이 청산할 자인 것 같이 하기 때문이다. 이 권면이 단순하게 교회 내 '인도하는 자'의 권위에 대한 순복을 위해 오용되지 말아야 한다. 그것은 히브리서 공동체를 위협하는 '여러 가지 낯선 교훈'과 관련되어 있다. 다시 말하면, '인도하는 자'에 대한 복종은 그 직책의 권위에 대한 추종을 요구하는 것이 아니라, 공동체 구성원들이 거짓 교훈에 미혹되지 않도록 바른 교훈, 곧 '하나님의 말씀'을 가르치는 '인도하는 자'의 말씀을 따를 것을 촉구하는 권면이다. 이런 관점에서, 인도하는 자들로 하여금 즐거움으로 자신들을 깨어 살피게 하고 근심으로 하게 하지 말라는 권면이 재차 주어진다. 그렇지 않으면, 그들에게 아무런 유익이 없다. 그러므로 '인도하는 자'에 대한 복종 요구는 그들이 내세우는 권위에 순복하라는 뜻이 아니라, 성도들의 유익함을 위하여 그들이

---

36) Smith, *Greek-English Concordance*, 358.

전하는 말씀에 귀를 기울이고 따르라는 권면이다. '인도하는 자들'의 유익함이 아니라 '인도함을 받는 자들'의 유익을 위해서 '인도하는 자들'에게 순종하고 복종하라는 권면이다. 이때, '유익하지 않은'에 해당하는 '알루시텔레스'(ἀλυσιτελής) 역시 '복종하다'(ὑπείκειν)처럼 신약성경에서 오직 이 구절에서만 등장하는 히브리서의 전문술어이다.[37] 이로써, 성도들의 유익함을 위해 '인도하는 자들에게 복종하라'는 히브리서 저자 특유의 사고가 드러난다.

IV. 특주: 히브리서의 '권면'(παράκλησις)

히브리서는 본래 '의사소통'(corresponding)을 목적으로 주고받는 서신이라기보다는 히브리서가 스스로 내증(內證)하는 것처럼 "권면의 말(씀)"(λόγος τῆς παρακλήσεως, 13:22)이다. 당시 히브리서 신앙공동체는 교회 안팎으로 어려움에 처해 있었다. 그들은 전날에 고난의 큰 싸움을 견디어 내었으며, 비방과 환난을 통해서 사람들의 구경거리가 된 적도 있었거나 그런 사람과 교제하고 있었고, 옥에 갇힌 자를 동정하기도 하였으며, 자신의 소유를 빼앗기는 것을 기쁘게 여기기도 하였다(10:32-34). 그러나 아마도 예수의 재림 지연으로 말미암아 교회 내부에 무기력함이 만연하였고 나태해졌으며(6:12; 10:25), 심지어 한 번 빛을 받고 하늘의 은사를 맛보고 성령에 참여하였지만 타락한 자들도 나타나 배교의 위험에 노출되어 있었다(6:4-6). 이로 인해, 그들의 손은 피곤하였고 그들의 무릎은 연약해졌으며 그들의 다리는 절뚝거렸다(12:12f). 게다가, 교회 외부로부터의 박해도

---

37) Smith, *Greek-English Concordance*, 15.

점점 가중(加重)되었다, 곧, 피 흘림의 시간이 임박했다(12:4). 이처럼 히브리서 신앙공동체를 위협하는 상황은 악화일로에 있었다. 이에 대한 저자의 권고적 응답이 바로 히브리서였다.

히브리서에서 저자가 '권면'을 표현하는 용어는 당시 그리스-로마 세계에서 통용되던 '파레네시스'(παραίνεσις)가 아니라, '파라클레시스'(παράκλησις)였다.[38] '파레네시스'(paraenesis)란 '충고적 권면'을 의미하고, '파라클레시스'(paraklesis)란 하나님의 은혜로 인하여 예수 그리스도를 믿음으로 말미암아 받은 구원, 곧 '신적'(神的) 위로[39]의 바탕 위에서 요구된 '신적(神的) 권면'이다. 엥버그-페더슨(Troels Engberg-Pedersen)은 두 용어가 유래된 동사 '파라칼레인'(παρακαλεῖν)과 '파라이네인'(παραινεῖν)의 차이점에 대해, '권면하다'를 의미하는 전자(前者)는 "직접 사람을 향해"(directed towards people) 권면하는 용어이며, '충고하다, 명하다'는 의미를 지닌 후자(後者)는 "행해져야 할 것"(what should be done)인 행동이나 처신에 대한 용어로 여긴다.[40] 신학적인 관점에서 언급한다면, '파레네시스'는 요구하는 실천을 인간의 순수한 '양심'이나 '이성'에 호소하는 반면, '파라클레시스'는 예수 그리스도를 믿음으로 말미암은 하나님의 구원에 참여한 자에게, 이러한 구원의 신적 근거를 토대로 삼아 요구되는 권유이다. 이를

38) 이 두 용어, 곧 '파레네시스'(paraenesis)와 '파라클레시스'(paraklesis)의 차이에 대하여는 Scott D. Mackie, *Eschatology and Exhortation in the Epistle to the Hebrews* (Tübingen: Mohr Siebeck, 2007), 20-22 참조.

39) 예를 들면, 롬 12:8에 등장하는 '파라클레시스'(paraklesis)에 대해 한글개역성경은 이를 '권위'로 옮겼고, 한글개역성경 개정판에서는 '위로'로 바꾸었다.

40) Troels Engberg-Pedersen, "The Concepts of Paraenesis," in *Early Christian Paraenesis in Context*, ed. by James Starr & T. Engberg-Pedersen (BZNW 125; Berlin: Walter de Gruyter, 2004), 48f, 51(인용).

구원론적으로 표현하면, '파라클레시스'란 예수를 믿는 자에게 하나님께서 은혜로 베푸신 구원, '구원의 직설법'(Heilsindikativ)에 근거를 두고 그 구원에 참여한 자에게 요구하는 권면, '구원의 명령법'(Heils-imperativ)이다.

신약성경에서 이 용어의 용례를 살펴보면, '파라클레시스'는 동사, '파라칼레인'에서 유래된 명사로, 모두 29회 등장하는데, 그것도 누가의 문헌(눅 2회; 행 4회)이나 바울서신(20회, 그중 고린도후서에서만 11회), 그리고 히브리서(3회, 6:18; 12:5; 13:22)에서만 나타난다.[41] 반면에, '파레네시스'는 동사, '파라이네인'에서 유래된 명사로, 누구에게 '충고하다'나 '권하다', 또는 '추천하다'의 뜻을 지니며, 그 명사형은 신약성경에서 나타나지 않는다.[42] 히브리서가 스스로를 규정한 "권면의 말씀"(λόγος τῆς παρακλήσεως)에서, 그 의도는 "현실적인 도움(유익)을 주는 것"이며, 그 구조(Anlage)는 "교리와 권고를 교차하는 것"이고, 그 내용은 "격려와 경고"이다.[43] 이제, 앞에서 그때그때 언급한 것처럼, "권면의 말씀"으로서 히브리서의 윤리적 특징을 요약하면, 다음과 같다.

1. 신론(神論)적 권면

먼저, 히브리서 권면의 근거로 이 '권면의 말씀'을 하시는 '하나님'을 들 수 있다(1:1). 히브리서 공동체에게 하나님은 한편으로는

41) Smith, *Greek-English Concordance*, 275 참조.

42) H.G. Liddell & R. Scott, *An Intermediate Greek-English Lexicon* (Oxford: Clarendon Press, ^{7}1889), 596.

43) *EWNT* III(1983), s.v. "παρακαλέω, παράκλησις," by Johannes Thomas, 54-64, 인용 부분은 58f.

하늘에 계시지만, 다른 한편으로는 '살아있는 말씀'(4:12f)으로 계신다. 옛 언약 아래에 살던 하나님의 백성들에게 주신 말씀은 그들에게는 살아 역사하는 하나님의 말씀이다. 이는 이 말씀이 히브리서 공동체에 적용되어야 하는 '오늘' 진술(3:7, 13, 15; 4:7; 5:5; 13:8)에서 분명하게 드러난다. 하나님은 예수 그리스도의 아버지시며, 아들 안에 자신을 계시하신다(1:1-4:13). 그분은 '하나님의 안식'을 약속하시며(3:7-4:11), '새 언약'을 주신다(8-10장). 게다가, 하나님은 친 아들이므로 히브리서 신앙공동체의 자녀들을 징계하시는데, 그것은 징계로써 연단을 받아 그들을 유익하게 하기 위함이다. 또, 그분은 자신의 거룩하심에 참여하게 하시는(12:10) '은혜'를 베푸신다(12:15). 그러므로 히브리서 공동체에게 말씀하시는 이와 그분이 하시는 말씀을 거역하지 말아야 한다(12:25). 왜냐하면, 하나님은 "소멸하시는 불"(12:29)이기도 하시기 때문이다.

2. 기독론적 권면

히브리서 권면의 두 번째 근거는 하나님께서 구원을 위해 세상에 보내시고 지금은 하나님 우편에 올리워 계셔서 하늘의 성소에서 영원한 대제사장으로서 중보하시는, 그 아들 '예수 그리스도'이다. 그분은 '천사'보다 높으시고(1:5-2:10), 모세보다 크신, "하나님의 집을 맡은 아들"(3:6)이시며, '구원의 창시자'(2:10)이시고, 하늘의 '대제사장'(4:14-10:18)이시다. 곧, 그는 "신실한 대제사장"(2:17)이시며, "믿는 도리의 사도" 겸 "대제사장"(3:1)이시고, "큰 대제사장"(4:14)이시며, "멜기세덱의 반차를 따른 대제사장"(5:10; 6:20; 7:1-28)이자 "장래 좋은 일의 대제사장"(9:11)이시다. '옛 언약과 관련하여, 예수는

“더 좋은 언약의 보증”(7:22)이시며, “더 좋은 언약의 중보자”(8:6; 9:15), 곧 “새 언약의 중보자”(12:24)이시다. 그가 흘리신 피는 “언약의 피”(10:29)다. 요약하면, 예수 그리스도는 ‘구원과 믿음의 창시자’(2:10; 12:2)이시며 또한 ‘온전하게 하시는 이’(12:2)시다. 그러므로 히브리서 신앙공동체는 예수께서 자기에게 거역한 일을 참으신 것처럼(12:3), ‘앞서 가신 예수’를 따라가야 한다(6:20). 이처럼, 히브리서의 권면은 기독론적으로 설정되어 있다.

3. 성령론적 권면

셋째로, 히브리서 권면은 성령론적인 토대를 잊지 않는다. 히브리서 신앙공동체가 받은 “큰 구원”은 결코 등한시 여겨지지 않아야 한다(2:3). 그 구원은 자신들에게 말씀을 전해준 자들이 확증한 바인데, 그것은 하나님께서 표적과 기사와 여러 가지 능력과 자기의 뜻을 따라 성령이 나누어 주신 것으로써 그들과 함께 증언하신 것이다(2:4). 또 옛 언약 아래에서 자신의 백성에게 주신 하나님의 말씀을 히브리서 공동체에게 들려주는 분이 바로 ‘성령’이시다(3:7). 예수를 믿음으로써 빛을 받고 하늘의 은사를 맛보는 것은 ‘성령에 참여하는 것’ 외에 다른 것이 아니다(6:4). 또한 첫 장막이 서 있을 동안에는 성소에 들어가는 길이 아직 나타나지 아니한 것을 알게 하신 분도 ‘성령’이시다(9:7). 아무런 흠이 없는 예수께서 자기의 피를 하나님께 드리신 것도 ‘영원하신 성령’으로 말미암은 것이다(9:14). 그러므로 히브리서 신앙공동체에 속한 모든 성도들은 “하나님의 아들을 짓밟고 자기를 거룩하게 한 언약의 피를 부정한 것으로 여기고 은혜의 성령을 욕되게” 하지 말아야 한다(10:29).

4. 종말론적 권면

넷째로, 히브리서의 권면은 종말론적 근거 위에 세워져 있다. 특히, 히브리서 저자가 그 공동체에게 요구하는 권면들은 '현세와 내세'로 구분되는 "두 시대 종말론"(two-age eschatology)과, 그와 함께 하늘의 성소와 관련된 "하늘의 성소 종말론"(Heavenly Sanctuary eschatology)과 긴밀하게 관련되어 있다.[44] 예수의 재림 지연에 대한 한 신학적 대답으로서 신약의 후기 문헌들에게서 찾아볼 수 있는 시간적 종말론과 함께 공간적 종말론은 권면의 든든한 토대가 된다. '옛 언약'과 '새 언약'의 대조(8:13; 9:23; 10:1-18), '지상적인 것'과 '하늘의 것'의 대조, '그때'와 "안식할 때"(4:9)인 '장차'의 대조와 그 사이에 있는 '오늘', '증거'(확정)와 '약속'의 대조(11:39f), '첫 장막'과 '둘째 장막'의 대조(9:6f)는 이 두 가지 종말론과 관련하여 권고를 위해 저자가 사용한 개념들이다. 예수 그리스도는 어제나 오늘이나 영원토록 동일하신 것처럼, 히브리서 공동체도 여상(如常)하게 '본향'(11:14-16)을 향해 가는 신앙의 길에 "믿음의 창시자요 또 온전하게 하시는 이인 예수"를 바라보아야 한다(12:2).

5. 교회론적 권면

다섯 번째로, 히브리서의 권면은 일차적으로 개인에게 주어진 권면이 아니라, 신앙공동체에게 주어진 권면이다. 이는 히브리서 안에 있는 '우리'-진술[45]에서 분명하게 드러난다. 이런 점에서, 히브리

---

44) 맥키는 히브리서의 권고 프로그램이 이 두 종말론에 의해 설정되어 있다고 여긴다. Scott D. Mackie, *Eschatology and Exhortation in the Epistle to the Hebrews* (Tübingen: Mohr Siebeck, 2007) 참조.

서의 윤리는 '신앙공동체의 윤리', 곧 '교회 윤리'이다. 그러므로 히브리서 신앙공동체는 마음을 완고하게 하지 말아야 하며(3:7-4:11), 담대함과 인내가 필요하고(10:35f), 믿음으로 살았던 사람들의 격려를 받아(11:1-40), 모든 사람과 더불어 화평함과 거룩함을 따르고(12:14), 형제를 사랑하고 손님을 대접하며(13:1f), 선을 행함과 서로 나누어 주기를 잊지 말아야 한다(13:16).

6. 추종과 본(本)의 권면

마지막으로, 히브리서의 권면은 예수 그리스도를 따르는 추종을 요구하며, 이를 위해 예수 그리스도와 신앙위인들을 본받을 것을 요구한다. 히브리서는 저자가 간절히 원하는 것은 히브리서 공동체의 모든 구성원들이 동일하게 부지런하여 끝까지 소망의 풍성함에 이르게 되고, 게으름 피지 않고 믿음과 오래 참음으로 말미암아 약속들을 기업으로 받는 자들을 본받는 자 되게 하는 것이다(6:11f). 또 저자는 그들이 하나님의 말씀을 그들에게 전해준 '인도자들'의 믿음을 본받고(13:7), 그들에게 순종하고 복종하기를 간절하게 바란다(13:17). 물론, 그들을 본받으라고 권면하는 것은 그들이 '앞서 가신 예수 그리스도'(6:20)를 믿음으로 순종하고 따랐기 때문이다. 그러므로 저자는 히브리서 신앙공동체에게 자기에게 거역한 일을 참으신 예수 그리스도(12:3)를 따라, 피 흘리기까지 죄에 대항하면서(12:4), 그분의 치욕을 짊어지고 영문 밖으로 그에게로 나아갈 것을 권면한다(13:13). 이런 점에서, '구원의 창시자'(2:10) 예수 그리스도는

45) 1:2; 2;1, 3, 5, 8f; 3:1, 4; 4:1-3, 11, 13-16; 5:11; 6:1, 3, 9, 11, 18-20; 7:14, 18-20, 26; 8:1, 24; 10:10, 15, 19-25, 26, 30, 39; 11:3, 40; 12:1, 9, 10, 25, 28f; 13:6, 10, 13-15, 18, 20f, 23.

'믿음의 창시자'이시며, '믿음의 본보기'이시고, '믿음의 목표'이시며 '믿음을 온전하게 하시는 분'이시다(12:2; 13:13).

V. 본문 단락이 주는 신학적 메시지

전술(前述)한 바, "마지막 개별 권면 말씀들" 주제를 논증하는 13:1-17 단락의 신학적 메시지를 요약적으로 서술하면, 다음과 같다. 첫째, '이웃 사랑'의 실천을 위해 공동체 내 이의 적용인 '형제 사랑'은 계속되어야 한다(1절). 둘째, 원수까지도 포함하는 '이웃 사랑'의 실천은 '형제 사랑'에 머무르지 않고 '손님 환대'까지 나아가야 한다(2절). 셋째, 이웃 사랑의 대상은 '형제'(1절)나 '손님'(2절)을 넘어 '갇힌 자들'과 '학대 받는 자들'까지 포함되어야 한다(3절). 넷째, 성 행위는 합법적 혼인 공동체인 부부 관계에서만 가능하다(4절). 이것은 주후 1세기 세상에 대한 기독교 성윤리의 차별화된 특징이었다. 다섯 째, 예수를 믿어 시작된 하나님 나라에 참여하고 하나님을 신뢰하는 성도는 세속적 소유에서 벗어나 족한 줄 알고 돈을 사랑하는 탐심을 버려야 한다(5절). 그것은 주는 그를 돕는 이시기 때문이다(6절). 여섯 째, 하나님의 말씀을 일러 주는 인도하던 자들의 행실의 결말이 옳다면, 그들의 믿음을 본받으라(7절). 이는 그들은 세상을 떠날지라도, 그들이 전한 예수 그리스도는 어제나 오늘이나 영원토록 동일하시기 때문이다(8절). 일곱 째, 음식으로써 신앙과 영성을 강화하려는 여러 가지 낯선 교훈에 끌려가지 말아야 한다(9-11절). 여덟 째, 예수께서 자신의 피로써 백성을 거룩하게 하려고 '성문 밖에서' 고난을 받으셨기에, 오히려 그의 치욕을 짊어지고 영문 밖으로 그를 향해 나아가야 한다(12-13절). 아홉 째, 음식으로써 미혹하려는 많은 낯선 교훈에 끌려가지 말아야 하는 종말론적 근거는 이 땅에는 지속적으로 머무를 도성이 없기 때문이다(14절). 열 번째로, 그러므로 예수로 말미암아 항상 찬송의 제물을 하나님께 올려 드려 그 이름으로써 찬양하는 입술들의 열매를 맺어야 한다(15절). 열한 번째, '선을 행함'과 '서로 나누어 주기'는 하나님이 기뻐하시는 제사이다(16절). 마지막으로, 히브리서 신앙공동체를 위해 깨어 자기 몸처럼 섬기는 '인도하는 자들'에게 순종하고 복종하는 것이 유익하다(17절). 요약하면, 히브리서 13장 1-17절 단락은 '권면' 맥락에서 '믿음'의 문제를 다루는 '권면의 말씀' 가운데 말미를 마감하는 종결 단락이다. 이 종결 단락에서 히브리서 저자는 자신의 공동체에게 '하나님의 안식'이 기다리는 본향에 이르기 전에 예상되는 고난과 박해 앞에서 무기력하거나 나약해지지 말고, 오히려 여러 개별 권면들과 함께 '선행'과 '서로 나누어 주기'에 힘쓰라고 권면하며, 그들에게 하나님의 말씀을 전해준 '인도자들'을 본받고, 영문 밖에서 고난을 받으신 예수 그리스도를 본받을 것을 촉구한다. 그러므로 히브리서의 윤리적 권면의 근거는 '종말론적 기독론' 또는 '기독론적 종말론'이다. 이런 점에서 히브리서의 신앙적 교리는 히브리서 전체를 규정하는 '권면의 말씀'이라는 맥락 속에서 이해되고 고려되어야 한다. 히브리서의 윤리적 권면의 기초는 '종말론적 기독론'이라는 신학적 교리이지만, 그것은 오직 '윤리적 권면'의 맥락에서 다루어짐을 잊지 말아야 한다.

선별된

참고문헌

I. 성경

『독일성서공회 관주·해설 성경전서 개역개정판』. 제4판. 서울: 대한성서공회, 2005.

Biblia Hebraica Stuttgartensia. Ed. by Karl Elliger & Wilhelm Rudolph. Stuttgart: Deutsche Bibelgesellschaft, (1977) ^{5}1997.

Nova Vulgata – Bibliorum Sacrorum. Vatican: Liberia Editrice Vaticana, 1986.

Septuaginta I/II. Ed. by Alfred Rahlfs. Stuttgart: Deutsche Bibelgesellschaft, 1935.

Stuttgarter Erklärungsbibel. Stuttgart: Deutsche Bibelgesellschaft, 1992.

Novum Testamentum Graece. Ed. by Nestle-Aland. Stuttgart: Deutsche Bibelgesellschaft, ^{28}2012.

II. 사전류

장흥길. 『신약성경 용어해설집』. 서울: 한국성서학연구소, 2017.

Birnbaum, Philip. *Encyclopedia of Jewish Concepts*. New York: Hebrew Publishing Company, 1991.

Liddell, H.G. *An Intermediate Greek-English Lexicon*. 7th Edition of *Liddell & Scott's Greek-English Lexicon*. Oxford: At the Clarendon, (1889).

Abbott-Smith, G. *A Manual Greek Lexicon of the New Testament*. Edinburgh: T & T Clark, 1999.

Balz, Horst & Schneider, Gerhard. Eds. *Exegetisches Wörterbuch zum Neuen Testament I*/II/III. Stuttgart: Kohlhammer, 1980/1981/1983.

Bauer, Walter. *Griechisch-Deutsches Wörterbuch zu den Schriften des Neuen Testaments und der frühchristlichen Literatur von Walter Bauer*. Revised & Ed. by K. Aland etc. 이정의 역. 『바우어 헬라어 사전』. 서울: 생명의 말씀사, 2017.

Brown, Colin. Ed. *New International Dictionary of New Testament Theology* I-V. Grand Rapids: Zondervan, 1986.

Friedrich, Gerhard. Ed. *Theologisches Wörterbuch zum Neuen Testament* I-X.2. Stuttgart: Kohlhammer, 1990(Studienausgabe).

Smith, J.B. *Greek-English Concordance to the New Testament*. Scottdale: Herald Press, 1955.

III. 문법서

장흥길. 『신약성경 헬라어 교본』. 서울: 장로회신학대학교출판부, (2005) ^{2}2012.

Blass, Friedrich & Debrunner, Albert. *Grammatik des neutestamentlichen Griechisch*. Rv. by Friedrich Rehkopf. Göttingen: V. & R., ^{16}1976.

IV. 개론서

Ebner, M. & Schreiber, S. Eds. *Einleitung in das Neue Testament*. Kohlhammer Studienbücher Theologie VI. Stuttgart: Kohlhammer, 2008.

Merkel, Helmut. *Bibelkunde des Neuen Testaments*. Gütersloh: Gerd Mohn, ^{3}1988(=

박창건 역. 『신약성서연구입문』. 천안: 한국신학연구소, 1999).

Schnelle, Udo. *Einleitung in das Neue Testament*. UTB 1830. Göttingen: V. & R., [4]2002.

V. 주석

Attridge, Harold W. *Hebrews: A Commentary on the Epistle to the Hebrews*. Hermeneia. Philadelphia: Fortress, 1989.

Grässer, Erich. *An die Hebräer (Hebr 1-6)*. EKK XVII/1. Neukirchen-Vluyn: Neukirchener Verlag, 1990.

______. *An die Hebräer (Hebr 7:1-10:18)*. EKK XVII/2. Neukirchen-Vluyn: Neukirchener Verlag, 1993.

______. *An die Hebräer (Hebr 10:19-13:25)*. EKK XVII/3. Neukirchen-Vluyn: Neukirchener Verlag, 1997.

Hegermann, Harald. *Der Brief an die Hebräer*. Theologischer Handkommentar zum Neuen Testament XVI. Berlin: Evangelische Verlagsanstalt, 1988.

Käsemann, Ernst. *An die Römer*. HNT 8a. Tübingen: Mohr, (1973) [4]1980.

Kuss, Otto. *Der Brief an die Hebräer*. Regensburger Neues Testament 8. Regensburg: Verlag Friedrich Pustet, 1966.

Laub, Franz. *Hebräerbrief*. Stuttgarter Kleiner Kommentar NT 14. Stuttgart: Katholisches Bibelwerk, 1988.

Michel, Otto. *Der Brief an die Hebräer*. KEK XIII. Göttingen: V. & R., [11]1960(= 강원돈 역. 『히브리서』. 국제성서주석 제43권. 서울: 한국신학연구소, 1987.

Riggenbach, E. *Der Brief an die Hebräer*. Kommentar zum Neuen Testament XIV. Wuppertal: R. Brockhaus, (1922) 1987.

Schreiner, Thomas R. *Commentary on Hebrews*. Biblical Theology for Christian Proclamation. Nashville: B&H Publishing, 2015(=장호준 역. 『토마스 슈라이너 히브리서 주석』. 서울: 복 있는 사람, 2016).

Strobel, August. *Der Brief an die Hebräer*. NTD 9/2. Göttingen: V. & R., [4]1991.

Weiss, Hans-Friedrich. *Der Brief an die Hebräer*. KEK XIII. Göttingen: V. & R., [15]1991.

VI. 단행본

장흥길 편. 『신약성경의 종말론』. 서울: 한국성서학연구소, 2016.

______. 『신약성경윤리』. 서울: 장로회신학대학교출판부, [2]2009.

Anderson, David R. *The King-Priest of Psalm 110 in Hebrews*. Studies in Biblical Literature 21. New York: Peter Lang Publishing, 2001.

Goppelt, L. *Theologie des Neuen Testaments* II. ed. by J. Roloff. Göttingen: V. & R., [3]1980.

Gräßer, E. *Der Glaube im Hebräerbrief*. MThSt 2. Marburg 1965.

Käsemann, Ernst. *Das wandernde Gottesvolk－Eine Untersuchung zum Hebräerbrief*. Göttingen: V. & R., (1957) [4]1961.

Lightfoot, J. B. & Harmer, J. R. Trans. *The Apostolic Fathers*. 이은선 역. 『속사도 교부들』. 서울: 기독교문서선교회, 1994.

Lindars, Barnabas. *The Theology of the Letter to the Hebrew*. Cambridge University Press, 1991(=장동수 역. 『히브리서』. 서울: 한들출판사, 2002).

Mackie, Scott D. *Eschatology and Exhortation in the Epistle to the Hebrews*. Tübingen: Mohr Siebeck, 2007.

Rissi, M. *Die Theologie des Hebräerbriefes*. WUNT 41. Tübingen: Mohr, 1987.

Schrage, Wolfgang. *Ethik des Neuen Testaments*. Grundrisse zum Neuen Testament 4. Göttingen: V. & R., (1982) [2]1989.

Strack, Hermann L. & Billerbeck, Paul. *Kommentar zum Neuen Testament aus Talmud und Midrasch* I. München: C.H.Beck'sche Verlagbuchhandlung, 1926, [7]1978.

Strack, Hermann L. & Billerbeck, Paul. *Kommentar zum Neuen Testament aus Talmud und Midrasch* III. München: C.H.Beck'sche Verlagbuchhandlung, 1926, [7]1979.

Strack, Hermann L. & Billerbeck, Paul. *Kommentar zum Neuen Testament aus Talmud und Midrasch* IV/1. München: C.H.Beck'sche Verlagbuchhandlung, 1926, [7]1978.

Vanhoye, A. *Structure and Message of the Epistle to the Hebrews*. Subsidia Biblica 12. Rome 1989.

VII. 논문

장흥길. "바른 일터신학과 균형 일터목회에 대한 신약성경적 기초로서 믿음－신약성경에서 사용된 '믿음' 용어의 용례를 중심으로." 장흥길·홍인종 편. 『워라밸 시대의 행복한 일터목회』. 바른신학 균형목회 자료집 제12집. 서울: 한지터, 2019, 50-96.

_____. "종교개혁사상의 5대 핵심 개념에 대한 신약성경적 이해." 『성경과 종교개혁』. 성서학 학술마당 총서 IV. 서울: 한국성서학연구소, 2018.

_____. "신약성경의 관점에서 바라보는 새 시대, 새 교회－신약성경에서의 '새로움' 관련 용어를 중심으로." 『새 시대, 새 교회』. 바른신학 균형목회 자료집 제11집. 서울: 한지터, 2018: 60-93.

_____. "신약성경의 '소명': καλέω, κλῆσις, κλητός 용어를 중심으로." 『성서마당』 129(2019): 126-35.

_____. "신약성경에 나타난 '경건'(εὐσέβεια)." 『장신논단』 17(2001): 30-47.

Backhaus, Knut. "How to Entertain Angels: Ethics in the Epistle to the Hebrews", in *Hebrews: Contemporary Methods－New Insight*. Ed. by G. Gelardini. Leiden: Brill, 2005: 149-75.

Dauzenberg, G. "Der Glaube im Hebräerbrief." in: *BZ* N.F. 17(1973).

Dörrie, H. "Zu Hebr. 11,1." *ZNW* 46(1955): 196-202.

Engberg-Pedersen, Troels "The Concepts of Paraenesis." in *Early Christian Paraenesis in Context*. Ed. by James Starr & T. Engberg-Pedersen. BZNW 125. Berlin: Walter de Gruyter, 2004.

Gräßer, E. "Die Gemeindevorsteher im Hebräerbrief." in M. Evang & O. Merk, *Aufbruch und Verheißung*. BZNT 65. Berlin: Walter de Gruyter, 1992.

Marcus, R. "Philo, Josephus and the Dead Sea Yahad." *JBL* 71(1952): 207-20

Nauck, Wolfgang "Zum Aufbau des Briefes." in: *Judentum, Urchristentum, Kirche. Festschrift für J. Jeremias*. BZNW 26. Berlin, ^{2}1964.

한국성서학연구소는
종교개혁의 신학전통을 이어받아
다양한 성서해석 때문에 갈등을 겪는 한국교회를
하나님의 말씀 위에 바로 세우기 위하여 일하고 있습니다.
한국교회가 안고 있는 현실 문제에 대한 성서적이고
올바른 신학적 해석을 제시함으로써 이 땅의 문화가
그리스도의 이름 아래 세워질 때까지
이 일을 계속해 나가겠습니다.

예수를 바라보자 - 설교를 위한 히브리서 연구

초판 1쇄 인쇄 2019년 9월 2일
초판 1쇄 발행 2019년 9월 9일
지 은 이 장흥길
펴 낸 이 이연옥
펴 낸 곳 도서출판 한국성서학
서울 종로구 율곡로 190 여전도회관 1106호
TEL. 02-766-5220, FAX. 02-744-7046
출판등록 제1-1286호(1991.12.21)
총 판 도서출판 두란노(TEL. 749-1059 / FAX. 749-3705)
ISBN 89-86015-13-3 93230

※ 잘못된 책은 바꿔 드립니다.

책값 15,000원